本书由北京玉润公益基金会资助出版

法国国家转型、社会政治化与社会机构卓越实验室(Labex TEPSIS)，
法国医学、科学、健康、心理健康与社会研究中心(CERMES3)和
法国社会问题、社会科学、政治与健康跨学科研究所(IRIS)
为本书的翻译提供了资助

Cet ouvrage a bénéficié d'une aide
à la traduction cofinancée par le Labex TEPSIS (EHESS),
le CERMES3 et l'IRIS.

Original copyright: Santé mentale et souffrance psychique: un objet pour les sciences sociales
© CNRS Editions,2018

玉润公益基金会
YURUN FOUNDATION

精神健康与心理苦痛
社会科学的研究对象

SANTÉ MENTALE ET SOUFFRANCE PSYCHIQUE
un objet pour les sciences sociales

〔法〕伊莎贝尔·顾丹
王思萌 主编

蒙 田 译

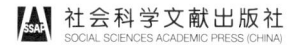

社会科学文献出版社
SOCIAL SCIENCES ACADEMIC PRESS (CHINA)

致　谢

本书的翻译和出版承蒙法国国家转型、社会政治化与社会机构卓越实验室（Labex TEPSIS），法国社会问题、社会科学、政治与健康跨学科研究所（IRIS）和法国医学、科学、健康、心理健康与社会研究中心（CERMES3）等研究机构的慷慨资助。此外，巴黎北区人文科学之家2016~2017年通过的"中法社会科学与心理健康研究网络"计划也为本书的编写提供了支持，在此我们谨致以衷心的感谢。理查德·雷希曼（Richard Rechtman）先生自始至终给予本书鼓励和支持，法国国家科学研究中心出版社（CNRS EDITIONS）的布兰迪娜·亘东（Blandine Genthon）女士和玛蒂娜·贝尔特亚（Martine Bertéa）女士对本书的出版也提供了大力协助，在此一并致谢。

社会科学文献出版社副总编辑童根兴先生和编辑赵娜女士为本书的中文版出版提供了大力支持与协助。北京玉润公益基金会理事长张玉萍女士为本书在中国的出版提供了宝贵的支持与帮助。清华大学人文社会科学院社会学系教授、公共健康研究中心主任景军教授为书稿写了中文版序言，为本书在中国的出版提出了宝贵意见，谨在此一并表示衷心的谢意！

最后，感谢本书译者蒙田女士。

中文版序言

2019年5月,第72届世界卫生大会于日内瓦召开,会议通过了《国际疾病分类》第十一个修订版本,该版本对精神健康领域的研究与实践具有里程碑意义:精神与行为障碍诊断的指导性原则不再拘泥于症状学意义上的具体条目对应,转而强调异常的精神状态与行为倾向引发的功能损害。以抑郁发作的诊断为例,诊断要件不再由至少两条情绪特征和至少两条认知行为/植物神经症状构成,取而代之的是两项核心要素:其一,两周或以上的情绪低落或兴趣减退;其二,这种情绪困扰导致个体在家庭、社会、教育、职业或其他重要功能领域显著受损。换言之,虽然新的疾病分类体系随着精神疾病病理基础和病因机制的逐步发现而部分放弃了症状学分类逻辑,但精神疾病的医学概念已经在很大程度上由其社会属性所界定,社会科学对精神健康的介入由此成为精神疾病研究的必然之举,本书就是这一介入实践恰切而及时的尝试。

实际上,精神健康乃社会科学诞生时便内蕴于自身的深刻议题,虽然受启蒙理性和精神生理学的影响,涂尔干、韦伯、马克思均将精神疾病视为人的异常状态并将其排除在分析焦点之外,但西方殖民扩张的现实步伐却将非西方世界人群的精神状况推到了社会科学研究议程的优先位置。1889年和1904年,德国医生奥贝斯坦纳(Heinrich Obersteiner)和现代精神病学奠基人克雷佩林(Emil Kraepelin)分别出版了精神状况的跨种族比较研究,他们发现不同地区、不同种族所呈现的精神疾病症状存在一定差异,但这些差异被理解为气候地理因素的结果或智力水平的表现。1898年,英国人类学家塞里格曼(Charles Seligman)和里弗斯(W. H. R. Rivers)共赴托雷斯海峡探险，基于对当地岛民心理和生理的测量，二人却提出了本体论意义上截然相反的观点：塞里格曼声称由于逻辑思维的差异，当地基本不存在精神病，而里弗斯则以色彩知觉为论据证明了人类心智（精神）的一致性。

自此，精神状况的跨文化一致性与文化多样性作为彼此对张的一对命题深植于社会科学的背景性构想，这对命题上的不同理论取向和立场选择最终在与不同国家文化脉络和社会氛围的碰撞中形成了迥然相异的研究路径：在美国，经博厄斯（Franz Boas）引入的德国人文历史主义演变为以精神状况的多样文化表达为主要理论主张的文化现象学；在法国，由哈布瓦赫（Maurice Halbwachs）和莫斯（Marcel Mauss）继承的涂尔干遗产以结构语言学框架为中介，演化为强调人类精神一致性本质的结构主义传统；在英国，由里弗斯引领的理性主义路径在人类心智的深层一致性与多样化表现之间建立了可信的理论联系。

中国社会科学对精神健康议题的最初兴趣同样与上述命题有关：当美国传教士嘉·约翰（John Kerr）在19世纪末试图建立中国第一家精神病收容院时，他所面临的主要反对声音来自西方教会的质疑，提出这些质疑的西方人基于对中国人精神生活复杂性的否认而彻底否定中国存在精神疾病的可能性，进而否定在中国建立精神病院的必要性。在当时的中国社会，这种对中国人心智本质的消极判断不仅为西方殖民者所确信，也被相当一部分中国知识分子、公众甚至官员用来批判中国传统社会。在此背景下，清华大学周先庚等学者于1923年展开一项为期9个月的心理学调查，调查面向清华学校、北京大学、辅仁大学的所有学生，北京师范大学附属中学的所有新生，山东省教育管理培训中心的成年男性，山西省师范学校的男中学生和其他北京居民，共计855人。这项调查的结果显示：37%的受访者认为"应该寻求精神病学指导"，2.2%的受访者认为"应该被精神病院长期收治"。调查还发现，清华大学学生是7个受访群体中精神健康状况最为乐观的，这被解释为清华大学入学考试严格因而筛选出更多心智成熟的学生、清华大学校园远离北京城区因而有更好的校园环境两项事实的结果；同时，相较于应用同一测查工具进行的研究所涉及的美国受访者，更多中国受访者显著地存在"容易灰心气馁""自卑""不幸""不安"等消极心理体验。这项研究证明了中国人的确普遍存在精神健康困扰，有力地反驳了中国人种低劣、文化和社会发展落后因而没有复杂精神生活的公共幻觉，更代表了对当时中国社会仍然相当缺乏的精神卫生服务的呼唤。

时至今日，中国已在全国范围内逐步实现了精神卫生服务的覆盖，尤其是21世纪初实施的"国家重性精神疾病的防治和管理"项目（即著名的"686项目"）更是获得了来自全世界精神卫生工作者的广泛赞誉。2013年5月开始实施的《中华人民共和国精神卫生法》则被看作为中国精神卫生防治与管理提供了法律依归：由于在一定程度上限制了民政、公安等公共部门和医疗机构强制送治、收治疑似患者的权利，该法普遍被认为切实保障了患者的人格尊严和人身自由权利。与此相伴，我国公众和社会科学界也逐渐显示出对精神健康议题更为浓厚的兴趣，有关中国社会精神健康状态的观察、讨论和解释不仅成为传统媒介出版物和互联网媒体内容的重要构成部分，也时常出现在社科类期刊的专业分析中。

然而审慎观之，我国对精神健康社会科学的理论贡献仍显不足。与精神健康充斥媒体的表象相反，精神疾病对我国公众而言仍然是个相当陌生的概念。20世纪80年代初，凯博文（Arthur Kleinman）在湖南湘雅精神病门诊对百名患者进行追踪研究和访谈，发现他的研究对象对抑郁症、焦虑症等精神疾病概念极为陌生甚至拒绝接受，但接受神经衰弱这一极具躯体意涵的概念。虽然他认为这是当时中国社会的政治环境所致而没有过多地对神经衰弱进行文化分析，但他仍然再次提出了精神疾病的跨文化表达问题，并为精神健康的文化现象学理论立场提供了有力证据。40年后的今天，虽然神经衰弱已经淡出公共想象，但抑郁症、焦虑症仍很少出现在我国民众的日常生活话语中，人们对于精神疾病的理解也仍然停留在诸如自杀、冲动暴躁、喜怒无常等极端、琐碎、片段化的印象上。换言之，当代中国人一方面被描述为是强烈精神压力和困扰的体验者，另一方面却在事实上没有运用标准的现代医学概念来描述自己的体验。可知，当今中国社会关于精神疾病的本土性理解仍然有待挖掘，而这理应是我国社会科学为人类智识积累和传承做出的积极贡献。作为本书的主编之一，王思萌从社会结构视角为我们思考这一深刻议题提供了颇为新颖的洞见。

本书的另一位主编伊莎贝尔·顾丹（Isabelle Coutant）和其他作者主要来自法国国家科学研究中心（CNRS）和法国医学、科学、健康、心理健康与社会研究中心（CERMES3）等法国国家公共健康研究机构，其中不乏法国精神健康研究和公共卫生规划的领军人物，他们共同描绘了法国在精神健康议题上的理论创想与实践路径的多元面向。考虑到精神健康研究迥然相异的理论传统以及精神卫生服务体系的国际差异，这些来自法语世界的声音和经验弥足珍贵。

20世纪六七十年代，当法国知识界和激进的街头青年以列斐伏尔（Henri Lefebvre）、马尔库塞（Herbert Marcuse）为智识依托时，美国正在身份政治的差异化浪潮中拥抱福柯、德勒兹等法国学者的理念。这些被美国少数族群运动奉为圭臬的法国哲学家不仅此前在法国从未获得如此关注，其影响力也在当时法国社会强烈的共和观念和反集权人文主义思潮的冲击下逐渐式微。美国知识界和社会活动家政治化地引用这些哲学家的观点并将其融入人权运动的广泛实践，美国精神卫生领域的"去机构化"运动由此展开：精神病院等封闭的治疗和管理机构被认为是对自由实施压制和暴力的场所，它们因此被关闭，强制送医也被禁止，精神病患者的照料责任被释放到社区。这一武断运动的失败很快由那些被认为是运动得益者的精神病患者所证明：受歧视、受排斥和无家可归成为他们的最终归宿，由这一以"遗弃患者"为实际效果的运动所带来的阴霾在美国社会至今仍挥之不去。

在法国，20世纪六七十年代的精神卫生服务改革并未涉及对精神病院的激进政治化进行批判，而是更多地作为一个公共财政问题被加以体制性地处理：法国政府希望在维持精神卫生服务水平的前提下更加合理地安排精神卫生医疗资源，使其不再因集中于医院而产生不必要的成本和消耗。为此，法国政府推动了社区精神病学运动，即以地区性的精神病院为当地社区医疗资源分配和治疗活动组织与实施的主导者。然而，随着后结构主义灵感和新自由主义情绪于70年代在法国社会不断蔓延，社会组织的形式稳定性被理解为多重参与者在互动中呈现的偶然状态，任何以理性和有效性为概念前提的治理性改革举措都失去了取得社会信任和共识的思想根基，精神病院主导的社区精神病学由此被质疑而成为80年代法国精神卫生领域"去机构化"运动的主要对象。

中国的精神卫生服务正站在历史的分叉口，历史上我国精神疾病管理一直遵循以社会和公共安全关切为中心的原则展开，政府收容精神疾病患者的首要考虑是避免其对当地社会造成安全危害而非给予其恰当的医学救治，精神疾病患者因此往往被圈禁于监狱或家户中。新中国成立后，虽然我国精神卫生服务改革的脚步从未停歇，从"686项目"起政府的确也在不断探索社区精神卫生管理治疗的积极方式，但社区精神病管理服务的质量评价依然以跟踪评估患者可能造成的安全风险为主要实现方式。这一状况直到2015年《全国精神卫生工作规划（2015-2020）》出台后才被原则性地改变：在这一规划中，"显著减少患者重大肇事肇祸案（事）件发生"的公共安全关切被置于医疗需求、保障制度之后。

然而，文本的话语表达与实践方式显然存在一定距离：一方面，在公立医院体制改革的背景下，社区医院、卫生服务站等基层医疗机构往往缺乏相应医疗资源和专业人员来提供能够满足需求的精神卫生服务，精神疾病患者的社区照料和康复保障在很大程度上仅仅是家庭照料和个人处置的一种修辞学变体；另一方面，《精神卫生法》对精神疾病患者的强制就医做出了极为严格的限制，在一般情况下，只有近亲属或民政部门协同有关部门才能将疑似患者强制送到医疗机构，即便在危害公共安全的情况下，也需要近亲属、所在单位、公安机关协同送治。该规定不仅将作为收治精神疾病患者最有效力量的精神病医疗机构排除在合法机制之外，更夸大了实践中亲属对患者的影响力以及政府跨部门合作的可能性。换言之，在我国精神卫生服务的基本原则由"以社会为中心"向"以患者为中心"转变的表象之下，一场被动的"去机构化"运动极有可能正在悄然发生，与法国和美国的情况均不同，家庭最终承担了这种隐秘趋势的社会效果。然而，家庭并非永恒的社会单位，社会的集体性延续是依靠家庭结构的不断再生产，精神疾病患者因其受损的社会功能和经流行病学、神经生理学证明的遗传风险而被排除在这一再生产进程之外，他们不仅无法得到长期稳定的有效救治和康复照料，更会或迟或早地被推入无家可归的结局。

考虑到我国公立医院运营的新自由主义现实和社会保障体系的效用主义原则，该结局固然有其社会结构基础，但在这一基础兑现为社会现实的过程中，政策制定者和其他社会参与者的确扮演了不同角色：精神病医疗机构出于成本和责任的考虑往往倾向于保守化改革，社区医疗机构在日常运转和精神健康管理之间的矛盾抉择中则采取了更加实用主义的策略，家庭因有限的物质条件和社会成本而回避甚至拒绝基层医疗机构对他们烦乱生活的打扰从而主动从这一体系中退出，政策制定者由于对精神疾病的客观病理规律和症状表现得不甚熟悉，从而错误估计了精神疾病治疗、照料和社会康复所需要的物质支持与社会资源。因此，解决这些纷乱复杂的问题不能仅靠社会科学偏居一隅的观察，而需要来自其他学科的广泛合作。

本书的作者虽然主要由社会学和人类学专家构成，但他们贡献的内容涵盖了社会学、人类学、历史学、统计学、公共卫生甚至药理学议题。这些作者将精神健康视作一个跨学科平台，使来自不同学科的智识积累得以交融重构。这种致力于探索精神健康问题的跨学科努力，不仅为我国精神健康服务实践疑难的解决指出了一条可供参考的路径，也为我国精神健康的社会科学研究澄清了一些颇为关键的理论疑难，这些疑难弥散于社会科学研究者对精神健康所进行的宏观结构分析和微观意义挖掘。

正如涂尔干在社会结构与自杀之间建立因果关系的社会学宣言，相当一部分社会科学研究试图聚焦现代社会的集体精神生活，将人们声称的精神苦痛归因于现代社会的结构性特征，从而将精神苦痛视为现代社会的特征性病症并用社会学解释去替换甚至排除关于这些病症的医学主张。这种社会病理学叙事存在致命缺陷，即精神苦痛无法像自杀一样能够在排除心理学或精神病学证据的情况下加以任意分析，现代社会与精神苦痛间的独特适当性对应实际上是一个缺乏充分流行病学证据的朴素信念。该信念兴起于19世纪中期西方学者对工业化进程的反思，虽然它在100年后逐渐被专业化的精神病学抛弃，但仍然在社会科学世界中占据极大版图。造成这一局面的原因显然涉及二战后大众媒体的蓬勃发展和它们对大众集体信念的营造，随着互联网新媒体的兴起，每个人都在参与现代精神苦痛信念的营造事业并将这一信念无限放大，社会科学将这一信念视作理所当然的现实并通过社会病理学叙事赋予其理论正当性，从而进一步将其确认为社会现实。在这一过程中，社会科学既低估了前现代社会居民普遍精神苦痛的历史现实性，也忽略了现代精神病学在精神疾病与平常的消极精神体验之间做出的严格区分。

而那些着眼于精神苦痛社会意义的现象学研究则招致较结构分析更具毁灭性的风险：如果结构分析只是真诚地将朴素的社会信念视作现实来加以解释，那么现象学研究则可能将社会成员真实的苦痛体验还原为社会理论的象征性符号。精神苦痛的文化现象学分析模式往往将精神苦痛的主位理解需要优先关注的对象，并着墨于精神苦痛与地方社会文化脉络的联系。由于这种分析路径预设了社会成员作为社会行动施为者和社会过程能动阐释者的角色，精神苦痛理所当然地被现象学投射为串联社会互动和交往的中介性事件来加以处理，"替代性表达""继发性获益"等思维工具使这种投射得以轻松实现，而精神苦痛的具身体验则在投射中消散无形。同样的，社会科学在这种任意投射中既没有对社会成员精神苦痛的当下现实性给予足够重视，也没有意识到精神病学在常态社会表现与癔症（即分离－转换障碍，旧称歇斯底里）性症状之间进行的清晰划界。

要对上述疑难进行彻底的疗救从而拯救自身命运，精神健康的社会科学必须与医学、历史学、流行病学等相关学科结盟。本书作者做出的多元化尝试表明，这种结盟可以通过集体的形式达成，也可以通过更为个人化的方式来实现。正是基于作者们对多学科理论概念和方法论工具的积极运用，不论是来自社会科学、精神病学、流行病学或其他相关学科的研究者，还是精神卫生政策制定者、精神卫生司法领域实践者等其他精神健康公共事业的参与者，甚至是来自制药实验室或医疗市场的一线人员，均能在书中找到与其专业生活息息相关的有益之见，进而以本书为桥梁与同在精神健康领域不辍耕耘的其他专业人员建立起微妙的智识联系，了解他们对这一领域的贡献。

最后，对于那些关注精神健康议题甚至正在为精神问题而困扰的公众来说，本书通过展示精神健康的多维形象，为他们细致而全面地勾勒了精神健康跨学科世界的地形图，使他们得以自主地漫步于了解当代社会集体精神体验的道路，安心舒适地踏上探索自身精神生活的旅途。这一点至关重要，因为当福柯将精神疾病患者的命运当作人类集体命运的一个独特片段来考察时，精神疾病就已经与人类关于自身本质的诘问联系在一起。精神健康并非医学或社会科学的专属领域，它与每一个人类成员密切相关，因为它不断引导我们思考这样一个问题：我们如何才是一个人。就此而论，本书是对人类本质终极关怀的理性表达，值得我们每一个人报以诚挚的尊敬。

景 军
2019 年秋于清华园

目录

前　言……………………………………………………… 1

第一部分　个人心理，社会科学的研究对象？

序　言……………………………………………………… 13

自杀，一种社会事实

　　克里斯蒂安·鲍德洛（Christian Baudelot）、罗杰·埃斯塔布雷（Roger Establet）………………………………………… 15

文明进程与"幸福感"：追求平衡？

　　马克·若利（Marc Joly）、达夫妮·博尔兹（Daphné Bolz）
　　……………………………………………………………… 30

构建一种个人层面的社会学

　　贝尔纳·拉伊尔（Bernard Lahire）……………………… 41

民族精神病学的理论溯源

　　理查德·雷希曼（Richard Rechtman）………………… 53

　　延伸阅读：皮埃尔·布尔迪厄：精神分析的社会学意义

　　弗朗辛·米埃尔-德雷富斯（Francine Muel-Dreyfus）………… 72

心理苦痛，社会疾苦：代际冲突与遗产矛盾

　　弗朗辛·米埃尔-德雷富斯（Francine Muel-Dreyfus）………… 74

1

延伸阅读：阿布戴玛赖克·萨亚德：历史社会学和移民的临床社会学
　　弗朗辛·米埃尔-德雷富斯（Francine Muel-Dreyfus） ……… 86

批评与实践：精神健康的"性别视角"
　　斯蒂芬妮·巴师（Stéphanie Pache） ……………………… 88

延伸阅读：福柯对精神健康领域的贡献
　　克劳德-奥利维埃·多隆（Claude-Olivier Doron） ……… 100

第二部分　精神健康场域的重组

序　言 ………………………………………………………… 105

两个去机构化运动：二战后的精神病学、社会科学和现代化
　　尼古拉·汉克斯（Nicolas Henckes） ……………………… 108

延伸阅读：戈夫曼与疯狂：社会秩序与疾病
　　卡蜜尔·兰瑟勒维（Camille Lancelevée） ………………… 122

精神健康的强制与自愿概念
　　琍维亚·维尔皮（Livia Velpry）、贝诺·埃洛（Benoît Eyraud）
　　……………………………………………………………… 125

延伸阅读：罗伯特·卡斯特对精神健康研究的贡献
　　贝尔特朗·拉翁（Bertrand Ravon） ……………………… 139

精神医疗健康"分子化"转折点：精神药物及其历史沿革和制药
创新
　　让-保罗·高迪里尔（Jean-Paul Gaudillière） …………… 141

神经科学和精神病学：社会科学研究方向初探
　　巴蒂斯特·穆窦（Baptiste Moutaud） …………………… 158

谋求"福祉"：现状与展望
　　娜迪亚·卡尔努斯（Nadia Garnoussi） …………………… 172

精神分析：一个法国特例？
　　玛雅·梵斯坦（Maïa Fansten） …………………………… 186

延伸阅读：从拉康到拉康主义
　　玛雅·梵斯坦（Maïa Fansten） ………………… 202

第三部分　"苦痛者"的视角：实证调查一瞥

序　言 ………………………………………………… 207

家长协会：参与性民主还是游说集团？
　　——自闭症案例试析
　　布丽奇特·莎玛克（Brigitte Chamak） ………… 209

精神卫生领域中家庭与专业人士关系初探
　　奥德·贝利雅（Aude Béliard）、让-塞巴斯蒂安·埃德利蔓
　　（Jean-Sébastien Eideliman） ……………………… 222

青春期行为障碍管理，挑战何在？
　　伊莎贝尔·顾丹（Isabelle Coutant） ……………… 236

研究国际移民之苦痛
　　——以在法国的中国移民为例
　　王思萌 ……………………………………………… 251

监狱，精神脆弱者之所
　　狄迪尔·法森（Didier Fassin） …………………… 268

有助于社会整合的医学？
　　——浅议精神药物的消费
　　菲利普·勒·莫涅（Philippe Le Moigne） ……… 280

职场精神痛苦与健康
　　米歇尔·高拉克（Michel Gollac） ……………… 292

后　记

　　理查德·雷希曼（Richard Rechtman） ………… 312

作者简介 ……………………………………………… 316

前　言

　　尽管流行病学调查在精神健康领域仍存在争议，但根据世界卫生组织的报告，全球有1/4的人受到精神障碍的困扰[①]。在法国，每年有1/5的人承受精神疾病之苦，1/3的人一生中会受其影响：精神疾病每年导致13000人死于自杀和19万人试图自杀。法国有1%的人口患有精神病。在世界范围内，虽然精神病患病率随着时间的推移而有所稳定，但在工业化国家，抑郁症等其他病症有增无减。据世界卫生组织称，5%~10%的男性和10%~20%的女性在一生中，至少会出现一次抑郁状态。多项调查显示青少年抑郁症有增多迹象，这一现象令人担忧，其症状往往表现为成瘾、饮食失调、自我暴力倾向等。与此同时，全球各地精神药物的消费量正在增多，这在法国尤为明显：从20世纪80年代到21世纪初，抗抑郁药物的销售量增长了7倍。1991年，在法国国家统计与经济研究所（INSEE）、法国卫生经济学研究中心（CREDES）和卫生部进行的健康调查中，11%的受访者表示经常服用精神药物（安定药、安眠药、抗抑郁药）。

　　与此同时，自20世纪90年代以来，"病态"一词已不再仅用于描述精神疾病。解决"心理苦痛"已被列入政府关注的议题中，政府部门注重维护民众的"精神健康"，从而扩大了精神病学的使命，使它不再局限于严重精神疾病的治疗。因此，一个"寻求内心平衡

[①] 关于上述争议及下文引用的数据，参见 DEMAILLY L., *Sociologie des troubles mentaux*, Paris, La Découverte, 2011。

和福祉的庞大市场"应运而生[1]。

除了公共卫生问题之外，还引发了一些科学问题：应如何诠释这些变化？社会和文化环境变化在何种程度上会对心理造成影响？经济和政治场域对精神健康领域的表征和专业实践有何影响？精神障碍分类模式在多大程度上会影响其表达？通过现有不同疗法可以辨识出哪些人口管理模式？精神疾病专业治疗的学科和机构之间的权力关系演变，究竟揭示了当代社会的何种问题？

我们将在本书中讨论这些问题，但在此之前，不妨回顾一下社会科学史上有关心理障碍的社会和文化方面的一些里程碑，以及它们在精神科治疗体系中的定位。

从自杀社会学到精神疾病社会学

涂尔干（ÉMile Durkheim）在19世纪末创建社会学时，曾致力于指定一个特定的研究对象——社会事实（fait social）[2]，从而将社会学与现存的心理学区分开来。他之所以选择自杀问题作为其理论的第一个应用领域，是想阐明以下论点：即使是针对被视为仅属于个人心理的对象，采用社会学去分析也是合情合理的，但条件是要关注社会事实的统计变化，而非关注个体的特殊过程，因为后者属于心理学范畴。涂尔干通过考察自杀率与各种变量（家庭情况、地理区域、宗教等）之间的相关性，确定自杀倾向是与群体凝聚程度成反比的，即凝聚程度越高，自杀倾向越弱。在美国，从20世纪初开始，由于高校中社会学快速制度化，多项经验性研究沿用了此一假设，并将其扩展到所有精神疾病上。芝加哥大学便是最佳例证。社会学家思考"社会混乱"、"失范"（anomie）和心理障碍之间的关

---

[1] EHRENBERG A., LOVELL A. (dir.), *La maladie mentale en mutation. Psychiatrie et société*, Paris, Odile Jacob, 2001.

[2] 参见本书中鲍德洛（C. Baudelot）、埃斯塔布雷（R. Establet）以及拉伊尔（B. Lahire）撰写的文章。

系，这一关系在移民社区尤为显著。1930年，莫里斯·哈布瓦赫（Maurice Halbwachs）受芝加哥大学社会学系主任和社会心理学专家埃尔斯沃斯·法利斯（Ellsworth Faris）之邀前往该校讲学，介绍他新近发表的关于自杀的专著。在书中，他对涂尔干的论说予以评论。法利斯的儿子罗伯特·李（Robert E. Lee）深谙涂尔干的论著，当时也到会听讲[1]。他于20世纪30年代末与瓦伦·邓汉（H. Warren Dunham）合作发表了一份关于芝加哥精神分裂症统计分布的研究，证明了贫困街区精神分裂症比例甚高[2]。

从20世纪20年代到60年代，美国社会学针对精神病理学和治疗机构做出了大量的研究，这主要得益于其较早就实现了制度化，也因为它与高校内的医疗系统关系密切。例如，在两次世界大战期间，帕森斯（Talcott Parsons）和默顿（Robert King Merton）在哈佛大学出席了对社会学抱有浓厚兴趣的生物化学家亨德森（Henderson）博士的专业讲座[3]。亨德森日后也对威廉·福特·怀特（William Foote Whyte）产生了很大的影响，后者的专著《街角社会》[4]（*Street Corner Society*）成为田野调查的典范之作。虽然只有寥寥几页的篇幅，怀特却阐述了街角帮中内部关系体系对其中一名失宠的年轻人的心理平衡的影响。怀特叙述了自己如何透过对所研究环境的深入了解进行干预，恢复了他的名声，事后证明此一干预具有治疗效果，避免他患上抑郁症[5]。

---

[1] TOPALOV C., «Maurice Halbwachs et les sociologues de Chicago», *Revue française de sociologie,* 2006/3 (Vol. 47), p. 561-590.

[2] FARIS R. E. L., DUNHAM H. W., *Mental Disorders in Urban Areas: an Ecological Study on Schizophrenia and Other Psychoses*, Chicago, University of Chicago Press, 1939.

[3] HERZLICH C., PIERRET J., «Au croisement de plusieurs mondes: la constitution de la sociologie de la santé en France (1950-1985), *Revue française de sociologie*, 51-1, 2010, p.121-148 (p. 124).

[4] PERETZ H., «préface», in WHYTE W. F., *Street Corner Society. La structure sociale d'un quartier italo-américain*, Paris, La Découverte, 2002 [Chicago, 1943], p. 5-27 (p. 9).

[5] 参见 *Street Corner Society*, *op. cit.* p. 87-88。威廉·福特·怀特于1993年重新改写的后记中再次谈到这一点（*op. cit.* p. 353）。

第二次世界大战后，医学社会学在美国蓬勃发展。但在法国，社会学对医学和健康几乎不予以重视，而是专注于劳动、犯罪、宗教、乡村、娱乐等领域的研究[1]。唯一的例外是罗杰·巴斯蒂德（Roger Bastide），他先后出版了两本力作：一本是1950年的《社会学与精神分析》(Sociologie et psychanalyse)，另一本是1965年的《社会学与精神病》(Sociologie des maladies mentales)。在书中，他罗列出英美国家所有关注精神疾病社会发生机理的社会学和精神病学著作。但巴斯蒂德力推的研究计划却曲高和寡，无人响应[2]。在针对疯癫的研究方面，当时以米歇尔·福柯、罗伯特·卡斯特（Robert Castel）为首的知识界主要聚焦于对治疗机构的批评，以及对欧文·戈夫曼（Erving Goffman）的专著《精神病院》(Asiles)[3]的宣传。从这个角度来看，精神病学机构首先是被作为社会控管机构来分析的，它维持甚至催生了它本应医治的病症[4]。直到21世纪初，法国社会学才将精神疾病问题重新列入研究范畴。

心理的文化维度：人类学的贡献

在20世纪60年代，法国社会学对精神疾病的社会决定论不甚感兴趣，而法国人类学对这类问题却表现出浓厚的兴趣，与20世纪初兴起的精神分析讨论一脉相承[5]。在1912年出版的《图腾与禁忌》(Totem et tabou)中，弗洛伊德对其理论在不同文化背景下的合理性

---

[1] HERZLICH C., PIERRET J., art. cit.
[2] SICOT F., «La maladie mentale, quel objet pour le sociologue?», Déviance et Société, 2006/2, vol. 30, p. 203–232.
[3] 参阅本书关于这些作者的介绍。
[4] 在1989年出版的《精神病学推论》(Le Raisonnement psychiatrique)中，在控管方面，阿尔贝·奥吉安（Albert Ogiern）却有别于这些研究方法，他另辟蹊径，对日常精神病学活动抱以兴趣（Le raisonnement psychiatrique, essai de sociologie analytique, Paris, Méridiens-Klincksieck, 1989）。
[5] 相关深入介绍，请参阅本书中雷希曼（R. RECHTMAN）的文章。

进行了思考。英国人类学家马林诺夫斯基（Malinowski）在第一次世界大战期间曾在特罗布里安群岛驻留，其间对俄狄浦斯情结的普世性提出了质疑，但并不否定存在一个超越不同文化心理建构的假设。在他研究的母系社会中，鉴于母舅所担任的角色，他提出了母舅情结（complexe avunculaire) 的概念。

克洛德·列维–斯特劳斯（Claude Lévi-Strauss）于20世纪20年代在哲学课上发现了精神分析学，当时法国人类学对精神分析并不感兴趣，这与英美国家的人类学恰好相反。不过，他与精神分析保持着一种模棱两可的关系：他对这门学科抱以怀疑态度，却又从中汲取养分。从弗洛伊德的作品中，他意识到即使看起来不合逻辑的现象也可能成为理性分析的一部分。列维–斯特劳斯对神话的研究与弗洛伊德对梦的研究有异曲同工之妙，因为二者皆源于无意识中的"象征功能"。列维–斯特劳斯对精神分析治疗的效果亦颇感兴趣，将精神分析师的干预和萨满的干预相对照。精神分析和人类学之间的这种交叉影响延续到拉康的作品中，受列维–斯特劳斯作品的启发，拉康对弗洛伊德的理论在概念上重新进行了梳理[1]。

1963年，列维–斯特劳斯和罗杰·巴斯蒂德（Roger Bastide）邀请乔治·德弗罗（Georges Devereux）到法国巴黎高等研究实践学院（EPHE）教授民族精神病学。德弗罗是一位美国人类学家，出生于特兰西瓦尼亚，二战后曾在法国接受精神分析方面的培训，20世纪30年代曾在巴黎师从马塞尔·莫斯（Marcel Mauss），后成为专注于研究北美印第安人霍比（Hopi）部落和莫哈维（Mohave）部落的民族学家。他借鉴精神分析和人类学的双重方法，创立了民族精神病学和民族精神分析学，并在1951年出版的《一个平原地区印第安人的精神疗法》（*Psychothérapie d'un Indien des plaines*）一书中予

---

[1] MOUCHENIK Y., «Définition d'un champ. Théories, auteurs et chercheurs. Anthropologie et psychanalyse, histoire et débat», in *L'enfant vulnérable. Psychothérapie transculturelle en pays kanak*, éditions La pensée sauvage, 2004, p. 39–52. ROUDINESCO E., «De près et de loin, Claude Lévi-Strauss et la psychanalyse», *Critique*, janvier–février 1999, p. 169–185.

以阐释[1]。他认为，文化提供了"不当行为的模式"或"发疯的好方法"，必须学会破译这些现成的症状。德弗罗首开先河，创立了迁徙和流亡临床诊所，80年代经由托比·纳唐（Thobie Nathan）和玛丽－罗斯·莫罗（Marie-Rose Moro）等人发扬光大，建立起专业会诊机制。此一临床实践也沿袭了另一种学术脉络，即60年代在达喀尔法恩（Fann）医院中一支多学科团队的研究。该项目由一位崇尚德弗罗学说的精神科医生主持，团队中还有奥尔蒂格（Ortigues）夫妇，二人于1966年发表了《非洲的俄狄浦斯》（L'Œdipe africain）一书。此一临床实践承认在治疗期间文化因素以及传统治疗师的作用。该书起到了抛砖引玉的作用，此后也相继出版了不少此类专题著作，阐述了特定文化和社会中出现的特殊症状[2]。然而，民族精神病学在实际应用中所获得的成功仍然遭到了批评：有些人指责这门学科往往过分物化患者的原生文化，并高估其在疾病发作中的影响，却忽略了其他原因，如社会决定因素[3]。

疾病的历史变异性

加拿大哲学家伊恩·哈金（Ian Hacking）是21世纪初法兰西学院的院士，他对"瞬态疾病"（maladie transitoires）颇感兴趣。这种疾病只存在于某一特定时期，例如19世纪末期发生在欧洲的"病态漫游症"（fugues pathologiques）[4]。当时医生发现了一种"新型"病理，媒体竞相报道，于是人们从这种疾病中找到了表达自己内在不适和苦痛的可能性。哈金将这些相互作用和相互影响称为"循环效应"（looping

---

[1] 阿诺·德斯普里钦（Arnaud Desplechin）于2013年以此为蓝本拍摄了一部电影《吉米·皮卡尔》（Jimmy P.）。

[2] 有关这些著述的详情，请参阅 NATHAN T., STENGERS I., ANDREA P., «Une ethnopsychiatrie de la schizophrénie?», *Ethnopsy*, n°1, 2000, p. 9-43.

[3] 参见本书中王思萌的文章。

[4] HACKING I., *Les Fous voyageurs*, Le Plessis Robinson, Les empêcheurs de penser en rond, 2002.

effect）。某些社会历史背景特别易于催生这类病症。

例如，1980 年第三版《精神障碍诊断与统计手册》（DSM‑Ⅲ）中引入了多重人格障碍病症，随后便导致了这种病症的流行。当时许多年轻的精神病学家深信诊断和治疗的有效性，身体力行地推行，女权主义者对此也兴致勃勃，认为在司法领域可用于诊断儿童性虐待，加上电视节目的大肆报道，患者"感而应之"，这强化了某些女患者的疾病症状，被诊断为多重人格障碍患者的人数以数十倍增长[1]。在神经科学方兴未艾的情况下，科学家奋力捍卫自己的学科，而制药公司则开始投资研发与这些诊断相关的新药，保险和社会保障系统也纷纷加入其中。在美国，需要事先做出诊断，治疗费方可获得报销。凡此种种无不在循环中产生相互作用，从而将新的精神病理类别融入社会现实中[2]。随着分类的变化，医疗机构实践也发生改变，引发了其所分类的病症。因此，20 世纪末流行的自闭症、双重人格障碍和儿童多动症[3]，以及 80 年代盛行一时的心理创伤分类，均可以从这一角度予以分析[4]。

其他作者阐述了影响社会和个人深层转变的病理变化。阿兰·埃伦伯格（Alain Ehrenberg）将西方社会的抑郁症流行解释为自由主义的必然结果，因为自由主义推崇自主性、责任感和主动性。在角色分明和专制严厉的传统社会，个人自省的问题是"我被允许做什么？"在每个人都应该自主进步的社会，问题则变成"我有能力去做吗？"因此，在 20 世纪下半叶，个人摆脱了传统社会的限制和桎梏，弗洛伊德式的神经症——"内疚病理"随之让位给抑郁症

---

[1] 相关综合介绍，参见 MULHERN S., «Le trouble de la personnalité multiple: vérités et mensonges du sujet», in *La Maladie mentale en mutation, op. cit.*, p. 75‑99。另参见 HACKING I., *L'âme réécrite. Étude sur la Personnalité multiple et les sciences de la mémoire*, Le Plesis Robinson, Les empêcheurs de penser en rond, 1995。

[2] 参阅本书中高迪里尔（J.‑P. GAUDILLIÈRE）和穆窦（B. MOUTAUD）的文章。

[3] CHAMAK B., COHEN D., «Les classifications en pédopsychiatrie: controverses et conflits d'intérêt», *Hermès* 66, 2013, p. 95‑103。另见莎玛克（B. CHAMAK）在本书中的文章。

[4] FASSIN D., RECHTMAN R., *L'empire du traumatisme. Enquête sur la condition de victime*, Paris, Flammarion, 2007。

和成瘾症——"自由病理"（pathologie de la liberté）或"自我疲劳"（fatigue d'être soi）。19世纪在容许和禁止冲突之间痛苦挣扎的个体，到了20世纪末则陷入可能与不可能之间的煎熬，为无从达到社会期许的理想境界而感到失望沮丧[1]。

精神障碍病因学：关键何在？

"精神心理学"领域一直是两派对峙：一派主张从生物学角度诠释精神障碍的起因，其代表是精神病学的"医学"帮；另一派则主张从社会关系和社会文化角度去分析精神障碍的致病因素，其代表是精神分析学和社会科学。自20世纪70年代以来，神经科学蓬勃发展，脑成像技术的进步更起到了推波助澜的作用，进而催生了人类精神/心理的生物学决定论，其推动者是在全球范围内占主导地位的美国精神病学。人们试图从大脑和基因的角度去寻找精神疾病与不同症状的起源，重新规划相关干预与治疗方式，个体自我构想的方式和社会的统治方式也随之发生变化。与此同时，却忽视了社会决定因素，尤其是不平等现象对病因的潜在影响。

自然科学已经证实了在某些疾病中遗传因素的影响，尤其是那些会导致身体或精神失去活动能力的疾病，如精神分裂症和某些类型的自闭症，但最常见的疾病则不同，这些疾病的发生率因文化而异。自然科学虽然也强调基因与环境之间的相互作用在疾病决定因素中的重要性，却难以提供遗传证据[2]。这些相互作用的表观遗传学的研究表明，虐待儿童会持续影响基因活动，有时甚至会遗传给下一代："表观遗传学研究开始揭示长久以来便为临床医生所熟知的生

---

[1] EHRENBERG A., *La fatigue d'être soi. Dépression et société*, Paris, Odile Jacob, 1998; «Santé mentale: l'autonomie est-elle un malheur collectif?», *Esprit*, février 2014, p. 101–110.

[2] GONON F., «La psychiatrie biologique, une bulle spéculative?», *Esprit*, novembre 2011, p. 54–73.

物学基础，即儿童早期的经验会左右其成年后的心理健康。"[1]因此，采取预防措施，保护儿童情感环境及儿童父母的生存条件便显得至关重要。部分神经科学家重申了精神障碍的复杂性，强调环境在其病因学中的作用，从而进一步提供论证，重申社会科学研究在这一领域的意义。

在生物学方法中，有些学者重申临床反思的重要性，因为它考虑到个体的历史，而且不会将其精神疾病及情绪变化仅仅归因于大脑功能的影响。美国学者则担心资金转向生物精神病学将导致临床研究欠缺。例如，从临床角度来看，抑郁症的发作具有某种价值，它显示患者的身心正发生变化，是个人发展过程中的必要步骤，而非仅仅是一种需要抑制、令其保持缄默的有机表现[2]。

为了深入回顾社会科学对上述关键问题做出的贡献，我们分三个部分来概括相关研究。第一部分主要从社会科学经典理论的角度来探讨精神／心理如何成为社会科学的研究对象。第二部分则勾勒了当代精神健康领域的专业实践，并从医护者的角度阐述其在20世纪下半叶的重组情况。第三部分从病患及其家庭的角度予以考察，因为他们成为广泛意义上的"精神／心理"干预对象。这些干预对象不是仅局限于严重的病症，而是拓宽到所有精神疾苦的范围。

---

[1] *Ibid.* p. 60.

[2] EHRENBERG A., LOVELL A., *La maladie mentale en mutation*, «introduction», *op. cit.*

第一部分
个人心理，社会科学的研究对象？

序　言

当社会学试图解释精神健康时，它是通过普遍的社会因素来予以阐述的，如通过涂尔干以及芝加哥社会学派的"整合"视觉，以及最近网络社会学的"社会密度"或各种流行病学调查中的"社会资本"理论框架。

然而，莫里斯·哈布瓦赫却认为个人记忆实际上是集体记忆，从而质疑将个人事实与社会事实划分开来。他在关于自杀的著作中持与涂尔干相反的立场，认为社会学家可以对自杀的个人动机感兴趣。涂尔干的侄子马塞尔·莫斯也从社会学角度对个体的心理予以关注。

在另一个概念框架下，德国社会学家诺伯特·埃利亚斯（Norbert Elias）曾针对个人与社会的关系进行了深刻反思。埃利亚斯在两次大战期间曾为逃离纳粹而途经法国流亡英国，在其著作《莫扎特的成败：社会学视野下的音乐天才》（*Mozart, Sociologie d'un génie*）中，他将莫扎特的"天才"与当时潜在的社会冲突联系起来，认为莫扎特是借助音乐从痛苦中获得心灵的升华。

社会学与人类学相反，几十年来很少关注个人心理问题。事实上，通过对"异域"的实地研究，人类学接触到形形色色的疾病和治疗方法，于是对语言的象征性效果和信仰的治疗效果产生了浓厚兴趣[①]。

[①] 除了列维–斯特劳斯将精神分析和萨满治疗进行比较的章节之外，还可参阅 FAVRET-SAADA J., *Les mots, la mort, les sorts*, Paris, Gallimard, 1977, et *Désorceler*, Paris, L'Olivier, 2009。

随着皮埃尔·布尔迪厄（Pierre Bourdieu）社会学理论的兴起及社会行动者概念的提出，个人的倾向性（dispositions）问题再次受到社会学的关注：惯习（habitus）作为一种内化的社会历史，既有社会的成分又有个人的成分，而社会学家可以解释个人的性情倾向。贝尔纳·拉伊尔（Bernard Lahire）延续马塞尔·莫斯的主张，建议通过"心理社会学"[①]将个体心理作为研究客体。文森·德·古莱雅克（Vincent de Gaulejac）则从另一个角度出发，在理论层面和治疗层面综合布尔迪厄和弗洛伊德的学说，提倡"临床社会学"[②]。

本书第一部分各篇均以独特的方式将心理作为研究对象。第一篇追溯了一个世纪以来关于自杀社会学的研究，借鉴涂尔干和哈布瓦赫的论说，重点关注个人决定因素，为与心理学专业人士的对话打开通路。第二篇介绍了诺贝特·埃利亚斯的著作对研究个人及其心理机制，以及更广泛而言特定社会中的精神心理机制所做的主要贡献；同时还介绍他的一个鲜为人知的设想：曾试图与精神科医生合作创建治疗中心。在第三篇，贝尔纳·拉伊尔重述了"心理社会学"的含义。第四篇解释了民族精神病学的具体定义及其形成情况。第五篇基于布尔迪厄和萨亚德的著作，提供了从社会学角度思考个人苦痛的工具。第六篇延续女权主义研究，从性别角度探讨了精神障碍及其分类问题。

[①] LAHIRE B., «La sociologie psychologique», *L'homme pluriel*, Paris, Nathan, p. 223-239, ainsi que «Post-scriptum. Individu et sociologie», *La culture des individus*, Paris, La Découverte, 2004, p. 695-739.

[②] DE GAULEJAC V., «La sociologie clinique entre psychanalyse et socioanalyse», SociologieS [en ligne], Théories et recherches, mis en ligne le 27 avril 2008, http://sociologies.revues.org/1713。

自杀，一种社会事实

克里斯蒂安·鲍德洛（Christian Baudelot）
罗杰·埃斯塔布雷（Roger Establet）

自杀是精神极端痛苦的标志。涂尔干发明了在空间和时间变化上研究自杀的方法。其于1897年出版的《自杀论》（*Le suicide*）[①]迄今仍是各国精神健康领域专业人员的重要参考书籍。该书鼓励他们考察自杀者或试图自杀者的家庭和社会背景，以拓宽对自杀现象的认识，从而可以远距离分析特定案例，针对日常实践领域中所观察到的变化及其原因进行思考。

然而，这本诸多心理医生耳熟能详的著名社会学专著却刻意将自杀的所有心理和个人维度一概排除在研究范围之外！但正是这种悖论构成了该书的力量。涂尔干写作该书的初衷完全不是因为他希望以社会学家的身份，对同时代人的精神痛苦予以深切关注。涂尔干的雄心壮志另有所指。1897年，涂尔干试图在科学基础上构建社会学，他想证明在现实中存在着"社会事实"，它们不属于自然科学或个体心理学的研究对象，而是一种需要发明和构建的新科学的研究对象，这门科学就是社会学。然而，他并非首个构想这门科学的人。当年奥古斯特·孔德（Auguste Comte）通过创造"社会学"一词，也曾希望将社会科学从形而上学的状态转移到实证状态，科学家在其中的作用不是制定法则，而是通过观察现象之间的关系来阐述规律。

[①] DURKHEIM E., *Le suicide*, Pairs, Alcan, 1897, réédité aux PUF.

然而，却是涂尔干在《自杀论》一书中真正实施了这一计划。他在认识论上引发的"政变"是基于一个自相矛盾却绝妙无比的想法。他要证明自杀是最极端、最个人、最私密、最神秘的事实，因为自杀的人往往会带着结束自己生命的理由而离开这个世界，自杀是受社会原因所左右的。涂尔干的论证乃基于两个基本的算术运算，即加法和除法。他将某特定时间段（通常为一年）以及某特定地理区域（某一国家、某一地区、某一省份或某一城市）内发生的所有自杀事件累计起来，然后再将总和除以生活在该地理区域中的人数，便得出自杀率。所有这些创伤性、无形和个人的自杀的简单相加便呈现一个全新的现实，在所有方面都与构成它的单一事件相对立：一万桩个人悲剧被转换成一个连续曲线上的点；不可预知的事件进入了预测的顺序；这个事件逃脱了个人命运，一如谷物生产或出口量那样，被纳入构成整个社会特征的集体变量中。这一新事实是肉眼无法观察到的，即便根据最细心的实验也是不可思议的，单凭已知的个别事实也是不可想象的，唯有经由最基本的统计形式，即加法和除法，才能够揭示其存在。自杀率一旦被计算出来，只需把它与其他社会变量挂钩，如性别、年龄、婚姻状况、一年中的某个月份、一周中的某个日子、一天中的时辰、居住地（城市或乡村）、城镇规模的大小、职业等，便可观察这些比率的变化。哦，多么令人惊奇！这些变量远不会受到偶然因素的左右，其变化是非常有规律的：自杀率随着年龄的增长而有规律地递增，男性比女性高 3~4 倍，此种现象城市比农村更为明显（这是当时的情况，目前已经颠倒过来），自杀在周初比周末更常见，等等……他的直觉是对的。社会现实确实存在；它限制了男性和女性的生活；其影响力之大，足以触及最私密和最个人的行为，自杀便是其中一例……

涂尔干的赌注赢了，然而代价甚高！他一心追求客观和可比较的变量，导致他在自杀研究中丝毫不关注心理和个人方面的因素。导致人们走上自杀之路的心理痛苦和个人历史、精神疾病、家庭悲剧等，一概从涂尔干的自杀社会学研究场域中消失。他所构建的自杀对象被简化为一个抽象的统计指标，即自杀率，也就是说，一个数字。

如此生硬地排除个人和心理层面的因素，并非采用此种方法而产生的不良效应，而是作者有意为之。涂尔干在其书中两次明确地阐述了这一点。从第一章开始，他就拒绝将"有机－心理素质"视为自杀的原因。将自杀与疯狂相提并论是不可能的。精神病态与自杀的关系并非有规律和无可争辩的。有些疯子会自杀，但并不是所有疯子都会自杀，而且很多自杀者并不是疯子。自杀的原因不在于心理或心理病理层面，而在于心理或心理病理层面之下，即社会现实层面。而至于人们追究"推定的自杀原因"，即受害者或其亲属所援引的、为其行为辩解的理由（运气不好、家庭不和或失恋、酗酒、精神疾病、厌倦生活、身体痛苦等），凡此种种，涂尔干也极力拒绝。对他来说，它们纯粹是"道德诡辩"：其数量不足以成为具有代表性的理由，而是提供了更多关于负责制定这些理由的下属代理人的心理范畴信息，而非受害者的真实动机。而这些受害者往往无法明确表述甚至思考自己的真实动机。

因此，涂尔干的方法并不是从特殊（个人）到一般（社会），而是采用相反的顺序："我们不想知道这些引起自杀的原因在个人身上表现为什么形式，而是尽力直接确定这些原因。因此可以说，我们撇开作为个人的人、他的动机和想法，直接考虑自杀是随着什么样的社会环境（宗教信仰、家庭、政治社团、行业团体等）发生变化的。"[①] 简而言之，关于作为个人悲剧的自杀，自杀社会学并不能给我们提供任何线索。在涂尔干看来，这只不过是与所属群体一体化程度和调节程度的指标。已婚人士自杀的次数之所以少于独身者和鳏夫，那是因为家庭是构建人与人之间牢固联系的社会单元。同样，天主教相比新教也会更多地保护其信徒，因为在天主教中存在着更有利于群体融合的仪式，而新教徒则在反躬自省中单独面对上帝。经济

---

① *Ibid.* p. 148. 此处译文参考埃米尔·迪尔凯姆《自杀论》，冯韵文译，商务印书馆，2017，第143页。——译者注

危机引发的社会生活失调导致人们无所适从,造成"失范"自杀。

然而,正如自杀率所定义的那样,社会学家的研究对象虽然并不符合生活中的现实,其变量却深刻反映了所研究人群的精神状态或精神体验。并不是社会阐明自杀,而是自杀阐明了社会,进而也阐明了构成社会的男女的心理和精神维度。自杀社会学考察的统计结果确实引发了我们思考促使或阻碍自杀的社会因素。在绝大多数国家,女性的自杀率比男性低3~4倍。这一发现本身并没有给我们提供任何关于自杀的信息,但它促使我们思考为什么女性会因此受到保护,进而探索女性和男性的社会状况为何如此不同,以至于会产生这种行为差异。这究竟是因为女性的倔强还是因为男性的脆弱?在大多数发达国家,尽管男女的社会和职业地位趋于平等,但男女自杀率之间的差距并没有缩小,原因何在?出于何种原因,女性因其社会地位而如此一贯地受到保护?自杀社会学激励我们就当今社会中身为男人或女人提出新的问题。与自杀有关的其他变量也是如此。一个半世纪以来,自杀随着年龄的增长而增长,并在高龄时期达到高峰。然而,自20世纪70年代以来,情况发生了变化,在大多数西方国家,年轻人的自杀率上升,老年人的自杀率下降。这种大规模的变化反映了当今社会中"年龄"的社会地位的根本转变。自石油危机以来,究竟发生了什么事情,使得年轻人变得如此绝望轻生?另一个例子是划分我们日常生活的社会节奏也产生了变化:传统浪漫的想法是,星期天是一周最黑暗的一天["我恨星期天……"朱丽叶·格雷科(Juliette Gréco)[①]曾如此唱道,一如达米亚(Damia)[②]那首著名的歌曲《黑暗星期天》]。然而现在情况却有所不同,星期一自杀人数达到峰值,随后逐渐下降,降至星期天的最低点。似乎人与人之间的关系在一周内会渐次升温。是什么原因,使得星期一——这个人们重新上班的日子,对个人的情绪和人际关系

[①] 朱丽叶·格雷科(1927~2020),法国著名女歌手。——译者注
[②] 达米亚(1889~1978),法国著名女歌手,真名为Marie-Louise Damien。——译者注

的质量产生如此大的影响呢？星期天的来临又是如何平复这些情绪和关系的呢？因此，自杀统计社会学邀请我们思考社会纽带的性质及其强度的变化。由于自杀率在每个社会中都不相同，因此自杀率成为社会学家用以识别社会特征的指标。中国是世界上唯一女性自杀率高于男性的国家，特别是在农村。这一现状提醒我们要关注已婚妇女在其丈夫家庭中的条件状况，以及中国家庭结构和已婚妇女与他人之间建立的关系。

哈布瓦赫解读涂尔干：继往开来

在《自杀论》发表100多年后，心理学、精神病学和社会学之间的关系已不再像涂尔干想象的那样势不两立。社会学家将精神病学降级为辅助性学科——只负责汇总某些明显的自杀原因，而断然拒绝考虑自杀的心理和个体层面的因素，其根源来自社会科学的陈旧概念，即基础的概念。

个体心理学不能说明巴黎人和外省人、英国人和法国人、天主教徒和新教徒自杀率之间的差异，这是确定无疑的。"当我们给社会现象一个心理学解释时，我们可以肯定这个解释是错误的。"涂尔干这样写道。他说得对，但他把心理学的压抑作用过分夸大了。任何自杀与心理变量之间的联系都会立刻在他的眼中显得不可信。正是出于这个原因，他拒绝认为自杀与精神疾病或酗酒有直接的关系。然而，苏联却提供了自杀率和酗酒成正比的例子。戈尔巴乔夫采取了极其严厉的措施，力图限制酒类产量和提高伏特加价格，从而显著降低了苏联在1985~1989年的自杀率，尽管苏联的自杀率仍远远高于西方国家（见图1）。

1897年，涂尔干肩负数项重任：阐明一种论说，创建一种理论并构建一门学科，可谓要做到言必信、行必果。身为新科学的创始人，他以不加掩饰的"帝国主义"姿态，力图为其学科征服一个新的疆域，哪怕会侵犯其他学科也在所不惜。因此，他怀着开拓者的

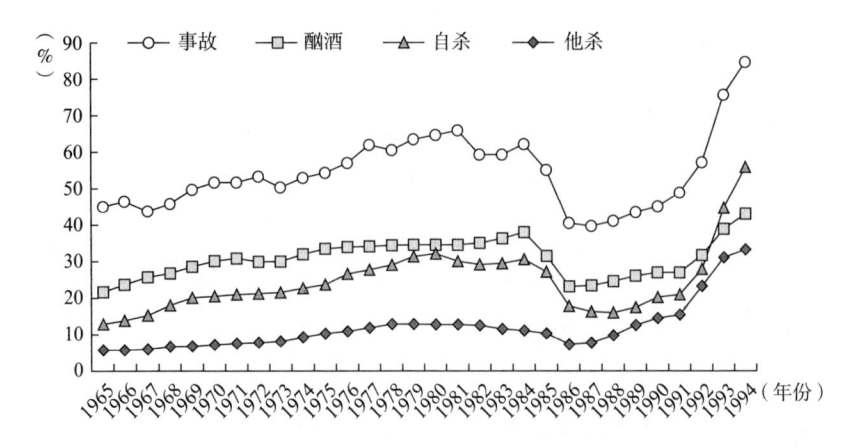

精神健康与心理苦痛：社会科学的研究对象

图1　1965~1995年在苏联（俄罗斯）发生的暴力死亡率

无限野心，认为社会学必须能够解释一切。鉴于社会学解释一切的垄断地位，其创始人必须反驳、争辩，孤军作战，对抗所有人。精神科医生和许多其他人均为此付出了代价。

但是，这种狂妄自大并不是将心理学排除在社会学自杀研究领域之外的唯一原因。涂尔干构想的社会与个人之间的关系概念形成了一个认识论障碍，阻碍了他将心理因素考虑在内。莫里斯·哈布瓦赫看到了这一点。早在1930年，他就"悄然无息"却坚定地与涂尔干的社会观念拉开距离。《自杀的原因》（*Les causes du suicide*）[①]一书最初只是在于"更新"，但最终却像马塞尔·莫斯在序言中所言，成为一本"积极而全新的作品"，"有必要补充、修改甚至放弃涂尔干这个或那个论点"。

莫里斯·哈布瓦赫的方式既中立又委婉，因此读者需要较长时间才能理解其质疑的深度。哈布瓦赫将自己视为涂尔干《自杀论》的后继者，他从涂尔干的研究成果出发，并不觉得有必要重新开始。他采用同样的间接实验统计方法，只是系列更长，涉及的国家更多，其中包括英国和意大利。统计技术已经有所进步：除平均值、离散系数和相关系数外，还出现了平均偏差。解释的整体概念则是一样

---

① HALBWACHS M., *Les causes du suicide*, Pairs, Alcan, 1930, réédité aux PUF.

的：自杀现象是社会性的，表现出社会整合的不足；家庭仍位于研究的中心。哈布瓦赫甚至成功地从俄罗斯统计数据中建立了一种关系，当时由于缺乏数据，涂尔干只能假设儿女数量所起的保护作用，家庭责任的矛盾性保护完全吻合涂尔干的概念。总之，他不但延续而且也补充了涂尔干的研究。他花了整整一章的篇幅论述了自杀的实施模式，并引入了试图自杀的问题。哈布瓦赫对数据源的质量要求比涂尔干更为苛刻，他将所有数据予以系统化测试，并仔细确定了图表的构建方式。相比于理论，他更关心的是事实。然而，这种偏好虽然置于谦虚的印迹之下，却不妨碍《自杀的原因》从根本上突破了涂尔干的《自杀论》。

事实上，随着章节的展开，哈布瓦赫不动声色却系统地推翻了涂尔干所提出的三种自杀类型，这一分类构成了其论证的支柱之一：因整合度低的利己型自杀、因整合度高的利他型自杀以及规则弱化而导致的失范型自杀。他从不把功劳归为己有。他甚至将所谓的利他型自杀排除在外，因为对他来说这是一种牺牲。而自杀与牺牲虽是"同属的两种同类"，但我们不能将两者相混淆，因为社会在这两种行为上所打下的印迹是截然不同的。社会将牺牲视为自身的作品，而自杀则非如此，它被视为非法的行为。至于利己型自杀，他却只字不提。但他依据统计数字，证明新教徒的自杀率不一定比天主教徒的自杀率更高，并不是因为天主教对自杀持谴责态度，责令其反躬自省，单独面对上帝，没有整合仪式，而是因为都市生活方式比农村天主教徒的生活方式更容易使人走上自杀之路，从而解释新教徒为何自杀率较高。他尤其直言不讳地抨击了"失范"的概念，这种"欲望的放纵，不受任何规训的指导和限制"。这种失范现象并不是一种现代疾病，更不是新鲜事物，也并不仅仅关系到渴望变得更加富有的个人。在过往的社会中，贫穷也会导致自杀："为生存而挣扎的痛苦并不亚于今天想发财致富的人的失望所带来的痛苦。"现代社会生活并非处于无序和无政府状态，而是相比于过往更具规范性。在市场规律的支配下，每个人都要评估"其服务、工作和努力"，社会生活拥有自身的节奏和我们必须遵从的传统形式。现代社会生活所不能容忍的特立独行者必定会被无情消灭。根据哈布瓦赫的观点，更为糟糕的是，今天人们的举止、思维和感受的方式受到比过去更为"专制"的管治，激情被塑造成单一模式。因此，今天的现代社会生活并非比昨天混乱，只是变得"更为复杂"而已。职业生活领域与家庭生活领域的分离迫使每个人至少同时要过两种生活，每种生活都有不同的规范、习俗和价值观。资本主义不再是一种功能失调，而是摇身成为组建社会关系的新方式。这就彻底推翻了"失范"概念的解释性优点，涂尔干曾运用此概念来解释乡村、手工业和宗教社会向城市、工业和世俗社会过渡所导致的自杀急剧增多的现象。

然而，哈布瓦赫却是在该书的最后几页中，在论述个人动机的解释性作用时，才与涂尔干的学说明显地拉开距离。这当然是为了解释自杀，但更多的是为了设想个人与社会的关系。正如我们所看到的，在其分析中，涂尔干从一开始就驳斥了受害者为自己的行为赋予意义所援引的主观动机。在涂尔干看来，受害者援引的动机是导致他们行为的原因，所表达的要么是一些自然倾向（肉体痛苦、精神疾病、醉酒和酗酒），在这种情况下，无关乎社会生活；要么是一些个体特性，可以相互抵消、相互消除，淹没在其他特性中。哈布瓦赫则反其道而行之，认为个人动机和个人情况"取决于社会团体的结构"，从而恢复其正当地位，并认为有必要将之视为自杀的正当原因，与集体信仰和习俗同理。

哈布瓦赫指出，在涂尔干看来，个人与社会相对立，一如"偶然和不可预测性与必然和法律及秩序相对立"。但这种分离，是两种现实之间的近乎物质性的分离，对哈布瓦赫来说似乎是虚幻的。个人动机与一般原因是密切相关的：它们与一般原因组成系统，将集体生活的大潮与这些特定事故任意分开是错误的。"改善神经系统"并使其"过于微妙"的器质倾向自有其社会原因，因为这种情况"相比于其他群体，在自由职业、工业和商业领域以及城市群体中较为常见,这并非偶然"。另外,个人与社会的区别并不是绝对的,因为社会存在于个人内部。换言之,若排除构成社会的个人,社会则不可存在:"家庭情感、宗教实践、经济活动并非实体。它们体现在将个人存在彼此联结和联系的信仰与习俗中。"得益于爱德华·萨皮尔(Edward Sapir)、诺伯特·埃利亚斯、皮埃尔·布尔迪厄和诸多人类学家的著作,个人与社会现实融为一体("一体化")的概念在20世纪后半期占据主流地位[①]。但早在20世纪30年代,哈布瓦赫就在评论涂尔干的自杀论述中为此奠定了基础,从而在精神病学和社会学之间构建起一种更为互补平和的关系。不再有泾渭分明的两种自杀类型——一是属于精神病学对象的器质决定论,二是属于社会学对象的社会决定论——每种自杀都兼合了这两个角度。"无论从哪一个角度出发,我们将会看到身体原因引起的神经紊乱或社会原因导致的集体平衡破裂的后果。"不同的角度产生不同的对象。实际上,随着科学流行病学的发展,精神科医生、心理咨询和救援中心纷纷介入其中,通过对具体案例的研究,认定了自杀通常与抑郁状态有关。如今,个人因素的重要性已不可否认。

社会学家考虑受害者援引的轻生理由,是对个人与社会关系的思想传统的一种原始表达,这是涂尔干学派的特征。涂尔干用一种现实而粗暴的认识论来规范他的思考,将认识对象按不同领域分类:心理学的对象是个人现实,社会学的对象是社会现实。但对现实的划分却无从掩盖其等级差异:心理学中的自我融合了本能和情感的内涵,而社会则负责在每个个体中纳入智力类别、道德价值、审美和宗教评判原则。虽然涂尔干的弟子想效仿其先师去思考个人与社会之间的关系,但他们却以更大的自由去摆脱了"老板"的教条式认识论。马塞尔·莫斯研究人格形成的社会基础,但不对各学科进行等级划分与区别。在其社会需求理论中,哈布瓦赫巧妙地结合了涂尔干和哲学家柏格森彼此互为矛盾的灵感,借以重新思考个体的问题。在其关于自杀、记忆、集体心理的著述以及关于需求的研究

---

① 参见下面几章。

中，哈布瓦赫致力于辨别在人的本质构成中最深层的根基，阐明社会生活对其所产生的影响。

精神心理专家对"环境"的关注

如今精神病学家和心理学家在自杀研究中越来越多地纳入了他们将之称为广义的"环境"因素。通过研究患者的个人和家庭病史，当代精神病学收集了大量有关个体风险因素的数据。20世纪60年代，诞生于美国的"心理解剖"首先试图阐明疑似自杀但又无法明确证实的死亡原因。其方法主要是基于回顾性调查，具体形式为与死者亲属进行访谈，分析医疗信息，收集关于家庭和个人病史的信息，以及死者的心理、生活方式、社会关系和死亡之前的事件等。随后将这些数据与客观数据相对照，以做出结论，断定是否存在自杀行为。心理解剖很快成为一种有效的方法，可提供诸多信息，如发现存在精神障碍或躯体疾病，以及患者曾接受过的护理治疗情况等[1]。

20年来，运用生物学、脑成像和分子遗传学的神经科学研究证明了5-羟色胺（血清素）系统功能紊乱容易引发自杀行为。透过这一系列研究，可以设想遗传因素与环境因素相互作用构成脆弱性特征的病因学轨迹。因此，家庭不和导致的虐待儿童行为可能会长期改变5-羟色胺功能[2]，容易引发患者的自杀行为。根据这些研究，诱发自杀行为的家庭因素可能属于遗传因素，但也可能仅仅是"环境因素"。直至今日仍方兴未艾的表观遗传学则表明，属于心理社会性质的创伤经历可能会改变基因的表达，并最

---

[1] KAHN J.-P. «Cours du Collège national des universitaires en psychiatrie», CHU Angers, 2005.

[2] 5-羟色胺（血清素）是一种神经递质，参与机体生理调节功能，如体温、饮食、性行为、睡眠–觉醒周期、疼痛、焦虑或运动控制。脑脊液中5-羟色胺水平较低时，会引发冲动行为。

终使神经系统更易受自杀行为的影响。近期有一本集体著作概括了自杀精神病学研究的主要方向[1]。

今天，我们远离了涂尔干的自杀社会学和精神病学之间泾渭分明、势不两立的格局。每个学科都承认另一门学科研究的因素的决定性作用。

望远镜和显微镜

上述学科的交锋十分富有成效，而且在社会学越来越精细的统计数据和精神病学家越来越科学、缜密的分析之间也存在着规模差异。据世界卫生组织统计，全世界每年有100万人自杀，其中法国有近11000人。这是社会学家的观察站，时间纬度为若干年，地理范围则涵盖越来越多的国家。精神病学家则相反，当他们核对相关数据时，最多只需要几百项观察数据便可定夺。数据的精细度与规模的大小成反比：除了生物学、脑成像和分子遗传学收集的数据外，精神病学还可运用心理解剖学、个人生活史、医学记录档案和患者与他人或家庭历史的关系等资料。而社会学家则只能运用寥寥几个刻板僵硬的变量：性别、年龄、婚姻状况、居住地、日期和地点，偶尔加上职业。由此产生的视野几乎是截然相反的。综合这些研究，流行病学家卡恩（J.-P.Kahn）区分了三种风险因素：原发性风险因素（精神疾病、自杀和自杀未遂的家庭和个人先例、与他人沟通自杀意向、促使实施自杀行动的冲动）；继发性风险因素，即那些在无原发性风险因素的情况下难以预测的事件，卡恩称之为"严重消极生活事件"（父母早逝、孤独无援、离异、离婚、丧偶、失业或严重经济问题）；三级风险因素，即在无原发性风险因素和继发性风险因素情况下难以预测的因素，如男性、年龄（尤其是青春期和老年期）、某些脆弱性阶段（如女性经前期）以及针对所有人而言的

---

[1] 参见 COURTET P., *Suicides et tentatives de suicides,* Paris, Flammarion, 2010。

夏季[①]。因此，对于医学流行病学而言，自杀的主要社会"原因"（经济状况、年龄、性别等）表现为继发性（二级）甚至三级风险因素，并且本身没有任何预测价值。在第一紧急情况下，精神科医生在确定诊断结果并尽可能采取预防措施时，首先面临的是个人因素。即使在风险最高的人群中，自杀依然是一种例外事件，甚至在受到最好保护的人群中也不能排除自杀事件。个人心理状态和个人经历起着决定性作用。调和社会学家的望远镜和心理学家的显微镜，其困难之大，无人会感到惊讶。观察尺度的变化势必会导致观念的变化。

这两个学科之间的知识互为补充，却未真正相互沟通，因为它们的思辨尺度截然不同。这就是为什么流行病学家、精神病学家和心理学家对社会学家和人口学家的研究颇感兴趣的原因，涂尔干的著作在他们的书目中总是处于醒目的位置。但在面临具体个别情况时，他们则根据自己的学科知识进行论证。

职场自杀

然而，最近在工作场所发生的自杀案例证明了心理学家和社会学家视野交叉的可能性和丰富性。近年来，以法国电信公司为首的几家大型公司发生了数十起自杀事件，而且通常是发生在工作场所[②]。

此类公开性的有论有据的自杀，与那些大多以私密的、了无声息的普通自杀形成鲜明对比。它令人想起涂尔干当时因缺乏信息而未辨识出的一种自杀类型。这就是英国人类学家勃洛尼斯拉夫·马林诺夫斯基（Bronislav Malinowski）在特罗布里安群岛首次予以描述并命名的报复型自杀（suicide vindicatif）[③]。报复即报仇雪耻的意思。一个人爬到公共广场的棕榈树顶端，村民聚集在树底下，他从树上

[①] KAHN J.-P., *art. cit.*

[②] CAZIE E., «France Télécom-la-mécanique-de-la-chaise-vide», *Le Monde*, 12 Décember 2014. Wikipedia, «France télécom», version du 5 février 2015.

[③] MALINOWSKI B., *Crime and Custom in Savage Society*, Rowman & Littlefield, 1926.

跳下寻死之前，会向众人解释是哪个人或哪个家庭逼他寻死，或者是什么不公正之事使其成为受害者。总之，他以死来报复了村里的一个或多个人，是他或他们直接造成了自己的死亡。他扬言自己的幽魂每晚都会纠缠当事者及其同谋的心灵，让他们不得安宁。

如今，在东方国家特别是在中国，仍存在这种自杀形式。那些农村新婚妇女被迫生活在丈夫家中，被婆婆当奴隶使唤，于是便以自杀来宣泄自己所遭受的痛苦[①]。她们吞服农药寻死，以此诅咒了婆婆，并使夫家亲戚摇身变成间接杀手。从此所有人都知道婆家对她的不公。这种自杀形式在印度也存在。相比于法国记者，荷兰、英国和美国的记者在民族学方面接受过更好的培训，他们立即将法国电信公司发生的自杀事件与报复型自杀现象联系起来。

法国电信公司员工的自杀行动并不局限于模仿前人。他们本身也全部或部分地感受到同样的痛苦。涂尔干写道："效仿只是使一种状态更加明显，这种状态才是引起自杀的真正原因，而且看来总是找到产生它的自然影响的办法，哪怕效仿并不参与其事……在监狱和军队里，有一种集体的状态使士兵和犯人倾向于自杀，和最严重的神经官能症引发的后果一样直截了当。榜样是使冲动爆发的偶然原因，但引起冲动的不是榜样。"[②] 然而，模仿和媒体介入会产生影响，但所影响的不是自杀行动本身，而是自杀的方式。而更基本的影响是这种个人行为在公众眼中的公告意义。通过从私人场景转向公共场景，由个人痛苦引发的个人行为被赋予一种集体、社会和政治意义。他人的自杀，我不模仿，不是他刺激我去自杀，因为我有自己自杀的理由，即使其中一些理由是和别人一样的，但榜样促使我为自身的死亡赋予同样的抗议形式，这种抗议已经不再是个人的，而是集体的抗议。

在职场中走上绝路的人，真的如其所属公司管理层所声称的那

[①] BAUDELOT C., ESTABLET R., *Suicide. L'envers de notre monde*, Paris, Le Seuil, 2006.

[②] 此处译文参考埃米尔·迪尔凯姆《自杀论》，冯韵文译，商务印书馆，2017，第131页。——译者注

样，都是存在个人心理问题、脆弱无比的人士吗？真的像他们所说的那样，其他正常人是不会这样去寻死的吗？职场心理学的研究成果以及心理学家和精神分析学家进行的田野调查、司法调查的结果，均使我们对此表示怀疑[1]。精神病学家、精神分析师、心理学家克里斯朵夫·德儒尔（Christophe Dejours）和职场心理医生佛罗兰斯·伯格（Florence Bègue）指出，这些自杀者中的多数是无任何事前病理症状的，并且是工作最投入的男女员工："他们经常工作非常'投入'，而且一般都是专业水平较高的人士，他们期待获得上级领导对自己'业务工作'的明确认可。"[2] 因此，他们的自杀往往是由于"职业良心悲剧"而引发[3]。

研究职场自杀，使得社会学在解释这一现象时，比涂尔干更为深入透彻，但所遵循的方向相同。其中两个因素起着良好的作用：一是规模的变化；二是对个人和心理因素的关注。大公司的框架恰好处于涂尔干关注的整体社会宏观社会学和专注于研究个案的微观社会学的中间地带，研究职场与自杀之间的联系，有助于深入探讨企业管理层采取的粗暴管理措施对个人造成的负面影响。价值冲突和社会纽带的丧失更为清晰地呈现出具体的形式。涂尔干的主要理念（整合与非整合、调节与非调节）依然保留其原有的解释价值，但不再是抽象的概念；我们可以细致地分析有关雇员如何内化企业强加给他们的矛盾限制：一方面要恪守职业良知，另一方面却无从实施。整体社会力量（企业的深度转型）直接影响到个人行为。在此，受害者同事和亲属的证词，或者他们在死亡前写下的信件或日记均成为解读这些悲惨死亡的密钥。这涉及个人经历，但其中的集体维度是显而易见的。他们所经历的社会苦难，其他许多员工也感

---

[1] BAUDELOT C., GOLLAC M., «Que peuvent dire les suicides au travail ?», *Sociologie*, Vol. 6, n°2, 2015.

[2] DEJOURS C., BEGUE F., *Suicide et travail: que faire ?*, Paris, PUF, 2011.

[3] CLOT Y., «Suicides au travail: un drame de la conscience professionnelle?», *Activités*, 10(2), 2013, p. 39–53, http://www.activites.org/v10n2/v10n2.pdf ; CLOT Y., GOLLAC M., *Le travail peutil devenir supportable ?*, Paris, Armand Colin, 2014.

同身受：有些人能承受住，而有些人则承受不住。这里所讨论的社会性在个人身上得到体现。社会学家不再独自为自杀赋予社会意义，自杀者本人也为自杀赋予了社会意义。

涂尔干社会学注重比较空间和时间上的自杀率变化，上述自杀案例并没有减损涂尔干理论原有的重大意义。尽管在其分析中，他排除了心理和个人维度，但若要更好地理解在时间和空间上观察到的差异，这些因素不可或缺。例如在分析中国女性的超高自杀率或前社会主义国家的高自杀率时，心理和个人因素不容忽视。

推荐书目

CLOT Y., *La fonction psychologique du travail,* Paris, PUF, 1999.

DORAY B., *Psychopathologie du travail. De la resymbolisation*, Toulouse, Erès, 2011.

MOLINIER P., «De la rumeur à la peur. Une enquête de psychodynamique du travail à la suite d'un suicide lié au travail», *Communication et organisation,* n°36, 2009, p. 44-54.

TECHNOLOGIA, «France Telecom, état des lieux sur le stress et les conditions de travail, Rapport Principal», mai 2010.

VYGOTSKI L., *Conscience, inconscient, émotions,* Paris, La Dispute, 2003.

ZUNIGO X., WOLFF L., «France Télécom: état des lieux sur le stress et les conditions de travail. Première analyse du questionnaire», diaporama, Technologia, 14 décembre 2009.

http://www.observatoiredustressft.org/images/stories/recensemt_suicides_27_oct_2011.pdf.

文明进程与"幸福感":追求平衡?

马克·若利(Marc Joly)
达夫妮·博尔兹(Daphné Bolz)

诺伯特·埃利亚斯(Norbert Elias,1897~1990)是一位社会学家,专注于社会结构和社会变迁过程的实证研究与理论工作。他不断提出个人"福祉"(幸福感)的问题,这看起来或许颇为奇怪。他受弗洛伊德临床理论的影响,萌生了一种理想,并遵照此理想,提出了社会学家多方面的使命:"我本人对下列现象深恶痛绝:践踏人类生命,人生意义丧失殆尽,处处可见人们热情似火却无果而终……然而我始终深信:若能更好地了解这些问题的发展机制,我们便可大大减轻旅程的负担;而我也责备自己没有做出足够的努力,让我们能够直面自己,相比于弗洛伊德,我所做的连十分之一都不到。"[1] 更准确而言,这位德国社会学家的调查研究主要集中在西欧社会特有的"文明进程"上[2],其所致力的综合反思介于知识社会学

---

[1] 埃利亚斯致沙皮罗(J. Shapiro)的信函,日期不详(1976年或1977年)。Deutsches Literaturarchiv (DLA), Elias, I, 47。

[2] 参见 ELIAS N., *La Civilisation des mœurs*, Paris, Calmann–Lévy, 1973; idem, *La Dynamique de l'Occident*, Paris, Calmann–Lévy, 1975; idem, *La Société de cour*, Paris, Champs/Flammarion, 1985; idem, *La Société des individus*, Paris, Fayard, 1991; idem, *Les Allemands. Luttes de pouvoir et développement de l'habitus aux XIXe et XXe siècles*, Paris, Seuil, 2017; ELIAS N. et DUNNING E., *Sport et civilisation. La violence maîtrisée*, Paris, Fayard, 1994. 有关埃利亚斯的心路轨迹及其作品的影响,参见 JOLY M., *Devenir Norbert Elias. Histoire croisée d'un processus de reconnaissance scientifique: la réception française*, Paris, Fayard, 2012。

和旨在重新塑造"人性形象"的过程社会学理论的交汇处[1]。他坚信：由多元化议会制度支配的高度分化的社会发展特征，只要通过良好的基因研究和系统的比较来充分予以凸显，便可考虑在下述两种相互对立的"必要性"——控制个体冲动的必要性和满足其冲动的必要性之间寻求一种令人满意的心理平衡。

西欧社会尽管历经两次世界大战的蹂躏以及其他社会变迁，但从王室宫廷过渡到多党议会制度后，仍在对身体暴力行为的控制方面有所改善；民众不再容忍对身体的暴力行为，这在历史上前所未有。在与外部约束相关的行为和情绪调节中，延长同一过程中的功能相互依赖性链条，有助于赋予个体自我控制能力更重要的位置。这种外部调节与自我调节之间的平衡变化，意味着两者的形式都发生了改变。虽说它催生了整体上更为对称的关系（尤其是男女性别之间以及父母孩子之间的关系），但在社会层面仍要为情感和冲动的自发释放给予一定的空间，且必须维持自我控制相对统一的水平，因而需要付出较高的代价：情感的内在抑制和由此产生的内在心理冲突会导致持续的紧张状态，进而诱发程度不同的心理紊乱或身心疾病。同样，个体的持续性需求与依赖关系的延伸以及欲望对象的倍增，彼此交相组合，也会引发前所未有的失落感。另外还应提及"暴力文明"最为阴暗的一面，如"自恋变态"现象：似乎统治者（如奴隶主）之前感受到的乐趣，如在众目睽睽之下殴打和羞辱下人，现已让位给形式更微妙、更阴险的屈从，就家庭领域或爱情关系而言，这种屈从往往是外人无从想象的。在这两种情况下，都有冲动的发泄。但第一种情况是出现在结构上不平等的社会背景中；第二种情况则是发生在一种更为平等的社会背景中，它迫使变态者掩盖其面目，并在他事先诱惑的亲属中选择受害者。

---

[1] 参见 ELIAS N., *Engagement et distanciation*, Paris, Fayard, 1993; *idem*, *Du temps*, Paris, Fayard, 1996; *idem*, *Théorie des symboles*, Paris, Seuil, 2015; *idem*, *La Dynamique sociale de la conscience. Sociologie de la connaissance et des sciences*, Paris, La Découverte, 2016。

个人问题

然而必须承认，以这种方式去表述问题，在社会学中较为罕见，而且也明显缺乏用于此类目的的语言和概念工具。这就是为什么埃利亚斯如此绞尽脑汁，在从程序意义上重新进行大规模的理论概念定义时，力求简单起见。他那篇关于弗洛伊德的文章便是绝佳例证[1]。他在20世纪40年代末和50年代初期的心理学课程手稿也见证了这一点。在其中，埃利亚斯更多的是以一位杰出教育者形象出现，因为这些课程是在成人教育的框架下设置的。例如，提到自杀问题时，他是这样论述的："极低的社会压力便足以促使具有强烈自我攻击倾向的人自杀。略高一点的压力就会引起（其他人）自杀，依此类推。这使我们回到了［……］内部趋势和外部压力之间的相互依赖关系。我们是两者的产物，内部压力和外部压力两者的结果即构成了我们的行为。"[2]

这意味着我们紧随埃利亚斯，更贴近生物学－心理学－社会学的综合视野，摒弃了静态的两分法（自然／文化、健康／疾病、正常／病理、变异／不变等）。这是因为埃利亚斯的专业背景是医生，而且他身为德国社会学家，十分熟悉长时段的过程研究。一如我们上文所言，他在成人教育方面具有丰富的教学经验，在英国也融入由犹太裔－德裔移民组成的精神分析师和心理治疗师网络中。他以弗洛伊德为典范，视其为犹太学者的楷模，善于利用科学文化特有的武器，颠覆在欧洲社会中形成的所有形态的神话[3]。

因此，直到1975年，埃利亚斯一直是伦敦心理治疗中心的成

---

[1] Idem, «Le concept freudien de société et au-delà» (1990), dans *Au-delà de Freud. Sociologie, psychologie, psychanalyse*, Paris, La Découverte, 2010, p.131–185.

[2] Idem, «Advanced Course in Psychology at Morley College, 1950-1951» (lecture n° 13, 11 janvier 1951), p. 1. DLA, Elias, I, 179.

[3] 参见 GAY P., *Un juif sans Dieu. Freud, l'athéisme et la naissance de la psychanalyse*, Paris, PUF, 1990。

员，该中心由他及他从前在法兰克福大学的一名女学生伊思·塞格罗（Ilse Seglow）共同创办。在他蜚声国际之时，他辞去了伦敦心理治疗中心职位远离英国，他情不自禁地对从前的同事说道："远距离看，或许可以更好地观察到，尽管经常出现紧张（说来奇怪，连心理治疗师也无法逃脱这种状况），但这项工作仍然是非常卓有成效的。"[①] 十年前，他曾考虑过建立一个心理治疗和社会学研究所。他在一份亲笔撰写的说明中说道："研究所的主要任务是推动、组织和监督相关调查，这些调查主要针对诸多特殊问题，要解决这些问题，只能通过结合和协调个人或小组的心理治疗研究和社会学研究，以采取实际性措施。一般来说，这些研究涉及社会机构以及对个人起着强大专横影响的社会结构和组织。"[②] 他提出的研究主题包括来自平民阶层的大学生的失败、领导层特有的紧张和压力、监狱心理治疗技术效果调查、青少年罪犯的团体身份认同、就心理和社会层面对自杀和自杀企图进行协同调查、更年期的心理学和社会学初探。[③] 研究所未来的领导成员、心理治疗师和社会学家，首先要意识到"跨学科研究的问题"，即"观察并指出合作研究面临的相关困难和障碍"[④]，并从机构层面做出相应安排，以应对这些困难和障碍。为此，有必要启动一项大型跨学科调查，分析"因追求个人地位和声望而造成的科学合作困难及其所引发的心理和社会问题"[⑤]。换言之，应邀在一个特殊的制度框架下进行"合作"的研究人员的"福祉"，即"个人关系"的质量"[显然]至关重要"[⑥]。埃利亚斯补充说，这并非自然而然的事情，并且会影响到相关调查能否妥善进行，这些调查旨在改善不同社会阶层人士（青少年违法者、工会或政党领袖等）的状况。

---

① 埃利亚斯致伦敦心理治疗中心理事会成员的信，1975年6月21日。DLA, Elias, IV, 989。

② ELIAS N., «Draft Outline Plan of The Institute»(21 octobre 1965), p. 2. DLA, Elias, IV, 987.

③ *Ibid.*, p. 3.

④ *Ibid.*, p. 1.

⑤ *Ibid.*, p. 4.

⑥ *Ibid.*, p. 6.

对于埃利亚斯来说，组建一个高效而适度的自我约束机构不仅是平和的人际关系和积极的共同行动的保证，对于坐在办公桌前写上"自律、智力和耐力"就足矣的学者而言，也是一种运气。他对此深信不疑，并试图说服自己的学生和朋友，"以严肃和令人信服的方式揭开人类世界许多方面的面纱，并希望与此同时能够建立更可靠、更富有成效的工具来指导社会行动"[1]。然而，尚需放弃"会导致错误的充满抽象的语言"所提供的便利（和自恋的乐趣）[2]。

一般情况下，适用于社会学（科学）的原则，也适用于私人生活中的社会学家。埃利亚斯在1950~1951年的一堂心理学课上指出："成年人最基本的需求之一就是拥有一群可以依赖的人。"[3]此后，他曾在一封写给挚友的信中这样写道："我处于一个快乐或不幸的位置上，即无论是在德国、荷兰、英国还是其他任何国家，我都没有身份认同感。我足够坚强，在没有这种身份认同感的情况下也能生存。我只需要有一群能与我和平共处的朋友。"[4]从他的信中可以看出，埃利亚斯对亲友的需求特别敏感，同时也很希望尊重自己的亲友。他经常建议朋友去运动[5]，服用维生素，甚至考虑注射激素（在研究事物的心理方面的同时，不应忽视物理方面的进步[6]）。他非常善解人意，在必要的时候，他言辞温婉但绝不拐弯抹角。他所属的犹太移民圈子中不少人因流亡而使人格变得脆弱，苦涩尖酸，并且带有抑郁倾向。借助相互团结的纽带，他们得以适应新的国家、新的语言，但不免会产生冲突或相互指责。所以需要巧妙行事，因

---

[1] 1970年1月20日埃利亚斯致高兹布罗姆（J. Goudsblom）的信。DLA, Elias, I, 37。

[2] 埃利亚斯致高兹布罗姆（J. Goudsblom）的信，日期不详（1970年4月或5月）。DLA, Elias, I, 37。

[3] Elias N., «Advanced Course in Psychology at Morley College, 1950–1951» (lecture n° 4, 19 octobre 1950), p. 4. DLA, Elias, I, 179.

[4] 埃利亚斯致沃特斯（C. Wouters）的信，1976年11月4日。DLA, Elias, I, 50。

[5] "我们不仅仅需要做一些运动（我经常去游泳），我们还需要一点刺激。[……]体育刺激本身对健康十分有益，否则，生活会很无聊，而且它有助于驱散其他烦恼。" 1972年6月12日埃利亚斯致E. Collins的信。DLA, Elias, I, 34。

[6] 埃利亚斯致塞格罗（I. Seglow）的信，1965年12月12日。DLA, Elias, I, 46。

为当时每个人都面临着精神生存的问题。须知，对于埃利亚斯和他的同胞来说，当年他们逃离了死亡的魔掌，抛下亲人和家业，因此，"身体、心理和社会幸福感"蕴含着特殊的滋味，即战胜命运的滋味。

面向"时代紊乱"的社会学

埃利亚斯所努力构建的是一个整合性理论框架，指出"国家通过所施加的人身暴力和税收垄断实现了和平治理和个人自我监管"[①]，而人民却为之付出了精神代价，这一精神代价往往被普遍低估。从绝对意义上讲，个人需要他人的存在，并且由于生物学原因需要生活在社会中，人类的相互依赖性在心理平衡和精神健康上总是会有代价的，这种代价根据占主流的社会结构和冲动调节或高或低。因此，正如埃利亚斯在1950~1951年的心理学课程上所指出的那样，在享有物质生存极大安全的同时，在工业民主社会成员特有的心理中，也会存在与"地位"（相对于他人的地位）和生活水平相关的深深的不安全感。

> 现在我们面临的威胁是害怕降低我们习以为常的相对较高的生活水平。[……]较高的人身安全（需求）加上生活条件的强烈不安全感，构成了深刻地影响我们的行为和人格结构。[……]每个社会都有其特定类型的心理困扰、错位、幻想表现。[……]目前，尚未有人针对幻想表达中未完全调和或不符合现实的社会差异领域进行探索。我强烈认为，我刚刚提到的这些压力必然会表现在我们社会特定的神经症状或变态中。[②]

[①] ELIAS N., 《Civilisation et psychosomatique》(1988), dans *Au-delà de Freud*, *op. cit.*, p. 117.

[②] *Idem*, «Advanced Course in Psychology at Morley College, 1950–1951» (lecture n° 4, 19 octobre 1950), p. 2. DLA, Elias, I, 179.

在这方面，埃利亚斯仍处于假设阶段。他只是偶尔才涉足心理健康领域[①]。因此，在《文明与心身疾病》(Civilisation et psychosomatique, 1988)的讲座中，他只是略微提及"精神骚扰"，但这一主题只是在接下来的十年间才引起广泛的影响。精神骚扰与"自恋变态"只有部分重叠。正如克里斯朵夫·德儒尔（Christophe Dejours）所记录和分析的那样，职场领域容易滋生自恋变态现象，有时甚至会被作为一种管理工具。埃利亚斯指出："每天在我们憎恨的领导的威慑下工作，却不能直接告诉他我们对他的感受，这不仅令人难受，而且对健康十分有害。"[②]正如他在同一次讲座中所提到的那样，在他看来，社会学家的特定任务并不是将疾病或病症概念化，而是将"社会习性的困难或个体人格的社会结构"或"时代紊乱"概念化，"它们会影响特定社会的成员以及社会发展特定阶段的代表人物"[③]，在他们身上往往会表现出难以表达自己的情感，或者难以提醒人们注意某些社会机构，特别是体育休闲所起到的"解药"功能。对于这些，他都仔细加以研究[④]。体育休闲诠释了普遍需求的存在，并附带划定了各种不同的实践，这些实践是本地化和由来已久的，因而是特定的。关于这些内容，埃利亚斯只是提出了两个非常简单的问题，基本上只要求人们根据提出问题的方式和理论-经验元素来回答它们：(1) 当今社会，人们为什么如此热衷

[①] 与1950年他在提出自己的假设时，刻意避免赋予更深的精神分析色彩一样："足球和电影是高度升华的幻觉思想形式的替代品，只不过其形式更为婉转，与原始部落的仪式舞蹈相比，其强度更大，带有明显的性暗示，并不会引起任何尴尬。在我们社会上可接受的幻觉思想出路/表达中，性内涵被弱化并获得极大的升华。"(ibid., p. 4)

[②] Idem, «Civilisation et psychosomatique», loc cit., p. 124.

[③] Ibid., p. 126.

[④] 在这方面，他主要与他的学生邓宁（Eric Dunning）一起工作，尽管他原先希望发展跨学科的合作："关于休闲和空闲时间所带来的愉悦感的研究，所有人都认为两组专家（一组由社会学家组成，另一组由心理治疗师组成）的共同合作会非常有用。"1967年8月9日埃利亚斯致塞格罗的信。DLA, Elias, I, 46.

于参与或观看体育竞赛,这些竞赛受限于旨在限制身体暴力,(当涉及身体暴力时)有助于达到最激动人心的紧张程度的规则[1]?(2)这个事实能否与其他事实联系起来,从而成为更宽泛的社会发展过程的一部分?

认知进步和文明进步

当埃利亚斯表明要"清楚地阐明人格结构(Persönlichkeitsstruktur)和社会结构(Gesellschaftsstruktur)"之间的关系时[2],我们需要理解他所关注的一般理论化的确切性质。埃利亚斯的"社会习性"是跨阶级的,属于民族-国家和"文明"层次的:它与"适应了"整体社会结构的人格结构融为一体。埃利亚斯关注的是整体社会及构建其成员人格的结构,并从控制身体暴力和"内在的"敏感性及品行标准的角度出发去加以研究。显然,只能从使"整体"运作成为可能的因素的角度进行详细分析,即社会领域的多样性以及个人习惯,才能衡量这一方法的中肯性。因此,必须理解的是,已具有内部结构的整体不会再生成结构。

让我们重述一遍。埃利亚斯强调,相对而言,我们都拥有一般性的条件,即行使身体暴力的控制模式及敏感性和行为的"可内在化的"标准,这种标准赋予了社会关系的结构(换言之,社会关系受制于这些模式和标准)和个体人格的结构,但并不能表达多元化形式的全部,这些形式会被社会关系所涵盖,也不能完全表达这些关系的个体经验中不可简化的单一性。相反,文明理论的作用是拓宽社会学调查和心理学调查,将其延伸至社会差异和个体经验。反

---

[1] "在没有暴力,或者暴力极少的情况下进行搏斗,这是多么美妙的发明。"他在1966年英国组织的世界杯足球赛上大声呼喊道。1966年7月29日埃利亚斯致巴尼特(A. Barnett)的信。DLA, Elias, I, 32。

[2] 1977年11月11日埃利亚斯致布雷达(K. Brede)的信。DLA, Elias, I, 34。

对这些观点并无多大意义，因为它包含了上述内容[①]。例如，对于埃利亚斯而言，厌食症是一种典型的精神病理性疾病，它是由于外部调节和自我调节之间的力量平衡转变而产生的后果，与性关系的实践（对性欲的满足）相关，在一个特定类别的民族-国家工业和多党派社会在其发展的特定阶段，常发生于中产阶级青少年身上：似乎由于强迫性减肥节食，在放松的社会约束背景下，引发了一种极端的性欲自我调节模式[②]。若从更为普遍性的角度去看，则出现了一个问题，它寄存在生物成熟与"社会化"（或个体的"社会成熟"）过程之间的交叉和张力层面。厌食症与运动的情况也是如此：一旦确定了其特定的社会起源以及它在生物-心理-社会方面所发挥的作用，尚需更精细地分析由所属阶级确定的实践差异或突出个人经历的单一性[③]。无论我们侧重其中的哪一个方向，关键是能够连接到一般性框架中，并能够与其他学科的同事互动。埃利亚斯的全部观点最终都回归到了认知进步的理想。因此，他尤为高兴地得知有专门研究心身医学的医生，如荷兰教授葛罗思（J.J. Groen）认同他的见解："您在文明进程方面的研究对于医学的发展，更确切地说，对于医学的自然主义技术方面及人类心理学方面的发展，均具有十分重要的

[①] 两个体育社会学家因此呼吁"打破"埃利亚斯提出的"综合阅读"（Faure J.-M. 和 Suaud C., *La Raison des sports. Sociologie d'une pratique universelle et singulière*, Paris, Raisons d'agir, 2015, p.103）。但他们了解其中的来龙去脉吗？然而，他们确实提出了一个基本问题：我们可以"论述掌管自我控制的同一个惯习吗？他们立刻做出了否定的答复，并假设我们在现实中要处理诸多的性情倾向系统［……］，其数目与标准化机构的数目成正比，这些标准化机构［……］有助于融入社会秩序"（*ibid*, p.99）。这何尝不可？这个假设很有力量。但国家的惯习如何呢？相比于学校系统和法律机关，这些包括教会在内的机构现在所起的作用已经减弱，在某种程度上，它们是代表国家行事，部分机构相互交叉，何不鼓励将由运作或操作引发的性情倾向系统变为一种共同的自我控制模式呢？然而，我们很难为一名被冠以诸多方法和概念化原则的作者平反，而其实他比其他任何人都花更多的时间去抵抗这些原则和方法（如因果论、理想类型方法、自然/文化二元论、关联/解释等）。

[②] 参见 Elias N., «Adulthood» (1987), p. 22–24. DLA, Elias, III, 793。

[③] 参见 Darmon M., *Devenir anorexique. Une approche sociologique*, Paris, La Découverte, 2003。

意义。"① 另一位德国医生采纳了埃利亚斯的语言，即整体"人类科学"语言（gesamte "Menschenwissenschaft"）②："我认为，心身研究的一个关键问题是侵犯的自我调节和一般需求与他人如何调控。"③

最后作为结论，让我们回到埃利亚斯尊重人类需求多样性的平衡理想，这种平衡来自以下两种约束之间的较量：一方面是由相互依赖的结构所施加的约束；另一方面是我们给自身施加的约束，或者更准确地说，是我们根据自身人格结构而在内心自行施加的约束。这两种约束均无法消除，连接它们的纽带更无法消除；唯有清楚地认识它们在时间和空间上的变化，才可把我们置于一种由实证支持的标准化观点上，并因此成为"改良主义者"。

《宫廷社会》(*La Société de cour*) 的论点是：朝臣的行为和精神经济的"合理性"不会逃脱我们的视野，甚至在我们看来几乎是病态的。他对地位和声望、外表和形式的强烈关注，后来成为"私人"生活的部分被永久"公开化"，人为地毫无理由地控制即时的情感反应，虽然它离我们很近。而我们其实不了解相互依赖的网络的结构和使其变得"自然"的统治体系的结构，正如我们低估了自身的"理性"受到工业、城市、民族-国家和多党社会结构决定的程度。

很明显，灵活和平衡的社会约束系统与非压迫性且不会过分让人产生犯罪感的冲动自我监管内部机制之间若要维系一种和谐，意味着需要汇集一系列有利条件。民主和相互依存链条的延伸显然是不可或缺的先决条件，没有这些先决条件，似乎很难打破统治者所支配的恶性循环，在此恶性循环中，统治者设置了一个完整的社会图景，而统治者也被其赖以统治的统治体系所统治。因此，路易十四在宫廷社会中注重维系不同社会群体处于对立局面的张力，他是唯一可能对当时局势感到满意的人，尽管他必须对下层施以诸多

---

① 埃利亚斯致葛罗思（J. J. Groen）的信，日期不详（1987年底至1988年初）。DLA, Elias, II, 475。
② 葛罗思致埃利亚斯的信，日期不详（1987年底至1988年初）。DLA, Elias, II, 475。
③ 薛夫尔（W. Schüffel）致埃利亚斯的信，1988年7月4日。DLA, Elias, II, 475。

压力。为此，埃利亚斯意味深长地说，路易十四从"对他来说是犹如一项运动"的斡旋中感受到"极大的乐趣"[①]。观察宫廷中的男男女女，洞悉他们的详细情况，让他们的事情大白于天下。总而言之，重要的是要接受社会现实，思考其与其他社会相关的结构特征（尤其是它所立即取代的社会）。正如要如实地接受人类的天性一样。换言之，在"太多的禁止"和"太多的许可"之间，在控制情绪和表达情绪之间，在社会生活"不愉快"的紧张和休闲的"愉快"的紧张之间，唯有当人类生物体及其需求的本质约束以及与他人生活的内在约束（地点及时间均予以确定）获得理解并敞开视野时，方可根据整个社会关系的平均质量标准观察到"文明进步"。因为这是不会消失的，一如它们会不断滋生挫折、失望一样。因此，人类的知识生产者应勇于"博弈"，并首先尽可能地培养优良的关系。

[①] N. Elias, *La Société de cour, op. cit.*, p. 131.

构建一种个人层面的社会学

贝尔纳·拉伊尔（Bernard Lahire）

对于涂尔干来说，个人是一个绝佳的心理学对象。他的推论似乎是无可置疑的：个人只是社会整体（社会或群体）的一部分；整体并不只是各部分的总和，所以各部分并非都具有社会性[①]。自涂尔干以来，社会学在很大程度上依据这一显著事实，任何被视为具有心理化的偏向都一概遭到排斥。然而，社会学在不知不觉的情况下，尤其是在没有进行任何理论总结的情况下，逐渐对社会化个体感兴趣，并关注其行为以及其所参与的社会群体、社会组织和机构。透过个案研究、肖像描绘、生活故事或个人传记，可以在审视个体特性的同时，不忘借助解释社会的目标。然而，为了使独特的个体成为真正的社会学对象，有必要对其进行恰当的定义，并为其找到正确、科学的论据。这恰好就是注重个人层面的性情倾向社会学所主攻的方向。

个体与集体

任何观察维度的变化和观察对象的重新定义都会引发一系列的问题与担忧。个体难道不是心理学的独霸领地吗？这些心理学分支包括实验心理学、精神分析、社会心理学、差异心理学或文化心理

[①] LAHIRE B., *Dans les plis singuliers du social. Individus, institutions, socialisations*, Paris, La Découverte, 2013, p. 59-113.

学[①]。难道社会学不应只关注集体现实吗？在此对象中，个体作为独特的社会存在全然消失，代之以聚合体、群体、组织、场域及相互作用框架等。

人们一般认为，社会学是研究社会、集体、社会群体的"普遍科学"，或者更甚者，只是"统计意义上的平均值科学"，根本无法解释个体的独特性。这一看法的起源部分来自涂尔干将集体意识与个人意识严格区分开来的概念构想：

> 在我们每个人身上，可以说都存在着双重人格，这种双重人格尽管不可分离（除非抽象地加以分开），但却有区别。一种人格仅仅由与我们自身、我们个人生活中的事件有关的整个精神状态所组成，可以把这种人格称为个体我。另一种人格是这样一种思想、情感和习惯的体系，即在我们身上表现的不是我们个人，而是我们作为其中一个组成部分的社群。宗教信仰、道德信仰与习俗、民族传统或职业传统以及各种集体信仰，就是这样的体系。[②]

毫无疑问，这两个"人格"或两个"意识状态群体"[③]之间的划分，最初是为了将社会学与心理学（作为"精神个体的科学"）[④]区分开来，并避免人们将社会纬度与心理和个人纬度相混淆。

[①] 这些不同的心理学分支有时会相互交叉甚至融合，其特点是着重关注某些问题。实验心理学在注重实验条件下研究人的主要心理功能（记忆、语言、感知、注意力、推理等），精神分析聚焦于童年经验与成年生活的关系以及无意识的关键作用，社会心理学侧重研究个体与群体之间的关系，差异心理学关注心理事实的个体内变异性及个体内和群体间的变异性，而文化心理学则致力于探索文化与认知之间的关系。

[②] DURKHEIM É., *Éducation et sociologie*, Paris, PUF, Quadrige, 1989, p. 51. 此处译文参考涂尔干《教育及其性质与作用》，张人杰编《国外教育社会学基本文选》，华东师范大学出版社，1989，第11页。

[③] DURKHEIM É., *La Science sociale et l'action*, Paris, PUF, 1987, p. 330.

[④] DURKHEIM É., *Les Règles de la méthode sociologique*, Paris, PUF, Quadrige, 20e édition, 1981, p. XVII.

然而，涂尔干却以卓越的社会学胆识，于 1900 年如此写道，在社会学研究的影响下，"心理学也注定要部分地自我更新"，"因为社会现象从外部渗透到个体身上，个体意识中有部分领域是取决于社会因素的，心理学不能视而不见，不然的话便会变得难以理解"[①]。此外，他于 1908 年还写道："所有社会学都是一种心理学、一种"自成一体"的心理学，而且"这种心理学注定要［……］更新纯粹的个人心理学以及知识理论目前所面临的诸多问题"[②]。

社会学"最终成为一种心理学"，但涂尔干在 1909 年认为这种心理学比同时代"纯心理学家所从事的心理学更具体和复杂"[③]。他与学生在一起时会毫不犹豫地用"心理社会学"、"社会心理学"或"集体心理学"等词语来指定一些研究方向，他预感到这类心理学研究会将研究者置于心理学和社会学之间的学科边界逐渐消失的点面上。

就心理学而言，整个 20 世纪出现了人文科学和社会科学（人类学和社会学）与历史心理学和文化心理学相互靠拢的思潮[④]。受这些思潮影响的心理学家希望在传统的研究领域（语言发展、认知、感知、记忆等）中，将文化维度（依时间、群体、背景而变化）完全融入其中。

> 迈克尔·科尔问道：为什么心理学家难以从文化角度去解释心理问题？可以这样简短地回答：这是因为心理学将文化视为独立的变量，而将精神视为非独立的变量，因而打破了文化与精神的统一，将其在时间维度上进行了排序——文化起激励作用，而精神则予以响应。跨文化心理学的整个历史均可被视为一场长期的斗争，在人文科学分为社会科学与人类科学之后，

---

① DURKHEIM É., *Textes. 1. Éléments d'une théorie sociale*, Paris, Minuit, 1975, note 5, p. 35.
② *Ibid.*, p. 61.
③ *Ibid.*, p. 185.
④ Jerôme S. BRUNER, Michael COLE, Ignace MEYERSON, Richard SHWEDER, Lev S. VYGOTSKI, Henri WALLON.

被分离的东西将会重新融会在一起。[1]

个人层面的性情倾向社会学带着批判的眼光，将布尔迪厄的惯习理论[2]融会贯通，并致力于打开密封的神秘匣盒，而一般的社会学家往往只满足于讨论范式、性情、心理或认知结构等[3]。这种个体层面的性情倾向社会学，就像历史和文化心理学一样，仍深深植根于自身的学科：对于这种社会学和这种心理学而言，都不存在学科融合或多学科实践的问题。然而，两者在理论观点和认识论方向上却有所趋同：它们对心理和行为结构的文化（或社会）特征均有共识，并致力于捕捉社会、历史、地理和文化的变化，而不是像生物学和神经科学那样一味强调人类特征的普遍性。

这些一致性和趋同性提醒我们，在其学科的发展历史中，社会学领域和心理学领域之间的边界不断移位。在此仅举一个具有象征意义的例子，即现被册封为世界著名社会学家的欧文·戈夫曼，在早期即20世纪50年代末期，却被视为一名具有强烈"社会心理学"特征的研究者[4]。因为他更感兴趣的是个体间的互动和个人与社会情境的关系，对群体及其关系则兴趣较弱。为何在某一时期属于社会心理学的东西，在另一个时期则被视为社会学的核心？关于什么是社会学和什么不是社会学的概念的演变，提出了"社会"定义的微妙问题，或者更确切而言，提出了"社会"的合法定义的垄断的科学斗争问题。

---

[1] COLE M., *Cultural Psychology. A Once and Future Discipline*, Harvard University Press, Cambridge, Massachusetts and London, 1996, p. 327-328.

[2] 布尔迪厄将惯习定义为一种可以生成实践的程式、一种可持久且可转换的倾向系统，它既能被结构化（社会化的产物），又能起结构化作用（生成实践）。参见 BOURDIEU P., *Le Sens pratique*, Paris, Minuit, 1980。

[3] 这种个人层面的性情倾向社会学从20世纪90年代末开始发展起来，它无论是对整体融入倾向的系统性和连贯性或所有倾向的可持久性和可转移性均不做预先假定。参见 Cf. LAHIRE B., *L'Homme pluriel. Les ressorts de l'action*, Paris, Nathan, 1998 et *Portraits sociologiques. Dispositions et variations individuelles*, Paris, Nathan, 2002。

[4] WINKIN Y., «Erving Goffman: portrait du sociologue en jeune homme», in GOFFMAN E., *Les Moments et leurs hommes*, Paris, Seuil/Minuit, 1988, p. 87.

——————— 构建一种个人层面的社会学

什么是社会学家眼中的个体?

首先，社会学家观察到，一个人自出生以来便与其他人一起生活，其积累的所有经验、喜好（或厌恶），以及说话、思考或行动方式造就了今天的他。因此，他区别于所有将个人（及其心理）与被视为外在现实的社会世界隔离开来的人。正如莫里斯·哈布瓦赫所说：

> 让我们回顾一下古典哲学家的所有系统，从古代到康德，19世纪所有心理学家的作品，从曼·德·比朗（Maine de Biran）和如夫瓦（Jouffroi）到斯图尔特·密尔（Stuart Mill）和伯格森的作品。他们的作品中确实论述到社会问题和社会事实问题，但这些问题属于在他们的主要研究和分析之外的边缘性主题。一旦谈论到理性、判断、记忆、思想与感知，他们就把自我封闭起来，把我们锁定在人的意识中，这个人是一个独立于其周遭人群的主体，与其他人脱离了关系。他们似乎并没有意识到如果处于孤立的状态，灵魂就不会开发自己的才能，就不再发挥自身的功能。[1]

个人可以通过他的社会化经验的多样性和复杂性来做出社会学上的定义。每个人绝不能以单一属性为特征（例如，大公司的低技能工人或经理），因此，工人不仅仅是工人，他同时是男人或女人，拥有（或不拥有）某一类文凭，属于某一代人，参与这样或那样的政治、体育、宗教、文化活动等。除此之外，这种社会归属的复杂性，或在团体或不同机构中每一个人所占据的社会空间的复杂性，也会体现在时间维度上：同一名工人很可能是独生子女、学校

---

[1] HALBWACHS M., *La Psychologie collective*, Paris, Champs classiques, 2015, p. 48.

课代表、唱诗班成员、农场工人、工会会员、青少年时期曾当过运动员等。一个人所接触过的每个团体或机构都会锻造他独特的观察、感受或行动方式，而正是所有这些经验的和谐或矛盾组合造就了他的（相对）独特性。因为在长大意识到这一点之前，这些他所经受的"影响"就开始产生作用了，这些影响非常多，他无法看到它们来自何处，最终他会将多重经验在他身上打下的烙印当作自己的个人欲望，而在这些多重经验中他从未成为绝对的主人。莫里斯·哈布瓦赫仍然是最能帮助我们理解下列问题的人：每个人的心理和社会状况都是密不可分的。他认为，"这一系列社会影响从我们意识觉醒那一刻起，就在我们毫不怀疑的情况下浸入了我们心中"，这使得"我们养成了将这些影响与自己融为一体的习惯"[1]。

"折叠或展开状态下的社会"[2]这个隐喻在论证中颇有用处。例如，当社会学家研究新教时，他会描述其属性或相关显著特征，分析其制度的运作、所持的态度、特有的社会风尚或价值观，他会讲述一种涉及历史上数百万人的现象，普通的新教修道者或著名的神学家，他们介入的程度各不相同，因此其宗派归属程度或强或弱。因此，论述"新教"，就要对这些成千上万或上百万的新教徒生活方式（以及赋予新教新生命的方式）进行一种高度的（而且非常合法的）归纳抽象工作。新教文化或伦理学中必然的理想类型描述（根据马克斯·韦伯的含义）是一种去个体化、去个性化、去特色化的描述，然而，这种描述不可避免地需要依托多种活动和行为以及个体、特定和单一的表征痕迹。同样的论证也适用于阶级文化、学校机构、国家等，亦即我们所习惯的社会科学的宏观社会对象，它意味着众多的个人角色的参与。通过历史、统计或民族志重建，社会学家定期进行抽象的总结，这些总结超越了每个个案，且并不禁锢在任何特定情况之下。然而，在个体层面，社会世界的生活并非以展开和抽象的方式，而是以折叠的方式，也就是说，是以多种倾

---

[1] *Ibid.*, p. 50.

[2] L<small>AHIRE</small> B., *Dans les plis singuliers du social, op. cit.*

向的细微具体组合的形式来观察、感受和行动。每个人在某种程度上都是性情倾向的存储库，这些倾向是每个人多种社交体验的产物，其持久性或长或短，其强度或弱或强，融合在从最微观到最宏观的各种集体中。

在个人层面的社会现实的折叠版本中，个人不能简单地被归为新教、阶级、文化水平或生理性别，而是其整体关系、介入承诺、归属和特性、过去和现在相互交融的结果。在他身上，广义而言的文化元素和维度交相合成或相互争斗、相互结合或相互矛盾，或多或少地和谐共存（或和平共存），社会科学研究者通常将这些现象分开来研究：针对工人的儿子和工人本身，研究劳动和流行文化的社会学家提出许多关于工人的道德和职业世界以及价值观和生活方式的知识；针对经过学校教育的工人，社会学家则会研究他所经历的学校实践，老师教授给他的知识以及相关的方法等；针对新教徒，研究者将分析他所处的时代和环境的新教风气；针对男人，社会学家会告知我们男孩的教育模式以及家庭和工作中人们所期待的男性角色。然而，每个人的社会现实并不遵从科学制度的划分，一个人可以同时是男人、工人的儿子和工人本人，受过教育而且是新教徒等。在展开社会性的褶皱之后，再把一个人折叠起来针对他的相对特性来予以分析研究，还是非常有用的。

因此，个体是一种社会现实，其特征在于其性情倾向的复杂性，这种复杂性体现在他在各种实践领域中可观察行为的变化上，而个体的行动则融入这些领域中。

个体的特殊性

个体构成了一个合法的社会学对象，并促使我们重新定义"社会"，尤其是使得"社会"的现实不会被简化为群体或阶级的社会现实。当我们谈论存在"社会差异"时，我们通常会自发地想到社会阶层或社会群体之间的差异。我们较少思考社会建构两性之间的差异或者世代之间的差异，这些差异通常是社会世界的不同状态和个体社会化条件之间的差异。但是，我们几乎不会自发地想到，来自同一个社会背景或者同一个家庭背景的两个独特个体之间的心理或行为差异仍然是社会差异，在某种意义上这些社会差异是由不同的社会化经验所生成的。此外，学界也较少从同一个体的行为变化或其所身处的社会场景的角度去研究社会现实。

然而，社会现实并不局限于群体之间的社会关系，也不局限于社会职业、社会经济或社会文化的差异。个人之间的差异，甚至是同一个体的不同行为之间的差异，也是社会生成的。因此，社会学可以研究个体的心理和行为结构。

以个体作为研究对象，并非要像原子个人主义那样，将其作为至高无上的分析单元。我们也不主张将所有行为者视为"自主"和"理性"的主体，因为引导实践行为的并不是相同的基本心理特征。每个人都是由他的多重社会经历所造就的。个人远非最基本的社会学单位，其无疑是难以把握的最复杂的组合物。实际上，与原子个人主义概念所暗示的相反，研究个体案例比研究社会领域、社会群体、制度或互动框架更为复杂。个人过去的经历，不断跨越多种社会背景（不同领域、制度、群体或境遇），带有生活在多种环境中的各种经验，它们并不总是彼此兼容，有时显然是相互矛盾的。

新的方法要求

除了一些社会语言学研究[1]，很少社会学研究会定出目标，去

---

[1] 比如威廉·拉博夫（William Labov），他是北美社会语言学家和变异学派语言学之父，其作品为从事语言研究的心理学家如迈克尔·科尔（Michael Cole）提供了灵感启发："我们在其他两项在纽约进行的研究中所采用的策略，目的在于比较同一批孩子在课堂上、进行测试时以及校外活动时的表现。"参见 COLE M., *Cultural Psychology, op. cit.*, p. 221。

"跟踪"同一个人（而非整体上的同一群人）在其生命中不同境遇（各种不同的生存领域、不同的社会世界、不同的互动类型）的情况。当我们研究这些在特定场景中的个体时，通常会急于从这些场景中观察到的行为分析中推断出一般性情倾向、惯习、世界观或与世界的一般关系。然而，在特定和有限的情况下针对可观察行为所做出的研究结论不能以偏概全。

因此，这就意味着针对个人层面的性情倾向，社会学必须采用全新的方法。若要洞悉人的内在复杂性，需要掌握特定的方法、启用各种资源，包括冗长和重复性的访谈，以直接观察或间接重建社会背景下个体行为的变化。只有采用这样的措施方法，才能判断某些性情倾向在何种程度上可以从一种情况移植到另一种情况，而另一些性情倾向则不能移植，并且评估个体在其从前的社会化过程中所吸收的整体性情倾向的异质性或同质性程度。虽然直接观察行为仍然是最中肯的方法，但很少是完全可行的，因为"跟踪"一个人的生命不同情景是一项繁重的工作，而且从道德的角度来看也很快会出现问题。但访谈和针对各种档案的研究工作则可以揭示多个被个人忽视的小矛盾和行为异质性。

这不仅是为了比较同一个体在不同社会领域（例如工作、家庭、学校、社区、教会、政治党派、休闲和文化等）中的实践方式、态度、行为等问题，也是为了区分不同领域中的各种情况。社会学家经常研究行为者在单一活动领域中的行为（如家庭社会学、学校社会学、劳动社会学、宗教社会学等的研究）。个体行为者总是位于单一的社交场景，根据具体情况，他（或她）可以是雇员、学生、学生家长、一家之父（或一家之母）、丈夫（或妻子）、选民、读者等。而社会学家针对两个不同的场景对受访者进行比较的情况则十分少见。然而，对于所有试图捕捉文化矛盾或差异现象的人来说，这种情况却十分平常。例如，教育社会学就十分善于做此类比较：家庭教育实践/学校实践、大众知识/学校知识、同龄人的语言实践/学校的语言实践、父母权威的行使方式/学校权力行使模式等。此类调查即便重点更多地放在某一个场景（家庭或学校）上，但仍不失为向针对个人层面及其复杂性的社会学迈出了第一步，另一个场景通常是为人所知的，或者研究人员会借鉴其他研究者的研究成果。然而，我们很难列举出那些在两个以上场景或超过两种社会情境中系统地"观察"相同行为者的研究。

这正是我们在研究法国人的文化消费行为方面所做的尝试[1]，证明文化行为的个体内部变化，是其所吸收的文化倾向和文化能力多元化与文化多样化背景之中个体选择、实践、消费、欣赏等之间相互作用的产物。前者意味着文化中的多元化社会化经验，后者则包含文化领域或子领域、关系背景或实践环境内容。因此，这种变化的起源和逻辑是完全社会性的。

为什么要对个体进行社会学研究？

正是此一研究逻辑促使我们将个体构想为社会科学研究的合法对象。如果我们要研究特定个体的独特行为，而不是那些被视为群体、社区或阶级成员的集体行为，我们就不可能仅满足于粗线条地描述和分析现实。若想理解某个特定艺术家或学者的作品性质[2]，探索个别学生从统计学角度无法解释的学业成败[3]、某个人的犯罪行为、某个人的自杀企图、某个厌食者的行为[4]，或者某个人的奇特命运，

---

[1] LAHIRE B., *La Culture des individus. Dissonances culturelles et distinction de soi*, Paris, La Découverte, 2004.

[2] 例如，莫扎特的音乐作品（ELIAS N., *Mozart. Sociologie d'un génie*, Paris, Seuil, 1991）、马奈的绘画作品（BOURDIEU P., *Manet. Une révolution symbolique*, Seuil, Paris, 2013）或卡夫卡的文学作品（LAHIRE B., *Franz Kafka. Éléments pour une théorie de la création littéraire*, Paris, La Découverte, 2010）。

[3] LAHIRE B., *Tableaux de familles. Heurs et malheurs scolaires en milieux populaires*, Paris, Gallimard/Seuil, 1995 et HENRI-PANABIÈRE G., *Des héritiers en «échec scolaire»*, Paris, La Dispute, 2010.

[4] DARMON M., *Devenir anorexique. Une approche sociologique*, Paris, La Découverte, 2003.

其循规蹈矩的路径以及其所选择的令人惊讶的岔路和决裂[1]，我们就必须考虑社会决定论的复杂性。

对于埃利亚斯来说，只有通过重构其所处的"社会交织系统"，才能理解一个人最奇特的特征。理解一个人，需要重建他试图满足且"在任何经历之前均未刻印在他身上"的欲望。埃利亚斯便以十分富有启发性的方法对莫扎特进行了研究。在一本未完成的著作中[2]，埃利亚斯勾勒出单一案例的社会学研究轮廓，改变了分析的维度，从规范工匠－音乐家和宫廷贵族之间关系的宏观结构转向调节父亲（利奥波德，萨尔茨堡的宫廷乐队副指挥）和儿子之间关系性质的家庭微观结构。他的分析呼唤一种更具体、更关注独特性的社会学，同时表明个人与社会、个人与艺术家、作品与其创作的社会环境之间的千篇一律的对立是多么的不恰当。

笔者承袭了诺伯特·埃利亚斯的研究思路，但启用了性情倾向社会学的方法和概念，对弗兰兹·卡夫卡的个案进行了研究，试图从社会学的角度回答下列问题：为何卡夫卡以其独特的方式创作了他的作品？为此，需要对其多重社会化经历（家庭、学校、职业、政治、宗教和文学）进行考察，并根据1880~1925年的布拉格历史背景，深入研究其社会轨迹及全部文学作品（行文、风格和主题）[3]。

本案例研究的目的是展示卡夫卡的现在和过去的生存与共存条件，并试图阐述正是这些条件促使他不仅受文学吸引（一如其他人受绘画或音乐的吸引一样），而且产生了疑虑、迷茫或困扰，这些疑虑、迷茫或困扰继而又以文学形式巧妙而复杂地呈现。在社会学的视角下，其作品可被视为创作者生存迷茫、困惑的表现。

在上述所有案例中，需要把握那些在统计上不甚频繁却是社会生成的行为，它促使我们改变镜头焦距，聚焦于独特的个体。虽然

---

[1] DENAVE S., *Reconstruire sa vie professionnelle. Sociologie des bifurcations biographiques*, Paris, PUF, 2015.

[2] ELIAS N., *Mozart, op. cit.*

[3] LAHIRE B., *Franz Kafka, op. cit.*

存在各种绘画、文学或哲学潮流，同一代的艺术家拥有许多共同的社会属性，但只有一个马奈、一个卡夫卡和一个萨特。同样，试图自杀，成为厌食症者、犯罪者、恐怖分子或成为伟大的阶级叛徒的可能性非常低。然而，所有这些独特的、非典型的和统计上不太可能的路径都可以成为社会学的研究主题。

推荐书目

BOURDIEU P., *Esquisse pour une auto-analyse*, Paris, Raisons d'agir, 2004.

BRUNER J. S., *Le Développement de l'enfant. Savoir faire, savoir dire*, Paris, PUF, 3ᵉ édition, 1991.

ELIAS N., *La Société des individus*, Paris, Fayard, 1991.

ELIAS N., *Au-delà de Freud. Les rapports entre sociologie et psychologie*, Paris, La Découverte, 2010.

HALBWACHS M., *La Mémoire collective*, Paris, PUF, 1968.

HALBWACHS M., *Les Cadres sociaux de la mémoire*, La Haye, Mouton & Co, 1976.

LABOV W., *Sociolinguistique*, Paris, Minuit, 1976.

LAHIRE B., *Monde pluriel. Penser l'unité des sciences sociales*, Paris, Seuil, 2012.

MAUSS, M., «Rapports réels et pratiques de la psychologie et de la sociologie» (1924), *Sociologie et anthropologie*, Paris, PUF, Quadrige, 1991, p. 283-310.

SHWEDER R. A., *Thinking through cultures*, Cambridge, Mass., Harvard University Press, 1991.

VYGOTSKI L. S., *Pensée et langage*, Paris, Messidor/Éd. Sociales, 1986.

民族精神病学的理论溯源

理查德·雷希曼（Richard Rechtman）

民族精神病学诞生于20世纪民族学与精神病学之间的理性联姻，其实这两个学科的结缘并非命中注定。起先是精神病学家从纯粹的医学角度介入该领域，其意图是验证当时正蓬勃发展的精神病学疾病分类在非西方社会中是否同样有效。首先是埃米尔·克雷佩林（Emil Kraepelin）[1]于1904年首次引入了"比较精神病学"一词[2]，用以指定这个精神病学分支，该分支的目的是调查清点全球所有文化领域的各种精神病理学表现形式。

虽然从某种程度而言，是埃米尔·克雷佩林促成了这门学科在未来的诞生，该学科日后力求探索精神病学和民族学之间的边缘领域，但对他来说，当时还不需要借助民族学的理论。相反，作者仅以他在巴厘岛精神病院观察到的病例为研究依据，并认为大多数临床病症完全是当地人群所特有的[3]。然而，他承认除了这些"不变量"之外，尚有某些地区独有而欧洲则无的病理特征，但他所致力于寻求的是临床上最为经典的病症的一致性。这些特定的病症日后被称

---

[1] 德国精神病学家（1856~1926），现代精神病学创始人，率先引入早期痴呆症（后被精神分裂症所取代）和躁狂抑郁症等术语。

[2] BENDICK C., «Emil Kraepelin's Forschungsreise nach Java im Jahre 1904», *Culture, Medicine and Psychiatry*, 1990, 14(4), p. 513-517.

[3] 除了本章讨论的理论方面内容，关于民族精神病学的社会和政治起源问题，请参见 RECHTMAN R., «La psychiatrie à l'épreuve de l'altérité» in FASSIN D. (dir.), *Les nouvelles frontières de la société française*, Paris, La Découverte, 2010, p. 101-127。

为"文化束缚综合征"（culture bound syndroms）。但是对于克雷佩林来说，这只是将马来西亚杀人狂（amok）与癫痫病、将印度尼西亚拉塔病（latah）与歇斯底里症或者将遍及几乎整个南亚地区的恐缩症（koro）与抑郁症联系在一起而已[①]。对他来说，这只是简单的综合征变异，与其所观察的患者的文化形塑的影响有关，但他从未详述过这种影响的本质，也没有深入研究文化在这种质疑中的理论意义。

然而，该作者及其弟子的纯医学比较却引出了一个超越严格意义上的精神病分类框架的问题，因为承认在不同社会中观察到的征候学变异是由于文化的影响，其实就是相当于承认文化对精神疾病的病因、表现和演变有一定的影响。因此，比较精神病学认为文化因素会影响精神疾病的表达或起源，从而开辟了一个新的研究视野。这需要精神病学和民族学的共同合作，以便诠释这些差异。

然而，虽然我们需要获得民族学的帮助，以便研究非西方文化背景下的精神病致病因子，但有时这种合作在民族学家和精神病学家之间仍存在争议，其根源来自这门学科的历史。这是因为民族学家和医生并非以同样的眼光去审视疾病，对于一些人来说，这两种方法是相互竞争而非互为补充的关系[②]。

文化多样性与精神多样性

社会学、心理学和精神心态

在早期民族志学者的著作中，我们偶然会读到关于"原始民族"疾病分类和管理方式的记载。这些著述通常将疾病和不幸与宗教或神秘现象联系起来，并透过社会进化论的视野去观察这些现象。这

[①] 马来西亚杀人狂的特点是平常性情很平和的人突然狂暴发作，手持大刀往外奔，乱砍乱杀路上遇到的所有人，直到警方当局介入将其杀死方可阻止这疯狂的杀戮。拉塔病是一种突发而无法控制的反应，通常是在经受压力之后发生，以身体多处抽搐为特征。恐缩症往往是在种族之间出现紧张关系时以大规模流行病的方式影响到所有民众，它的特点是生殖器收缩进身体内部直至完全消失的传染性恐惧。

[②] AUGÉ M., «L'anthropologie de la maladie», *L'Homme*, 97-98, 1986, p. 77-88.

在1900年詹姆斯·弗雷泽（J.G.Frazer）出版的作品中尤为显著[1]。因此，精神病理现象仅仅与被夸大的原始部落所特有的思维、心态有关，其病态表达只是一种文化的偏差，这种文化在很大程度上受种族范式的支配[2]。原始人的心理构成似乎证明了他们在进化程度上的落后。早期民族学家往往从部落法及其与这些社会中的犯罪行为的关系角度出发，对可能引发病态现象的行为偏差进行评论[3]。

20世纪初，涂尔干和法国社会学学派尝试区分哪些属于心理学范畴，哪些属于社会学范畴。这种区分并非将个体心理事实与集体社会事实简单地加以对比，而是旨在表明精神心理表现的交流形式具有社会性质。例如，马塞尔·莫斯将证明某些情感，如与哀丧有关的情感，也属于社会共识的一部分。莫斯在一项针对澳大利亚原住民丧葬仪式的著名研究中指出，在伴随死者前往其最后的归宿时，女人队列中会引发一系列集体性的哀叫哭嚎，其表现形式似乎遵循严谨的规范，排除任何自发的个人和情感偏差[4]。因此，虽然我们不能否认澳大利亚的哭丧妇透过她们的哀哭表现个人的痛苦，但她们哀哭死者的方式是受到严格规范的，构成了人人均须遵守的仪式。对于莫斯来说，

---

[1] Frazer J.G., *Le Rameau d'or*, Paris, Robert Laffont – Bouquins, 1988, [1900].

[2] 参见 Tylor E., *Primitive Culture : Researches into the Development of Mythology, Philosophy, Religion, Art, and Custom*, Cambridge Library, Collection–Anthropology, Cambridge University Press, 2010 [1873]，以及 Morgan L. *La société archaïque*, Paris, Editions Anthropos 1985 [1877]。从20世纪20年代开始，阿尔及尔的精神病学学派受安托万·波罗特（Antoine Porot）及其学生的种族主义观念的主导，借鉴了进化人类学家的著述，假设存在一种不健全的穆斯林精神心态 (mentalité musulmance déficiente)，从而解释马格里布民众有犯罪和罹患精神病的倾向。参见 Berthelier R., *L'homme maghrébin dans la littérature psychiatrique*, Paris, L'Harmattan, 1994。有关法国殖民精神病学的详细分析，请参阅 Keller R., *Colonial Madness. Psychiatry in French North Africa*, Chicago, The University of Chicago Press, 2007。

[3] Porot A., «Notes de psychiatrie musulmane», *Annales Médico-Psychologiques* (74), 1918, p. 377-384. Porot A. & Arrii D. C., «L'impulsivité criminelle chez l'indigène algérien. - Ses facteurs», *Annales Médico-Psychologiques,* 14(II), 1932, p. 588-611.

[4] Marcel M., *L'expression obligatoire des sentiments. Essais de sociologie*, Paris, Folio, 1969 [1927].

澳大利亚的非成文葬礼仪式的规范和义务表明，与丧礼相关的情感表达呈现出社会事实的所有特征，行动者在其中当然会表达自己特有的心理情感，但是这种表达是借由一种他无以把控的文化模式。涂尔干在《社会学方法的规则》(*Les règels de la méthode sociologique*)中强调，一个群体共同分享的概念的强制性特征，反映了其社会起源而非个人起源[1]。这些概念是来自同一群体的大多数人在类似情况下自行发出的想法和思想，涂尔干称其为"集体表征"。因此，对于涂尔干而言，在精神心态分析中，心理学与社会学必然会有一定的从属关系，因为如果每个人都可以自由地随心所欲去思考，这只能根据他所属文化所设定的代码来进行。此一观点后由吕西安·列维－布吕尔（Lucien Levy-Bruhl）予以深入阐述[2]，但其言说更明显地植根于心理社会史中，为"原始灵魂"赋予了异于"西方人"的价值观和观念，尤其是特定的心智能力。他使用"前逻辑心理"[3]这一术语来解释科学角度上看来不太可能的信仰。

方兴未艾的精神分析和文化

与此同时，弗洛伊德通过在古老神话中寻找"原始人"信仰和神经症焦虑的共同起源来从另一个角度去思考问题。1913年出版的《图腾与禁忌》[4]成为精神分析的"创始神话"之一。该书受到了弗雷泽和泰勒（Tylor）等进化人类学家著作的影响，第一部分试图呈现"原始社会"的仪式和集体信仰及其禁忌、忌讳，以及这些民众所崇敬的神灵与当时维也纳的神经症患者独有的恐惧、禁忌和迷信是如何类似。在该书的第二部分，弗洛伊德根据路易斯·摩根（Lewis Morgan）的著述，假设在人类原始时代，人们围绕着一个强大的部落首领生活，他独自拥有部落的所有"财物"，尤其是女人。有一天，儿子们决定群起反抗，以享受迄今为止唯有这位无所不能的父

---

[1] DURKHEIM E., *Les règles de la méthode sociologique*, Paris, Alcan PUF 5ᵉéd. 1990［1895］.

[2] 参见 LÉVY-BRUHL, L. *La mentalité primitive*, Paris, Flammarion–Champs, 2010。

[3] 但在其后期著作中，他对此术语提出了异议。

[4] FREUD S., *Totem et Tabou*, Paris, Gallimard, 1993［1913］.

亲方可享受的女性。他们共谋弑父，并为了确保彼此的同谋关系，立即组织了一场食人宴，各人依次吞食首领的身体。但他们很快就无法忍受这一滔天之罪，开始产生负罪感，并害怕会遭到毁灭性的报复，因为死去的父亲在他们看来似乎比生前还强悍。为了保护自己免受报复，他们决定不再与自己的母亲或姐妹发生任何性关系，并且不再起弑父之心。从弗洛伊德的逻辑中，我们看到了构建俄狄浦斯情结的魔幻经纬。弗洛伊德在他最早的著作中，就将俄狄浦斯情结作为精神分析革命的基石。

因此，弗洛伊德的病人当中有不少神经症患者，他们因心中反复出现弑父幻想而备感困扰，弗洛伊德将这一幻想归因于原始的谋杀和图腾宴。似乎今天对这位父亲的可怕报复的威胁仍然以种系发生的方式，深深地铭刻在每个人的心灵之中。因此，弑父以享用被禁止女人的简单愿望，即便只是瞬时短暂的愿望，也会唤醒他遭到毁灭性复仇的威胁。通过追溯现实超出神经症患者想象力的原始时代，弗洛伊德试图为弑父的欲望／恐慌二元对立提供历史真实性，特别是将其作为具有普遍意义的心理机制。全书的目的在于阐明精神分析所揭示的心理运作在时间长河上，对不同文化而言都是具有普遍意义的。从时间的角度来看，他透过原始部落中父亲的假设去阐述，从跨文化的角度来看，则以禁忌与神经症焦虑之间的比较来加以说明。

然而，英美人类学界对弗洛伊德这部作品的反响却非常冷淡[1]。这种敌意在英国民族学家勃洛尼斯拉夫·马林诺夫斯基（Bronislaw Malinowski）的著名论文中也得到了很好的证实[2]。他发现了特罗布里

---

[1] 阿尔弗雷德·克罗伯（Alfred Kroeber）是英美人类学界的重要人物，他针对弗洛伊德这本著作专门写了两篇文章，文章后在《法国精神分析杂志》(Revue Française de Psychanalyse) 上重新发表，参见 KROEBER A., «Totem et tabou : une psychanalyse ethnologique», Revue Française de Psychanalyse LVII, 1993 [1920 et 1932], p. 773-785。亦请参看 RABAIN J.-F 在同期杂志上的文章，RABAIN J.-F, «A.L. Kroeber et Totem et Tabou : éléments d'une controverse», p. 761-771。

[2] MALINOWSKI B., La sexualité et sa répression dans les sociétés primitives, Paris, Payot, 1976.

恩德岛人的舅父与母亲之间的关系，并在一段时间内推翻了弗洛伊德的假设[1]。马林诺夫斯基发现，在特罗布里恩德岛上，父亲的权威不是由亲生父亲掌握，而是由母亲的兄弟掌握。孩子与生父的关系充满温情和趣味，没有任何潜伏的冲突痕迹。他说，谁能相信，在没有任何对抗争夺的情况下，儿子会萌生弑父的幻想？不过，舅父可能会取代父亲的形象。马林诺夫斯基总结道，特罗布里恩德岛人的社会中不会存在俄狄浦斯情结。通过对弗洛伊德假设进行首次民族学反驳，马林诺夫斯基对弗洛伊德理论的普适性提出了质疑，认为若在至少一种文化中发现一个反例，便足以使某一命题的普适性无效[2]。

在马林诺夫斯基时期，民族学已不再探索文化的起源，而是试图勾勒社会制度的维系过程。虽然当时不可能对从自然到文化过渡的起源下结论，但借助弗洛伊德的"家庭情结"[3]理论，马林诺夫斯基得以思考文化传播的过程。从弗洛伊德那里，马林诺夫斯基只保留了需求理论，他发现人与动物决然不同，动物仅仅基于本能（他将本能置于生物学范畴），而人类的需求却需要以文化为媒介才能获得满足。人在生物学特性方面的欠缺，需要文化来弥补。在他看来，这一转化是在家庭中发生的。他说，社会化"构成家庭纽带的延伸，别无其他来源"[4]。家庭同时也是学习和延续的地方，因而是自然与文化之间的必要通道，在这里，人类的原始生物需求将通过文化媒介获得正当满足。

弗洛伊德的精神分析对人类学的贡献并不仅限于《图腾与禁忌》

---

[1] 当马林诺夫斯基批评弗洛伊德的假设时，他也会强调弑父作为图腾的由来和社会组织的根源的不可能性。

[2] 玛格丽特·米德（Margaret Mead）在其对萨摩亚人的研究中也进一步阐述了发现一个反例便足以否定某一命题的普适性的观点，她在研究中试图反驳青少年压力紧张的普遍性。

[3] 雅克·拉康在 1938 年为法国百科全书撰写的章节中介绍了这一术语，参见 LACAN J., «Les complexes familiaux dans la formation de l'individu. Essai d'analyse d'une fonction en psychologie», *Autres Écrits*, Paris, Seuil, 2001, p. 23-84。

[4] MALINOWSKI B. *op. cit.* p.155

的进化假设。通过想象无意识的存在并假设个人行为不仅仅依赖有意识的意志，弗洛伊德为人类制度的起源与维持的古老辩论引入了一种新视角。因此，民族学家和精神病学家正是通过向弗洛伊德发起一场笔战论争，将精神分析（或对其反驳）置于方兴未艾的民族精神病学的核心[①]。

马林诺夫斯基的功能主义理论极大地影响了北美的各种人类学流派。社会学在其解释中注重凸显结构功能的中心思想开始受到批评并逐渐被抛弃；然而，将家庭分析和教养技术作为文化的培养因素与产物的做法却大行其道。例如，文化主义借鉴精神分析假设，更加强调文化的维持和复制条件，对人的性欲进化阶段的层次演化进行了深入探索。

民族精神病学的先驱

英美的文化人类学

文化与人格

文化人类学流派注重发现个人与社会的联系纽带。在阿伯兰·卡迪纳（Abram Kardiner）[②]看来，社会组织（家庭、宗族、国家）及机构的形式源于个人并由个人维持，而个人既是创造者和载体，也是其创造物[③]。在这个概念中，文化成为人与机构之间关系的核心，它既是人类生活所必需的所有象征主义和实用主义的表达空间，也是组织制度再生产的条件，以及集团所有成员接受的前提条件。文化

[①] 关于人类学家对精神分析的反响详况，请参阅 PULMAN B., *Anthropologie et psychanalyse. Malinowski contre Freud*, Paris, PUF, 2002。

[②] 作为精神科医生和人类学家，卡迪纳在美国精神分析与人类学之间的关系史上起着举足轻重的作用。其思想的重要性，在法国经常被忽视，最近才被重新评估。参见 RAULIN A., *Les traces psychiques de la domination. Essai sur Kardiner*, Lormont, Éditions le Bord de l'eau, 2016。

[③] KARDINER A., *L'individu dans sa société. Essai d'anthropologie psychanalytique*, Paris, Gallimard, 1969.

形成一个整体，其中包括思维、行为、感觉方式及所有象征结构和习得行为。因此，每种文化相对其他文化而言，都是不可简化的整体，并具有独特的延续方式，若要理解各种文化的延续方式，就必须考察它如何浸染个人以更新其社会制度。这种文化条件源于文化主义的基本假设，根据这种假设，文化在正常和病态发展中塑造人格。文化模式[①]（pattern of culture）以基本人格的形式烙印在每个人身上。

基本人格

基本人格的概念承袭自弗洛伊德的精神分析，但其创始人阿伯兰·卡迪纳几乎摒弃了所有的力比多维度，因而更与自我有关。他写道，自我是一种"文化沉淀"，其中所有文化上可接受的满足人类需求的方式都将被内在化。因此，人的社会化过程将烙下这种基本人格的痕迹，一如儿童的养育方式将在未来的成人身上烙印出其社会价值和行为特征一样。卡迪纳区分出"初级机构"和"二级机构"。初级机构包括家庭组织、养育方法（主要是断奶、括约肌卫生、性禁忌……），这些因素决定了文化对人格的影响；二级机构表现为个人对作用于他的环境的反应。"初级机构"的影响深远，以至于个人将其视为"显而易见的事实"，并且只能再现其所诱导的行为和价值观。卡迪纳对儿童养育的技术、括约肌卫生教育以及原始社会性行为的宽容态度的关注，属于此一价值观和规范的追求，它完好地体现了一个社会的模式倾向，因为就严格意义而言，任何人都无法逃脱它。对于卡迪纳来说，"二级机构"如宗教、禁忌、思想等既是初级机构的产物（例如，严格的教养方法和早期断奶更益于达成严谨的宗教社会条件价值的共识），也是后代对这些相同的一级机构的再生条件（清规戒律的宗教价值观将强化严苛的教养方法等）。

文化主义视角中的正常与异常

针对行为以及某种程度上精神病理的正常和异常概念，在此便

[①] BENEDICT R., *Echantillons de Civilisations*, Paris, Gallimard, 1950.

带有一定的局限性,因为在此种文化系统中须适应基本模式,而这种模式总是优先于假设的通用标准。因此,对于本尼迪克特来说,一个特定社会的主导(或模态)价值观是植根于人的发育的某个阶段(从而有助于构建其基本人格),这样就可以根据来自精神病学领域的概念来区分归纳社会的特征。鲁思·本尼迪克特认为可以透过这些社会的模式价值研究,发现这些社会易于形成何种类型的精神病理。因此,从该角度出发,平原印第安人完全不同于普韦布洛族印第安人,前者以强悍好斗、文化粗糙以及崇拜尚武专制的首领而著称,后者则没那么好战,更为平和。她认为,平原印第安人族群中的"偏执型"行为特别受欣赏,也符合部落社会的价值观,担任领导职务的往往是这类人。而在普韦布洛族印第安人族群中,此类暴力人物会被视作"病态的",或者确切而言是越轨的。虽然普韦布洛族印第安人特有的温顺平和证明了"文明有助于让人拥有良好的心理状态"[1],这些普韦布洛族印第安人却被平原印第安人视为不正常甚至是病态的。使用精神病学概念,通过夸张的推理,证明了"文化模式"在社会中的影响。对于与本尼迪克特持同样观点的文化主义者而言,"异常"不同于"病态",在特定的文化场域中,界定正常和病态的更多是一种社会规范,而非所谓的"精神病学"规范。

文化与精神病学:文化精神病学

如果我们延伸鲁思·本尼迪克特的假设,在非西方社会中精神病学的应用很明显会造成问题。因为适应的概念若取代了正常性的概念,那是由于在产生这些概念的文化空间之外不可能存在疾病分类真相。当然,我们毫无疑问会在所有社会中遇到"精神病患者",但唯有其所占据的社会功能值得我们进行人类学和精神病学的探讨。

文化人类学注重思考普通心理学和人格发展过程。如果说后者在某种程度上受到基本人格的文化制约,那么病态人格与社会化的文化进程便有着一定的关系。因此,文化精神病学便努力在特定

---

[1] *Ibid.* p. 340

的文化世界中定义这种心理发展的过程,并衡量其可能发生的变化。它试图呈现可能促成儿童某种情结的社会组织类型,将其与某些病理过程的优先发展联系起来。因此,某些精神疾病的表现可在文化决定的行为形式中找到它们的根源。在拉尔夫·林顿(Ralph Linton)[①]看来,"文化模式"与团体为精神病患者制定的"不良行为模式"有着病态相关性。"不良行为模式"是群体定义的行为,"疯子们"以文化和社会上适当的方式去表达其"疯狂",尽管这种行为可能会受到压制。因此,即使在其病理表达中,精神病患者仍然适应其群体的社会系统,因为他借助社会生成的"不良行为模式"来表达他的越轨行为。

因此,每个社会都会制定行为和越轨标准,在所有社会中都会有"异常人",但"异常"的方式多种多样,而且最终是由文化决定的。正常/异常存在于所有社会中,但其内容千差万别,这使得普遍"正常"的假设无效,且会阻碍精神病标准的跨文化应用。

不可否认,这与弗洛伊德理论相去甚远,因为我们不仅抛弃了性欲和儿童性行为的概念,而且从根本上说,精神功能的普适性和构成精神分析方法的病理学类别的普遍性与文化之间的差异性是互不相容的。然而,我们会承认文化人类学对精神分析的特殊开放性,哪怕只是为了保持彼此的距离。事实上,如果说文化是人类适应其环境的绝佳工具,这是因为它在个性中塑造了个体"对象选择"的形式,亦即其欲望所寄托的具有文化价值的对象。因此,英美文化人类学致力于探讨个体及其成为"文化人"的方式。社会学解释主要基于社会组织的传承和延续手段,这种取向与精神病学思考的某些问题不谋而合。人类学和精神病学领域在这种文化范式下如此自如交织便不足为奇。文化人类学把个体置于思考的中心,邀请精神病学伸出援助之手,虽然文化人类学在其发展过程中不断地谴责精神病学的普适化乌托邦,这使得其治疗目的也变得可疑。因此,正是他们对个人及其家庭互动的共同兴趣,才促使精神病学和文化人

---

① LINTON R., *Le fondement culturel de la personnalité*, Paris, Dunod, 1986 [1945].

类学这两门学科在文化精神病学中交汇。

法国传统

法国社会学学派

在法国社会学创立之初，涂尔干便致力于区分社会学和心理学的方法，以及这两门学科的研究对象[①]。为此，《社会学方法的规则》非常具有说服力，因为社会事实被同化为"事物"，其解释只需要另一个社会事实（而绝非心理事实）。虽然社会确实是由个体组成的，但正是个体的组合构成了社会。对涂尔干而言，整体的分析必须优先于局部的分析。法国社会学学派在一开始就希望与心理人类学划清界限，在对社会事实的分析中，放弃了对个人动机（有意识或无意识）的研究，认为这应是心理人类学的研究范畴。因此，罗杰·巴斯蒂德（Roger Bastide）在其关于精神分析与社会学之间关系的研究中认为，制度当然不是从力比多中产生的，"相反，它们［机构］为力比多确定了框架，为其塑形并预先指明既定方向"[②]。我们在这里找到了阿伯兰·卡迪纳的反面假设，因为对于巴斯蒂德来说，"更多是早于和外在于力比多的社会性，为性欲提供了其定形的图像，即去性化的性演变为社会性的性"。在社会事实的解释下，社会高于个体仍将是法国人类学的核心，一如马林诺夫斯基所假设的那样，它最终反对将血缘方面的家庭制度视为社会的起源和社交的基础。

结构主义视野

克洛德·列维-斯特劳斯认为禁止乱伦，并非为了保护社会免受心怀嫉妒的父亲的图谋，而是为了确立女性交换流通的积极规则。通过建立这条普世规则，列维-斯特劳斯建立了从自然到文化的过

[①] 参见 KARSENTI B., «Lecture des Formes élémentaires de la vie religieuse d'Émile Durkheim», in *Politika, Le politique à l'épreuve des sciences sociales*, Paris, https://www.politika.io/fr/notice/lecture-formes-elementaires-vie-religieuse-demile-durkheim, 2017。

[②] BASTIDE R., *Sociologie et psychanalyse*, Paris, PUF, 1950, p. 404.

渡[1]。这种从自然到文化的过渡的构建，只能将血缘关系从属于联姻来进行，通过联姻，每个男人都会接受另一个男人的女人。他补充说道，"人类首先有了社会，才有家庭的存在"（也就是说，多个家庭认识到除了血缘关系还有其他关系），而且"自然的亲嗣关系只有在融入姻亲的社会情境中才具有社会意义"[2]。禁止乱伦意味着必须联姻，即已构成的家庭注定要不断更迭。如果家庭体制像其他体制一样反映了团体的社会组织，那么它就不能成为制度的起源和模式，甚至也不能成为其永久存在的工具，因为它的制度化反映了社会要经常性地打破其自然产生的血缘关系的意愿。

通过将家庭单元放在自然一边，结构主义人类学开辟了一个新的研究视野。它不再针对亲子关系、养育方法或社会化过程进行分析，社会化有助于达到更高层次的社会组织，因为家庭的内部组织不能被视为行为领域中文化对制度的影响的表现。事实上，正是这种制度的整体方法被结构主义所动摇。由父母、子女及其关系组成的家庭具有一定的不变性倾向，也就是说其成员有意愿维系使他们结合在一起的永久性纽带，哪怕要确认家庭属于自然的近亲关系的优先地位。然而，近亲关系与社会组织不同，社会组织规定每个家庭必须放弃子女，从而引发先前纽带的中断，以创建一个新的单元，直到下一个单元解体。即社会必须说明旧的家庭解体、新的家庭重组时所应遵循的规则，因此，家庭制度与组建的家庭及其内部关系是相对立的。结构分析侧重于研究这些禁止或允许某些联姻的亲属关系规则以及这些内部关系被引入社会空间的交换和债务。诚然，每种文化都会制定自身的规则，由此产生的关系将标志每种文化的特殊性。但对于列维－斯特劳斯而言，规则的普遍性仍然是这些交流的基础，并证明存在着一种共同的结构，这种结构排除了文化之间的所有差异性。因此，文化在家庭单元中的影响要更多地在亲属关系规则方面而非儿童教养方式方面去寻找，虽然这些教养方式会

---

[1] LÉVI-STRAUSS C., *Les structures élémentaires de la parenté*, La Haye, Mouton, 1966.

[2] LÉVI-STRAUSS C., *Le regard éloigné*, Paris, Plon, 1983, p. 83.

影响社会化的学习。结构人类学由于远离个体，且不赋予家庭在社会领域中的决定性文化功能，因而无从渗透到精神病理学和精神分析领域。

对于结构主义而言，文化的可理解性并不取决于其起源或功能，更不取决于它与个体心理的关系，而是取决于某一社会状态中占主流的系统组织安排。因此，结构人类学将致力于发掘文化组成象征系统的组织规律。亲属关系结构的逻辑通过列维-斯特劳斯的结构主义变得清晰易懂。换言之，需要在逻辑上使人明白易懂，首先是配偶的选择如何回应一种准数学的约束系统，这种系统不受迷信的任何影响，相反，只需在特定社会中进行了解便可推断其被允许和禁忌的范围。图腾主义也将从经典的精神心态视野脱身，这种经典视野认为膜拜图腾的民众对他们所遵从的禁忌怀有一种天真的信仰。列维-斯特劳斯认为图腾主义并非信仰或迷信的表现，而是构成和组织人类思想的绝佳形式。他认为，图腾主义将动物分为好坏，并非因为它们好吃或不好吃，而是因为它们有益于思考[1]。因此，象征主义是社会的外在表现，即它所对应的更多是区分这些不同事物而催生的思想，而不是事物的意义及其所承载的象征符号。这正是亲属关系基本结构的作者在《野蛮的思维》（*La pensée sauvage*）中所致力于阐明的内容[2]。

列维-斯特劳斯在其《马塞尔·莫斯著作导言》（*Introduction à l'œuvre de Marcel Mauss*）中，开门见山地将心理与社会的彼此关系定义为非因果关系，并将它们放在某种类比的关系中[3]。精神疾病领域非常好地呈现了这种象征性的奇特关系。对于列维-斯特劳斯来说，精神病患者的异常行为应该被放进特定的象征关系中来理解，这种象征关系将他们与群体的正常行为联系起来。他们给人的印象是与

---

[1] Lévi-Strauss C., *Le totémisme aujourd'hui*, Paris, PUF, 1962.

[2] Lévi-Strauss C., *La pensée sauvage*, Paris, Plon, 1962.

[3] Lévi-Strauss C., «Introduction à l'œuvre de Marcel Mauss» in M. Mauss, *Sociologie et anthropologie*, Paris, PUF, 1950.

之部分脱离，被赋予权力，似乎他们属于特定的象征，因而是异于群体的象征。然而，对于外部观察者来说，这些异常行为以其特有的方式唤起了此处或别处某种已知的东西，从而赋予它们一种自主的象征意义，同时又寓意一种集体秩序。这种特殊性实际上属于象征系统的结构。列维-斯特劳斯指出"它既自然又必然，一方面具有象征意义，另一方面（根据定义）又表现出异于该群体的系统，个体心理病理行为为每个社会提供一种被双重削弱的等同的却有别于自身的象征主义，之所以说它被双重削弱，是因为它是属于个体和病态的，此类象征主义同时也令人隐约想起在集体尺度上实现的正常形式"[①]。这一发现实际上是基于结构人类学的原理假设，即人类行为的象征性约束的统一，这一象征性约束使得所有的人类行为在最终的分析中，均可与人类象征主义的结构组织规律挂钩。

乔治·德弗罗的民族精神病学

这个假设是乔治·德弗罗（G.Devereux）的民族精神病学理论的立足点。受列维-斯特劳斯的结构语言学和人类学的影响，德弗罗假定存在着一种普遍价值、态度、鉴赏、规范、行为的资本[②]。但他认为这个资本并不是完全随时可用的，一如结构语言学的音素。他认为，由于内部的"符号组织法则"能够在这宽广的可能性中区分出相关的价值观和规范，每个社会都会从这个资本中"汲取"定义社会本身的规范。从那时起，一旦做出选择，社会的象征性安排将变得和谐，且完全合乎逻辑。然而，被这项法则排除的内容（即在此过程中未获选择的态度、行为、价值观等）却不会消失，并且可能会在其他地方和其他文化中重新出现，甚至会在某些人的潜意识中，特别是在某些神经症患者的幻想、焦虑或其他症状中重新出现。因此，一种文化的特征并非由其所有价值观或宇宙观的特征所确定，而更多取决于其价值

---

① *Ibid* p. XVII
② Devereux G., *Essais d'ethnopsychiatrie générale*, Paris, Gallimard, 1977.

观之间的特定排列，正是这种特定排列使它与另一种文化相区别，而另一种文化的特征是由另一种类型的价值排列所确定的。由此，他认为所有异常的人类行为，均可在其他正常的人类行为或个人幻想中找到类似的例子。正是因为在心理内容和世界上遇到的各种人类行为之间存在一种形式上的类比，我们因而能在至少一种文化中凸显相应行为的存在，这种行为的存在完全与西方神经症患者的幻想相对应。这种形式上的统一来自强加于人类产物（思想和行动）的象征性约束的普遍性。德弗罗对结构主义解读所施加的转变，无论是从语言学还是从人类学角度而言，都是不容忽视的。德弗罗从结构主义的两个假设（即共同资本和象征组织法则）出发，转向精神分析，假设被排除在显著文化领域之外的内容可能会以变相的形式，重新出现在诸如梦像、神话和神经症的幻想之中。这便是德弗罗学说的关键点所在，为他提供了建立民族精神病学理论的可能性。我们看到，德弗罗在此并不是想象心理和文化之间存在一种天真的连续性，而是假设在心理现象和社会现象之间存在着形式上的类比，因为这两种现象都是必然会受到象征系统结构限制的产物。

补充性学说

德弗罗的民族精神病学基于两个假设：一是设想一种没有心灵体验的文化是不可能的；二是设想根据前面的原则，一种文化的无意识可以在另一种文化的意识中被发现。由此便能发展补充性学说。影响个人的社会事实至少有两种解释：一种是文化的，另一种是心理的。从它们各自的观点来看，这两种解释是全面的，但从经验现实的角度来看，又是片面的，亦即它们在描述事实时只能描述与其学科相关的部分，而属于另一个学科的部分则留在阴影中。事实上，对于德弗罗来说，每种方法，无论它是人类学方法还是精神分析方法，都能就其学科观点提供相对完整和充分的解释，无须对方的帮助便可更进一步理解或分析相关现象。萨满教也是如此，人类学家不需要心理学家去解释某个社会中的整体萨满教现象，尤其是不需要从心理病理学的角度来解释，因为它会使萨满被当作精神病人来看待。同样，心理学家也不需要人类学家根据他的观点去分析自称为萨满的人的精神结构，把他作为一个妄想症例子来看待。对于心理学家来说，在这样一个社会里，萨满起着一种正常的社会功能，他不会改变任何情况。换言之，这可能会阻止他被诊断为精神病。从这个意义上说，德弗罗像其本人一直所声称的那样，是马塞尔·莫斯的忠实继承人。

因此，德弗罗的民族精神病学并非民族学或精神分析学的一个分支、一门学科补充并改善另一门学科，从而双双走得更远，它更多的是独立于民族学和精神分析学的一个全新的学科。

正是因为每一个学科最终都不需要另一个学科的帮助去研究自己所研究的现象，因而有必要创造另一种学科来研究民族精神病学的研究现象。在这种背景下，文化确实可以改变精神疾病的某些方面，甚至可以创造独立的综合征[①]，但归根结底，这种变异性只是人类心智无意识功能的统一和不变性的表达。民族精神病学拥有一个既不完全是心理学也不完全是人类学的独有对象，因而需要拥有自身独特的认识论，以便能够自行建立一个自主学科，而这恰好是德弗罗给补充性学说所指定的任务。

正常与异常

德弗罗的观点与北美文化人类学的假设不同，他认为若想采纳民族精神病学方法，并不需要成为文化专家(更不需要成为所有文化的专家)。民族精神病学必须是一个"元文化"的方法，它不局限于研究一个社会的民族学，而是通过对文化的普遍理解，在一般文化理论的意义上超越各种差异。这种方法的合法性在于其所凸显的不变量，德弗罗正是根据这些不变量建立了自己的民族精神病学理论。德弗罗认为，有一个理论框架可以针对任何文化验证正常与病

---

① 作者称之为"种族紊乱"，并将其起源归于"种族无意识"，这与反映个体特点的"特质无意识"相对立。

理的区别。在这种情况下,作者假定了正常/非正常关系的某种不变性,其特征是社会语境下的适应/不适应的明确分离。他说,在所有文化中,正常指的是一种创造性的适应。因此,仅仅证明一个人适应他所占据的社会地位就说他是正常的,这是不够的,还要表明他能够根据事件的变动,改变他的定位并找到一个恰当的运作功能,或者当他的文化出现"反常"的时候,他能够表达自己的"不同意"[①]。因此,德弗罗在建立其民族精神病学时,最关注的是对不变量的识别,这迫使他证明某些行为和某些在群体中占据某些优先位置的个人的普遍病理性质。他不遗余力地一心要证明萨满的病理特征,更多的是出于这种理论必然性,而不是像人们经常责备的那样,执意要对宗教魔术实践进行精神病理分析。通过断言萨满也可能会被认为是精神病患者,德弗罗试图构建一个普遍性的精神病理学理论,与克雷佩林的比较精神病学相对立,并质疑在杀人狂与癫痫之间,或鬼魂附身与歇斯底里之间的疾病分类一致性的合理性。正是为了阐明这类现象,德弗罗引入了"无意识的族群基质"的概念,他认为,那些仅在某些特定社会中所遇到的特殊症状,乃来源于患者无意识的族群基质。正是因为冲突发生在这个层次上,所以其表现形式是规范化的,是由文化决定的,不同于惯常的精神病理学。而后者则存在于所有社会,且较易于发现,因为它起源于无意识的"特质"层面(如无意识的纯粹个人部分),并且在所有文化中都以同样的方式表达。

因此,德弗罗将其民族精神病学建立在超越文化的基础上,使用了承袭自启蒙哲学的文化观念。因为文化是人类最具特色的财产,在多种不同的文化中,在这些特定的领域里,人与其文化之间的关系呈现一定数量的不变量。民族精神病学接受这种假设,并像其他学科(如结构人类学)一样,致力于在正常/异常的关系中寻求这些不变量。

---

① 德弗罗在此以纳粹社会作为异常社会的范例,并认为异常人最终是那些适应或者只能适应这个社会的人。

结　语

得益于德弗罗的努力，民族精神病学赢得了应有的地位，从人类学中解脱出来，发展成一门独立的学科。民族精神病学虽然承袭了人类学的学说，却是一门独立的学科，因为其对象，即针对各种文化中心理和精神疾病所进行的研究与治疗，并不是人类学专注的对象。但与此同时，它必须不断声明从精神病学的藩篱中解放出来，却不甚成功。事实上，除了精神病学与民族精神病学和整体跨文化精神病学[1]的理论差异之外，这两种方法的共同之处不仅包括其对象（精神疾病或疯狂），还包括其目的（治疗和处理这些疾病）。这恰好是其相对于人类学的一个重要区别之处，人类学从不声称要治疗它所研究的疾病。因此，摆脱精神病学的藩篱便显得十分困难，因为若要做到这一点，民族精神病学必须证明它有能力在不借助医学和精神病学的治疗方法的情况下治疗这些疾病。

正是在这一方面，我们可以对民族精神病学和跨文化精神病学的不同变量予以分门别类。如今这两门学科占据了研究舞台的前沿，并拥有不同流派，一些流派在精神病学方面拒绝与生物医学共享任何共同的方法，其主要代表人物是托比·纳唐[2]，而其他所有流派则接受所谓西方治疗知识与实践或多或少的参与[3]。

---

[1] 我们保留"跨文化精神病学"一词，仅用于指所有研究文化在精神病学方法中的作用且不声称隶属于德弗罗或其追随者的民族精神病学方法。

[2] 参见 NATHA T., *L'influence qui guérit, Paris*, Odile Jacob, 1994。

[3] 名单太长，无法详尽概述。法国的情况，请参阅 BAUBET T. & MORO M. R., *Psychopathologie transculturelle,* Paris, Masson, 2013。英美国家的情况，请参阅哈佛学派，尤其是凯博文（Arthur Kleinman）的著作：KLEINMAN A. & GOOD B., *Culture and Depression*, Berkeley, University of California Press, 1985；KLEINMAN A., *Rethinking psychiatry. From cultural category to personal experience*, New York, The Free Press, 1988。亦可参阅加拿大蒙特利尔的麦吉尔（Mc Gill）学派：KIRMAYER L., LEMELSON R., & CUMMINGS C. (eds.), *Re-Visioning Psychiatry: Cultural Phenomenology, Critical Neuroscience, and Global Mental Health*, Cambridge University Press, 2017。

然而，民族精神病学与跨文化精神病学的不同潮流之间的对立并不局限于此处论述的理论利害关系，还包括自 20 世纪 70 年代以来出现的主要社会和政治利害关系。20 世纪 70 年代开始的非殖民化，改变了精神病学的相异性问题和文化在疾病表达中的作用，将异国土壤带入了西方社会的中心。从那时起，一贯十分依赖殖民领土的民族精神病学已成为面向移民和难民人群的都市实践。这种背景的变化，引致了民族精神病学实践的真正突破。但它涉及的是另一个社会和政治历史[①]。

---

① 关于这一点，可参阅 Fassin D., «Les politiques de l'ethnopsychiatrie. La psyché africaine, des colonies britanniques aux banlieues parisiennes», *L'Homme* n°153, 2000, p. 231-250。Fassin D. & Rechtman R., « An anthropological hybrid. The pragmatic arrangement of universalism and culturalism in French mental health», *Transcultural Psychiatry,* 42(3), 2005, p. 347-366。Rechtman R., «La psychiatrie à l'épreuve de l'altérité», *art. cit.* 亦可参阅 Ellenberger H., *Ethno-psychiatrie*, Emmanuel Delille 推介评价版本 , ENS-éditions, 2017。

皮埃尔·布尔迪厄：精神分析的社会学意义

弗郎辛·米埃尔-德雷富斯（Francine Muel-Dreyfus）

皮埃尔·布尔迪厄的社会学始终考虑到个体和集体社会现象的历史维度，开辟了社会学和精神分析全新的视野空间。他常常引用涂尔干在《教育思想的演进》（L'Evolution pédagogique en France）[1]中的一句话："在不同程度上，我们每个人都包含了昨天的自己。并且，事实上，就事物的本性而言，我们过去的人格在我们身上占主导地位。因为与长时段的过去相比，现在只是微乎其微，由于过去，我们才以今天这样的形式出现。正是因为这些过去的自我如此深刻地植根于我们内心中，这就导致了我们不能直接地感受到其影响。它们建构了我们自我的无意识的组成部分。"这一文本强调了历史社会学与社会起源遗忘做斗争的必要性，无论是在个人历史层面还是在机构历史层面均如此。通过关注人员、机构、场域、排序、表征和社会幻想，进而可以考虑并且展开与精神分析方法的对话。

《世界的苦难》（La Misère du monde）是一部讲述社会学建构的集体著作，可被称为"案例研究"，以"诱发性和伴随性的自我分析"的形式出现，其中讨论并解释了失望、失败和主体之间冲突的具体社会原因。在"矛盾的遗产"一章中，皮埃尔·布尔迪明确地提出了精神分析与社会学各自特有的主体性探索模式之间的关系问题，社会学周详地考虑到现实的各个方面，包括学业上或职业上的失望、职场纠纷等，而精神分析则经常排除它们，将之视为障碍甚至抵抗的因素。而事实上这些方面却包含着"精神分析也关注的事情的相关信息"，如父母与儿女之间的关系、家庭历史、传承、矛盾束缚（双重约束）、

---

[1] DURKHEIM E., *L'Evolution pédagogique en France* (cours de 1904-1905), Paris, PUF, «Quadrige», 1990.

矛盾心理、违抗行为、人格解体感、欲望游戏和社会投入。

在《一个偏执狂的自传》(*L'autobiographie d'un paranoïaque*)[①]的前言中,布尔迪厄在与雅克·梅特(Jacques Maître)开诚布公的自由对话中也提出了社会学与精神分析之间的关系问题。这一问题主要是从人们在机构中投入的角度提出的,其领域被设想为由许可和请求或禁止组成的结构严密的整体,欲望在其中转化为特定的幻想。他从雅克·梅特研究的冲动与神秘主义者同教会关系构建的场域之间关系的特殊个案出发,提出了几个分析方向:机构如何提供表达冲动的可能性;机构如何通过其仪式进行灌输,疏导相关激情和冲动并加以利用;社会如何运用欲望;如何建构力比多的社会化理论。

皮埃尔·布尔迪厄在其象征秩序和由身体感受及表达的情感与社会环境的互动分析中,融入了几个精神分析概念。他在《帕斯卡尔式的沉思》(*Méditations pascaliennes*)[②]中明确建议"社会学和精神分析应同心协力,共同分析在社会关系场域中的投入,这一场域构成了值得关注的饶有趣味的研究对象,涉及儿童的内容越来越多,并形成了社会游戏中的范式与原则"。

若想进一步了解相关内容,请参阅 MUEL-DREYFUS F., «*Une écoute sociologique de la psychanalyse*», dans *Travailler avec Bourdieu*, sous la direction de, P. ENGREVÉ et R.-M. LAGRAVE, Paris, Flammarion, «Champs», 2003。

[①] Maître J., *L'autobiographie d'un paranoïaque. L'abbé Berry (1878-1947) et le roman de Billy, «Introïbo»*, Avant-propos dialogué avec Pierre Bourdieu, Paris, Anthropos, 1994.
[②] BOURDIEU P., *Méditations pascaliennes*, Paris, Seuil, 1997.

心理苦痛，社会疾苦：代际冲突与遗产矛盾

弗郎辛·米埃尔－德雷富斯（Francine Muel-Dreyfus）

家庭环境、亲子关系，是否如人们通常所想的那样，或者像报纸杂志所喋喋不休地宣称的那样，只是心理上的理解问题呢？社会学是否别有见解？若有，条件如何？如何响应马塞尔·莫斯[①]很久以前发出的号召，去构建经验性的"心理社会学"或"临床社会学"？临床社会学注重研究代际关系的社会决定因素，与传承和遗产密切相关的心理和社会的复杂因素亦深深植根其间。在与家族史有关的传记性访谈中表现出的心理冲突和痛苦，是否只是来自家族特性？或者应将之理解为与社会学和社会历史的集体现象密切相关？

在此，笔者将以在布尔迪厄创建的实验室中进行的经验性调查为依据：一是萨亚德（Abdelmalek Sayad）对阿尔及利亚移民家庭的调查；二是笔者对社会工作和专业教育者的研究；三是汇集在《世界的苦难》（*La Misère du monde*）[②]一书中的关于社会苦痛的调查研究。此外，还将援引布尔迪厄构建的某些社会学概念以及他对精神分析

[①] MAUSS M., «Rapports réels et pratiques de la psychologie et de la sociologie», *Sociologie et anthropologie*, Paris, PUF, 1950［1924］.

[②] BOURDIEU P. (dir.), *La Misère du monde*, Paris, Seuil, 1993. 标示的页码为袖珍版的页码（«Points», Seuil, 1998). 关于该调查的介绍，亦可参见 *Actes de la recherche en sciences sociales* 中的 « La souffrance »，n° 90, 1991.

概念的运用[1]。

本文的反思将围绕两个方向进行，即在社会学中引入历史方法的必要性和社会轨迹研究的丰富性，以此探索其与遗产关系的矛盾；将个人与家庭历史主观关系的分析融合到社会出身分析之中，为社会分析这种特殊形式的自我分析赋予意义。

家庭历史，历史中的家庭

进行临床社会学的思考，通常需要进行深入访谈，这将构成绝佳的研究素材。但为了以纯粹的社会学方式让所谓的"定性"素材"说话"，有必要辅以其他资源，以便能利用量化数据了解有关人口的情况，进而掌握这些数据演变和运作的常态或变态的历史条件。所有的现在都承载着过去，家庭的过去，体制的过去，主导人生轨迹的逻辑。为了揭示心理痛苦中的社会痛苦，特别是父母与子女之间围绕学校和职业选择而形成的紧张关系，有必要借鉴着眼于家庭社会历史的历史社会学，将其与相关社会地位空间以其所经历过的社会变革联系起来进行分析。

构建连接个人历史与集体轨迹之间的纽带

萨亚德便是以上述方式构建了其关于阿尔及利亚移民的研究思路。他将公共舆论和媒体讨论的移民"问题"与移出/移入的移民复杂流程研究相对立，重申移民首先是移出的移民，绝不能将背井离乡的移民历史与家族历史（在原籍国和东道国的家族历史）相分离。他让我们聆听到移民及其子女的痛苦，"缺席之错"[2]的连锁效

---

[1] 为了熟悉这些概念，我们推荐即将出版的《布尔迪厄词典》（*Dictionnaire Pourdieu*），SAPIRO G. 主编，Paris, CNRS. Éditions；关于精神分析概念的运用，请参阅词条：否认（Dénégation）、双重约束（Double bind）、弗洛伊德（Freud）、集体无意识（Inconscient collectif）、精神分析（Psychanalyse）、社会分析（Socioanalyse）。

[2] 参见 SAYAD A., *La Double absence. Des illusions de l'émigré aux souffrances de l'immigré*, Paris, Seuil, 1999, 尤其是第 1 章和第 7 章。

应，主要是因为他在访谈中尤为注重挖掘双重社会轨迹，即移出和移入的轨迹，并深入分析父母一代的模式与子女一代的模式之间的代际矛盾性[①]。关于这一点，我们将在下文进一步探讨。他教导我们，深度访谈只有植根于广泛的历史社会学，方可描绘包括迁徙现象各个方面在内的社会学的丰富性。

笔者也曾试图汇总几种类型的数据，比较了下列两个历史时期的两种教育专业者，即第三共和国（1880~1914）初期的小学教师和1968年代从事社会工作的特殊教育工作者，他们将独特的社会历史与集体轨迹衔接起来[②]。特殊教育工作者的职业非常多元化，专门负责正常学校教育之外的"问题"儿童（即"残障""异端""犯轻罪"的儿童和青少年）。笔者研究的核心视野是这些职业的"选择"、工作职位识别过程以及可被称为"志向"形成的过程。笔者在此只讨论本人针对社会工作者所做的调查，这些调查清晰地呈现出建立社会轨迹和结构性变化的社会学意义，这些结构性变化主要涉及社会工作职业以及广泛而言教育体系所经历的变化。布尔迪厄使用"轨迹"的概念具有双重目的：一是为社会起源的分析赋予历史意义；二是阐明在被视为社会地位空间的"场域"中的投入之社会逻辑，此空间本身也处于不断的变化中。在分析教育不平等现象时，他介绍了"多代战略"的概念："正是这两代或三代世系轨迹的斜坡，具体而言，是其与学校机构的客观关系的历史，在每时每刻主宰着其

[①] "世代模式"的概念，与通常意义上隶属于某个年龄层的"世代"概念相对立，指的是指世代之间的社会历史差异，特别是在学业、职业、社会再生成过程方面的差异，在萨亚德的研究中，还涉及移民的社会逻辑的差异。关于最后一点，可参阅 SAYAD A., « Les "trois âges" de l'émigration algérienne en France », *Actes de la recherche en sciences sociales*, n° 15, 1977 。关于"年龄"概念的社会学理论建构问题，可参见 « Classes d'âge et classes sociales », n° 26/27, 1979。

[②] MUEL-DREYFUS F., « L'initiative privée. Le "terrain" de l'éducation spécialisée», *Actes de la recherche en sciences sociales*, n° 32/33, 1980 ; *Le métier d'éducateur. Les instituteurs de 1900, les éducateurs spécialisés de 1968*, Paris, Minuit, 1983.

与这个机构的实际关系。"[1]

在笔者研究的专业领域中，20世纪60年代末的定量数据显示，特殊教育工作者大多属于中产阶级家庭（偶尔也有属于上层阶级中较低阶层的家庭或平民阶级中较高阶层的家庭）。这些家庭的轨迹特点是属于新近或正在向上流动的社会阶层。可以说，这些特殊教育工作者的家庭无论属于哪个阶层，其归属都是同源的：他们努力巩固、延续或开始一个上升的社会轨迹，他们被迫接受一种社会和经济环境世界观，首先需要调动道德资源，其中包括"良好的文化意愿"[2]。这些未来特殊教育工作者的童年特征是特别勤奋好学，因为这是维持上升轨迹的唯一途径。而在20世纪60年代，恰逢社会及学校体系都发生巨大变化，他们那一代高中生是首批需要面对这些变化及其影响的人。中学教育的"民主化"导致文凭贬值，尤其是享有盛名的高中会考毕业证书的贬值，而以前这些家庭根本无从获得这种文凭。学历与专业职位之间的关系因此也发生了变化：劳动力市场要求求职者出示更多的学历证书，而文凭却不断贬值，面向无文凭求职者开放的职位却日渐减少。这一代特殊教育工作者的社会和职业历史于是便陷入了结构差距中，这主要表现在构成家庭社会愿望系统的学校与学校体系的新状态之间的关系上。对这些家庭而言，儿童教育的成功是维持持久上升轨迹的首要条件，然而学校体系已经发生变化，由于文凭贬值和数目膨胀，其价值今非昔比。此一差距十分强烈，而且会带来毁灭性的影响，恰好是这一代人首先需要面对的现实，他们的家庭并无相应的社会和文化手段，带着战略的眼光去察觉和管理这些变化，主要原因是缺乏学业资本（capital scolaire）。家长无从把控学业成功的新密码，无力为孩子的学习提供支持与帮助。

---

[1] BOURDIEU P., «Avenir de classe et caualité du probable», *Revue française de sociologie*, n° 1, 1974, p.3-42.
[2] 注重文化的一致性，尊重"高尚文化"（haute culture），并服从学校的裁决。参见 BOURDIEU P., *La Distinction. Critique sociale du jugement*, Paris, Minuit, 1979, p. 365-431.

受访者在对过去的家庭的描述中，对这种集体社会现象提供了独特的版本。他们对学业的叙述，是自发地围绕着父母与他们童年和青少年时的学业所构建的关系而展开，因而不可能根据纯粹的学业识别系统去阐述他们的学习经历。"我们并非独自一人上学，从某种意义上而言，我们是和家人一起上学。"对于经受上述巨大变化影响的这一代人来说，此种关系似乎显而易见，并促使他们更多是分析而不是叙述自己的家庭历史。

因此，在他们看来，特殊教育工作者的职业首先为他们提供逃避学校规定的可能性，因为它强调的是"个人素质"和"动机"而非文凭，而且提供了一系列范围宽广的职业岗位，比他们所想象的教师职业更具吸引力，这些受人监管和监管他人的职业岗位在他们眼里形同前途滞涩毫无惊喜的枷锁。但我们也可以认为这是别无"选择"的选择，在同一时期，教师职业要求一个人拥有较高的文凭，级别比其拥有的文凭要高得多。他们的家长在孩童时期也曾梦想当老师，但这些职业现已成为难以企及和人们不愿意选择的职业。

代际误解：父母和孩子之间的沉默、责备和破裂

我的父亲是一名工业绘图员，后来当上了团队组长，最近刚升任主管。我的母亲是护士，原先是在医院工作，目前是在一家诊所工作。她也经常参加社工，与教育工作者和心理学家一起工作。可能这些都影响了我的选择，可是我母亲却反对！她说这是一个很糟糕的工作，我最好去当小学教师。[……]特殊教育工作者的职业是一个无标记的职业，它提供了更宽阔的行动余地。

我当时没有任何收入，我与父母断绝了关系，所以他们肯定不会付我学费。而且他们认为特殊教育工作不是一种体面的职业。[……]我的父亲早先供职于公共救助机构，他只有小学学业证书，但他总是说他当时在镇上排名第一。现在他当上了一名工厂经理，他是靠自己能力成功的人。他把心血都投入在自己的家庭上，这在很大程度上决定了我们的未来，我们会因此而得自闭症的！我父亲从来不明白我为什么要当特殊教育工作者，这就是为什么我学了法律，他希望我成为省长，这是他的梦想（学了两年法律后，让·克洛德当了"学监"，然后换了好几种临时工作，同时还积极介入各种青年组织，最后成为预防专业的特殊教育工作者，同时接受"在职"培训）。

进入这所学校（特殊教育学校）的人，绝非偶然。就我自己的情况而言，当时我不知道自己想要什么，但我很清楚自己不想要什么。一般的学校，我一点也不感兴趣。［……］我不得已在里面待到 16 岁［……］我告诉父母说，我想照顾孩子。但对他们来说，只有文凭才算数。他们说："你能做什么呢？你连高中会考毕业证书都没有！"我当时病了一年，病得不轻，在 14~15 岁时染上了肺结核。"我向你保证，一年中你真的有很多时间去思考［……］"我父亲说："那她会变成什么样的人呢？你想她能做些什么呢？她根本想不出来，这就是为什么我花了一年给她做思想工作。"（弗朗索瓦兹这位工人的女儿成了"内部技术员"，在一家照护脑瘫卧床幼儿的机构当特殊教育工作者）

这些特殊教育工作者的家庭在社会空间中占据不同的位置。他们彼此的教育背景各不相同，在社会工作中担任不同职位，但他们的访谈中却呈现出许多共同特征，特别是在家庭与学校系统的关系方面具有较多共同特征。这些社会地位处于上升阶段的家庭与学校保持着双重抽象的关系：一方面，这种关系是在前期阶段形成的，当时中学教育和高中毕业会考证书在劳动力市场上尚具有一定价值；另一方面，他们拥有相对较少的学业和文化资本。因此，他们乐意大力投资子女的学业，继续将"风光不再"的中学教育和"高中毕业会考"视为最重要的学业，并做出虚幻的投资。正是这种愿望与客观运气之间的错位，导致父母与子女之间出现紧张关系，双方甚者会彻底断绝关系。父母认为孩子错过了他们的机会，而孩子长大后则认为是父母毁了他们的生活。

新一代教育工作者置身于学业市场、劳动力市场以及这两个市场之间关系的全新条件下，他们倾向于将自己与社会地位上升的家庭形象拉开距离，并低估父母在个人成功中所付出的努力。更确切地说，他们更重视的是达到这些最终地位的成本而不是其益处，因为孩子的未来将无法延长这一上升轨迹。透过这个例子可清楚地看出，临床社会学聆听传记访谈中这些长大成人的孩子的话语时，自然会对亲子关系和影响两代人传承的逻辑关系的社会历史过程的客观条件进行社会学分析。个人历史中确实存在着一个集体维度，正如莫里斯·哈布瓦赫所言："个人动机与普遍原因确实密切相关。"[1]

临床社会学与社会分析

调查期间受访者应要求所讲述的生活故事，是对家庭过往经历的重建，它揭示了亲子关系构建的社会条件。为了理解这些条件，需将其与家庭社会历史的客观社会历史特征联系起来，就像笔者上文所试图阐述的那样，也有必要切入个人叙事的逻辑以把握其基调。对特殊教育者职业"选择"的社会学进行研究，一方面基于进入该职业的客观条件的定量分析（社会背景、文凭、招聘方式、与小学教师职业比较），另一方面也基于访谈的交叉分析，受访者在访谈中会对"职业志向"表达自己的个人见解。

笔者之所以能够呈现对于这一职业群体而言，父母一代的愿望与子女一代的成就之间的错位的重要性，是因为在访谈中，父母和孩子之间的紧张关系和误解（有时是沉默和绝交）总会构成传记叙事的核心内容，而实际的轨迹则会或多或少有所不同。由于孩子的

---

[1] 参见本书中鲍德洛（C. Baudelot）和埃斯塔布雷（R. Establet）的文章。

心理苦痛，社会疾苦：代际冲突与遗产矛盾

真实未来将无法实现想象中的未来，并且孩子通过对想象未来重新思考，把它视为"难以忍受"和"无法生存"的未来，因而存在着"代沟危机"的共同感觉。我们可以把它理解为继承危机。在对个人过去的重构中，当家庭对学业投入过高但并未获得预期效果时，会被重新评估为荒谬的行为：努力归努力，镇压归镇压。这些与社会出身有关的主观关系的叙述，围绕家庭内部的距离、紧张和责备而构建，滋生出批评家庭和学校制度的反体制情绪，这在1968年5月风暴中便初见端倪。当年充斥书店书架的"反抗父亲"的精神分析典籍使人们有可能轻而易举地思考这些社会历史现象，但从心理学角度分析父母与子女的关系，则意味着否认其社会学真相。"代际危机"首先是一种客观存在的继承危机，往往发生在与早期的社会地位再生产状态产生断裂时，从主观层面而言，常常被视为代际"承认"的危机。

在某种程度上，我们可以说，这种差距和错位经历在家庭空间中的共鸣十分强烈，家庭从而成为真正的矛盾熔炉。这种情况与萨亚德在其关于"不合法的孩子"（enfants illégitimes）的两篇开创性文章[1]中所描述的十分相近。他在文章中谈到这些移民家庭中的子女时，称他们是"不延续父母道路"的孩子。如果说父母或祖父母一代的社会崛起的亲身经历，以及其所需做出的牺牲是为了挣脱从前的社会境况（因而更接近移民的情况），那么在过渡到工作生活的幻灭时期，此一标志着代际关系的认同危机可以与第二代移民相比较[2]，通常是造成移民家庭中父母和子女之间误解的原因。

所有访谈中最引人注目的特征是受访者觉得有必要分析家庭历史，而不是简单地去叙述它。通过传记叙述，他们似乎把自己变成分析家庭历史的社会学家，因此从自我一致性中获利。在萨亚德看

---

[1] SAYAD A., « Les enfants illégitimes », *Actes de la recherche en sciences sociales*, n° 25，第一部分，p.61-81以及n° 26/27，第二部分，1979，p.117-132。

[2] 我们在下文提到的学生Zahoua的父亲，语出惊人："如果你们是在阿尔及利亚长大，无论男孩还是女孩，你们都不会是这样，[……]你们肯定是别的样子，你们不会扭曲变样。" SAYAD A., «Les enfants illégitimes», *art. cit*, 第二部分，p.127。

来，那些年轻的阿尔及利亚移民女孩聚集并融合了"堪比移民的被撕裂和肢解的生活与经验的离散元素"，社会分析可以让他们更好地处理移入/移出在父母和子女之间产生的矛盾体系。萨亚德在他对阿尔及利亚女学生 Zahoua 长时段访谈的评论中，分析了她对父亲的"不幸"和对她自己境况的社会学理解之间的互补关系。"她必须了解她父亲所经历的'苦难'，尤其是这些苦难的社会根源；了解他每天在家庭中承受的不幸（即使他拒绝表达）……同时她也可以明白他或许就是这些'苦难'的主因，只是他拒绝承认，并明白为何他是这些苦难的主因。对这两种情况的分析是不可分割的。"因此，这位年轻女子正是通过成为分析自己家庭矛盾的社会学家，借助"一个整体的理解"而完成了一项社会分析，这有助于"恢复因移民而脱节的身份的完整性"，并履行了自我解放的真正功能[①]。

社会分析的概念建立在"精神分析"模型的基础上，它邀请我们采纳临床社会学方法，致力于绕过纯粹主体性的陷阱，并在分析个人历史时认识到社会世界的积极力量。"我责备那些动不动就大谈自由、主体、人格等问题的人士，因为这是将社会行动者囚禁在自由的幻觉中，而自由只是决定论运作的其中一种渠道而已……我们并非天生就是思想主体，而是生后逐渐成为思想的主体，其条件是必须存在其他条件，以重新获得决定论的知识，我认为还有其他工具，如精神分析。"[②]

因此，临床社会学和社会分析可以有力地整合精神分析概念，而不会否认投入和表征的社会决定方法。社会学家在分析"继承人的性格与被锁定在传承的命运之间的差异"[③]时，或在分析"许多人在他们的成就与父母期望之间的差距时，对于父母的期待他们既不

---

① *Ibid.*, p. 131.

② BOURDIEU P. et CHARTIER R., *Le sociologue et l'historien*, Paris, Marseille, Raisons d'agir et Agone, 2010, p. 40–41.

③ 继承在此是广义含义，涵盖物质和象征层面的意义，包括财产、家庭价值观以及家庭计划，尤其是父亲计划的继承。

能满足也不能否定"[1]，可借助双重制约的概念（"矛盾的禁令"、"双重约束"或"双重束缚"）来解释家庭关系。双重制约概念还可以丰富对某些悲剧性情境的分析，如儿子的成功意味着背叛甚至从象征意义而言形同于"杀死父亲"。背叛者的案例向我们提供了无数个"彼此撕裂、分离的惯习，不断与他们自身的矛盾心理永久谈判"的例子[2]。就像理查德·霍加特（Richard Hoggart）一样，他将工人阶级优秀学生学业成功的心理成本问题作为分析核心，并通过他作为社会学家的研究与原生家庭建立了和解[3]。布尔迪厄在其称为"自我分析"中，认为其对阿尔及利亚农民社会的调查工作具有某种和解功能，即有助于促使"与他们在进入另一种生活后不知不觉远离的事和人进行和解"。他写道："这等于恢复了我生命中的一部分，是它让我跟他们亲密相连，又是它让我远离他们，因为我在内心否认它的时候，只能是在为他们和为我自己感到耻辱的情况下，才能否认它。"[4]

我在亚眠大学的一名女学生阿伊莎，是摩洛哥移民的后代，她的社会学深入学习文凭（DEA）研究方向是"影响摩洛哥青年学业投资的社会文化环境"，DEA论文答辩通过后，她同意接受我在《世界的苦难》集体调查的背景下的采访。在关键时刻，她本人也成为自己家庭的社会学家：她先是宣布与一位法国人订婚（"那个局面的经历就像犯了罪似的"），继而又严肃地评估自己的文凭在劳动力市场上的价值（"我不知道我能够做什么，为什么要费力求学，我似乎最终困住了，无路可走"）。他的父母以不同的方式生活在"返乡神话"的逐渐崩溃之中（"这个倒霉的返乡"，用阿伊莎的话说），父亲在摩洛哥盖的房子一直没有完工，因为母亲一直催他在法国建

---

[1] BOURDIEU P., « Les contradictions de l'héritage », *La Misère du monde, op. cit.*, p. 1092 et 1094.

[2] *Ibid.*, p. 1098.

[3] HOGGART R., *La culture du pauvre. Étude sur le style de vie des classes populaires en Angleterre*, Paris, Minuit, 1970.

[4] BOURDIEU P., *Esquisse pour une auto-analyse*, Paris, Raisons d'agir, 2004, p. 82.

房子。通过对个人身份在家庭内部谈判的分析，阿伊莎描述并分析了一个漫长而艰难的融入过程。阿伊莎作为长女，不得不致力于传承群体的价值观（"我父亲说，我是他的左膀右臂"），而她作为家庭的第一位受教育者，也是家庭团体和东道国社会的翻译者。在从这个以"双重制约"为标记的矛盾立场中（"麻烦的是我夹在两个人中间，不知如何是好，里外不是人"），阿伊莎对融入的痛苦有非常清晰的认识："整个担子都压在我的肩上，我能体会父母的伤痛。"

她选择社会学和心理学专业，"这可不是随意的选择，我想研究自己身上的某种东西"。按布尔迪厄的说法，这两个专业使她能够进行"自我社会分析"。而且这项工作也使她事后在大学文凭框架下，在对与她境况相似的年轻女子进行的调查时，能以反思的模式，针对调查中阻滞不前或豁然开朗的现象进行重新思考。"头一次做社会调查，我就觉得自己心里其实有疙瘩，因为对于她们经历的事情，我太有体会了。有时候，有些很好的问题，我却不敢向她们提出，因为我也是那样自问的呀。第二次，我想，我必须问，因为我需要答复……那我就毫不愧疚地去问了。"[1]

因此，阿伊莎与萨亚德的观点一致，后者将社会学的理解和反思联系起来："所有名副其实的社会学研究，其实某种程度而言也是一种社会分析，都意味着要做一部分的自我分析。"[2] 对于阿伊莎而言，一如对于萨亚德采访过的年轻阿尔及利亚妇女而言，社会学通过使长期以来被视作个人"错误"的东西客观化，从而起到了某种释放功能。

从这些调查中，我们可以得出一种方法论教训：为了辨识、构建和再现能够呈现家庭内部关系和世代之间关系的精神痛苦的纯粹的社会决定因素，我们必须首先采取严格的社会学方法，对代际关

---

[1] MUEL-DREYFUS F., «La messagère», *La Misère du monde, op. cit.*, p. 1305. 此处译文参考弗朗新·米埃尔－德雷富斯，《通信员》，《世界的苦难》，张祖德译，中国人民大学出版社，2017，第 1063 页。——译者注

[2] SAYAD A., «Les torts de l'absent», *La Double absence, op. cit.*, p. 230.

系的客观社会历史条件及其演变（学校教育、职业化、社会地位的再生产、地理位移、家庭价值体系等）进行细致分析。临床社会学关注的是心理效应、独特的个人感受和继承危机，但它必须依托传承所依赖的社会条件的历史社会学。如果说调查期间的"自我分析"起到了自我释放的作用，则是因为受访者意识到了家庭冲突中的社会因素，这些冲突通常被视为"心理"冲突，让人充满内疚和怨恨。但要清晰地意识到这一点，显然只能通过重建家庭社会轨迹并厘清其对自身产生影响的社会逻辑来实现。因此，反思过去与社会学和心理学都密不可分。

阿布戴玛赖克·萨亚德：历史社会学和移民的临床社会学

弗朗辛·米埃尔-德雷富斯（Francine Muel-Dreyfus）

阿布戴玛赖克·萨亚德在20世纪70年代出版的文章中，以阿尔及利亚移民历史为参照，重新解读了法国的阿尔及利亚侨民历史，这些文章现已成为经典文本。他反对单一的移民表征，这类表征往往集中在东道国所感受的移民所带来的"问题"，而东道国只有在移民对他们"构成问题"时才会"提出移民问题"。正如布尔迪厄在《双重缺席》(*La double absence*) 的序言中所写的那样，萨亚德再现了移民历史以及该移民现象的"三个时代"及其不同的代际模式[1]。

作为见证移民苦难的翻译家和"公共作家"，萨亚德构建了围绕"流离失所"之人的概念的移民社会学，这些人总是"不得其所"，无论是在原籍国还是在东道国社会中都无从归类。身为双重缺席的移民，他们必须不断与自己、家人，特别是孩子以及在这里和国内的家人，就他们自己的地位进行谈判。

此一社会学分支沿袭马塞尔·莫斯的分析视野，将移民的移出/移入视为一种"整体社会事实"，其研究需要采用跨学科方式，融合人类学、历史学、经济学、社会学、心理学、政治学、人口学等学科的研究方法，反对一般只考虑"移入移民"的种族中心主义。它既是家庭的社会学，也是身体的社会学；既是劳动分工的经济社会学，也是殖民遗产和国际统治关系的政治社会学。

萨亚德的研究基于与相同的对话者进行深入和经常更新的访谈，由于他对卡比尔语言和文化的深入了解，萨亚德就像是他们的代言人，像一个深谙词语份量的抄写员。阅读这些访谈

---

[1] SAYAD A., *La Double absence. Des illusions de l'émigré aux souffrances de l'immigré*, Paris, Seuil, 1999. 亦可参见 BOURDIEU P. et SAYAD A., *Le Déracinement. La crise de l'agriculture traditionnelle en Algérie*, Paris, Minuit, 1996 [1964].

和分析时，面对这个双重身份之人共同寻找恰当或最准确字眼的场面，人们不由得感到震惊，这不免令人想起精神分析的治疗工作。透过这些调查和访谈，可以发现精神痛苦和社会痛苦是密不可分的，"移民之苦"可以表现为躯体疾病和内心的精神冲突，但又不会像许多"文化主义"精神病学家那样，将"精神分析"和"民族学"混合在一起，将其简单地解读为"马格里布基本人格"特有的心理结构。在那些对"精神疾病"的社会生成感兴趣的人看来，这是一项不可替代的工作。这种方法可以再现父母一代与子女一代之间关系的困难和僵局，并用临床社会学代替纯粹的心理学分析，临床社会学为这些困难的社会和历史条件赋予了应有的内涵。

借鉴近期移民后代的"宗教"极端行为的悲惨境遇，我们可以重新解读这一家庭的社会学研究。我认为正是出于同一种寻找新的"身份认同"的诉求，这些移民后代加入了巴西利亚[①]周边地区的邪教组织。这些来自内陆的移民/侨民来到庞大的巴西利亚建筑工地上工作，因与家庭和原籍地区彻底决裂而陷入漂泊状态，透过这一经历，他们可以集体和个人的方式，在此一宗教空间构建自己出身起源的历史。这些破裂、失落、巨变经历带来了许多破坏性和创伤性的影响，而邪教组织针对他们的社会历史，建立了一个神话般的历史，每个人都可以根据从前隐而不见的法则找到自己的位置："轮回"的学说取代了与过去的混沌关系，这些混沌关系源自以断续和流亡为标志的生活轨迹，在此基础上所营造的全新家庭故事中，个人就是自己的祖先。

[①] MUEL-DREYFUS F. et MARTINS-RODRIGUES A., «Réincarnations. Note de recherche sur une secte spirite de Brasilia », *Actes de la recherche en sciences sociales*, n° 62/63, 1986, p.118–134.

批评与实践:精神健康的"性别视角"

斯蒂芬妮·巴师(Stéphanie Pache)[1]

性别研究起源于女权主义视角[2],此一视角源自质疑现行制度斗争的政治历史。当女权主义者开始关注精神学科理论和实践在社会性别关系制度中的作用之时,恰逢社会双重质疑的历史时刻:一方面,它伴随着针对精神病学和精神学科的更普遍的质疑出现,致力于谴责僵化的规范标准及其对个人所施加的权力;另一方面,它表现在女权主义运动中,对关于妇女的权威言论和传统上赋予女性的角色提出深刻质疑,从而促使妇女自主管理自身的健康。

这些抗议运动其实是对大规模社会变革做出的回应。在20世纪,社会给予了精神学科越来越广泛的空间,促使一些学者从60年代开始就经常引用"精神病学社会"或"治疗文化"[3]等概念。这一过程包括心理学词语和话语在大众文化中的传播,特别是在心理学专业学科

---

[1] 在此,我借用 Ilana Löwy 的说法,参见 LÖWY I., *L'emprise du genre. Masculinité, féminité, inégalité*,Paris,La Dispute,2006。

[2] 本文采用的研究视角中,性别是一个概念,用以研究两性之间的社会关系,并关注其在整个社会生活中的介入情况。性别也可专指一个研究对象:一些作者认为其几乎与"性"同义,或用它来区分被视为生物的性别,也有人将其作为具有社会特征的性别身份的同义词。当我们谈论"性别规范"时,所涵盖的就是上述第二个含义。参见 BERENI L., CHAUVIN S., JAUNAIT A. 和 REVILLARD A., *Introduction aux études sur le genre,* Bruxelles, De Boeck,2008。

[3] 第一种说法("精神病学社会")见于 CASTEL F., CASTEL R., LOVELLA., *La société psychiatrique avancée*,Paris,Grasset,1979。第二个说法在英语著述中更为常见,例如 FUREDI F. 的 *Therapy Culture*,London, Routledge,2004。而其他说法,均未对该过程所包含的内容做出一致定义,如治疗社会或心理社会、心理文化等。

之外的活动场域，如艺术创作、法律或公共政策等。

在法国，普及最广的是精神分析语言。早在 1949 年，西蒙娜·德·波伏娃（Simone de Beauvoir）在《第二性》（Le deuxième sexe）中就揭露了男性至上的观点[①]。在题为"精神分析学的妇女观"一章，波伏娃继续就妇女知识问题提出疑问。她从存在主义观点出发，赞赏个人成长过程中对具体经验和社会层面的考虑，而在她前几章讨论的生物研究中，则往往对此略而不谈。然而，她却在心理发展的论述中对性予以优先地位的观点持批评态度，并抵制心理分析理论关于性别的自然化概念，特别是关于小女孩的"阴茎羡妒"的问题。在这一点上，她所持的批评观点，与在她之前的女性精神分析师如凯伦·霍妮（Karen Horney）的观点相同[②]。她这样写道："但尽管如此，我提到过的那些恒量仍不会形成一成不变的命运——男性生殖器之所以呈现出它的价值，是因为它象征着其他方面的支配权。如果女人想成功地把自己树为主体，她就要造出男性生殖器的对等物。"[③]

继波伏娃呼吁对精神分析的"真相"进行历史分析之后，随着拉康的出现，精神分析在 20 世纪 70 年代再度受到青睐[④]。但这个版本的精神分析也成为女权主义者抨击的对象。然而这些批评还是被渲染上浓重的矛盾心理，促使法国女权主义者在 70 年代出现了分裂[⑤]。法国女权主义者的这种矛盾心理也与英美国家的女权主义者遥相呼应，当时的紧张气氛广泛蔓延到各种社会运动中。这些运动与精神学科以及疯狂的问题有着错综复杂的关系：他们谴责精神病学

[①] BEAUVOIR S., *Le deuxième sexe*, Paris, Gallimard, 1949.

[②] 关于该主题参见 MOLINIER P., «Pénis de tête. Ou comment la masculinité devient sublime aux filles», *Cahiers du Genre,* n° 45, 2008, p. 153–176。

[③] BEAUVOIR S., *op. cit.,* p. 93.

[④] 关于这一点，可参阅本书中梵斯坦（M. Fansten）的文章。

[⑤] 参见辛西娅·克劳斯（Cynthia Kraus）在一份关于《第二性》的专题文集中就精神分析与唯物主义女权主义之间的关系所做的简短总结：KRAUS C., «La psychanalyse d'un point de vue féministe matérialiste : l'invite du *Deuxième Sexe*», *Travail, genre et sociétés,* 20, 2008, p. 158–165。

所维护的标准过于保守且不平等，所实施的安全实践约束太严，如不经患者同意就强迫其住院。与此同时，这些运动也援引一些心理学方面的理论，包括某些精神分析学家的理论，如英国的莱恩（Ronald Laing）或奥地利的威廉·赖希（Wilhelm Reich）等[①]。

女权主义运动所表现出的这种双重矛盾，在英语国家尤为明显，其致力于在全球范围内反对精神病学实践和理论中的性别歧视，而一些理论思潮则赋予心理科学和心理学理论较为重要的地位，用以从政治和科学上表示"个人的就是政治的"[②]（le personnel est politique）。这一著名的女权主义口号旨在展示那些一直被定义为属于私人领域或公共领域层面的政治纬度。此外，它也希望促使那些一直被视为"家庭内部"的问题，特别是对妇女施行的家暴问题暴露出来；同时也旨在阐明"个人方面"，即日常生活、情感生活以及心理生活的各个方面均与"政治"（即与各类机构和社会的问题）密不可分，最终可构成集体行动，尤其是抗议活动的主题。因此，在20世纪60~70年代，一些女权主义运动具有决定性意义的作品在抨击精神分析时，仍然太过于本质主义和本性主义（即认为有一个由本能和基本功能构成的"心理本性"）。美国的贝蒂·弗里丹（Betty Friedan）的《女性的奥秘》及法国的西蒙娜·德·波伏娃的《第二性》便属其例，弗里丹显然受到了《第二性》的影响。但精神分析著作所描述的临床表现也成为每个人都是由其个人和社会历史塑造而成的例证。

精神疾病有性别

精神健康，既是一个实践空间，又是一个标准范畴，它是如何

[①] STAUB M., *Madness Is Civilisation: When the Diagnosis Was Social, 1948-1980*, Chicago, The University of Chicago Press, 2011.

[②] HERMAN E., *The Romance of Amrican Psychology. Political Culture in the Age of Experts*, Berkeley, Los Angeles, University of Califonia Press, 1995, p. 276-303.

由性别和社会规范之间的关系所确定的呢？男女不平等的影响表现何在？英国社会学家琼·布斯菲尔德（Joan Busfield）在一本书中对性别与心理健康之间的关系做了全面的剖析，该主题的社会学分析著作迄今仍属罕见。他在书中阐明性别问题与精神健康实践的关系衔接表现在不同层级上，分别出现在"官方建构""正常病例"的产生以及个体病例的鉴定中。我们将逐一介绍这些不同的维度[①]。

一个理论上中性的性别建构

布斯菲尔德首先从性别角度关注属于中性的诊断范畴，从理论上讲，这既涉及男性也涉及女性。例如，抑郁症的标准是同时针对男性和女性而制定的。但布斯菲尔德认为，精神健康标准是以社会行为规范为参考的，而社会行为规范则有性别之分。因此，在这些"正式"的类别概念中，仍存在着间接的性别联系。例如，人们更易于接受女性的焦虑和恐惧情绪，这导致女性群体中抑郁症和焦虑症患者会更多，而人们对男性酗酒和服用毒品的容忍度会更高，因而男性成瘾行为更常见。但布斯菲尔德指出，社会对待"过度"行为的方式存在着性别不对称，进而揭示了性别关系的另一个方面：当男人的行为"太过阳刚"（好斗、暴力、酗酒）时，常被视为不端行为，而"女性的夸张行为"（过于焦虑、太过悲伤）则被归因于精神紊乱。

然而，鉴于犯轻罪行为的精神病化过程，这种根据性别对越轨行为做出不同分析的做法，应根据最新一段时间的结果重新予以评估。精神病学自创立以来便与司法机构保持着密切的关系，并参与各种犯罪理论的构建，包括青少年犯罪理论的构建[②]。但今天，我们可以看到那些被判刑的年轻人或成年人的心理疗护的发展。被监禁

[①] BUSFIELD J. *Men, Women and Madness. Understanding Gender and Mental Disorder*, Basingstoke, Londres, Marmnllan Press, 1996.

[②] 关于这些关系的概要以及对犯罪理论的更完整论述，可参阅 MAUGER G., *La sociologie de la délinquance juvénile*, Paris, La Découverte, 2009, p.30–57。

者、性犯罪者或家庭暴力肇事者均被鼓励或被迫接受"治疗"[1]。美国史学家乔纳森·梅茨尔（Jonathan Metzl）在其著作《抗议精神病》（*The Protest Psychosis*）中指出，种族和社会纬度也应纳入分析范围，他对美国大量黑人男性被诊断为精神分裂症的现象进行了分析[2]。

然而，人们往往倾向于低估妇女和其他受支配群体的行动能力，认为他们只能被动地承受发生的事件和顺从自己的生物习性。女人的被动和男人的主动不仅是男性和女性的属性，而且是这些社会历史范畴的组成特征，弗洛伊德在他关于女性特质的论述中也指出了这一点[3]。布斯菲尔德指出，由于理性和疯狂之间的对立，在更易于情绪化的非理性女性和能更好地控制情感的更为理性的男性个体之间存在着性别分配[4]。一如临床诊断评估实践，这些个人能力的性别表现是构建精神健康标准的基础。

因此，一般认为行为有问题的女人，会比男人更被动和更非理性，其问题更有可能被归入精神健康领域，因为精神疾病恰好被视为理性缺失，从而扰乱了个人的相关行动能力。相反，男人传统上被认为是对其行为负责任的积极主体，对其行为的社会制裁更多的是通过法律行动来实现。

这种不对称的性别区分，解释了虽然某些妇女运动试图寻求增强对妇女健康的特殊性的考虑，但经常要求精神病学忘记这些特殊

---

[1] ROSTAING C., «À chacun son psy. La diffusion des pratiques psychologiques en prison», Sociologies pratiques, 17, 2008, p. 81-94; SAETTA S., «Inciter des auteurs d'infractions à caractère sexuel incarcérés à se soigner», *Champ pénal/Penal field* [en ligne], Vol. XIII | 2016, mis en ligne le 06 octobre 2016, consulté le 30 mai 2017; 关于法国和美国家庭暴力肇事者的治疗问题，参见 DELAGE P., *Violences conjugales. Du combat féministe à la cause publique*, Paris, Presse de Sciences Po, 2017, p.43-55。

[2] METZL J.M., *The Protest Psychosis. How Schizophrenia Became a Black Disease*, Boston, Beacon Press, 2009.

[3] 琼·布斯菲尔德（BUSFIELD J.）引用，*op. cit.*, p. 106。

[4] 一些女权主义女研究者在科学研究中对此问题也进行了分析，讨论了客观性的男性化建构。参见 KELLER E.F., *Reflections on Gender and Science*, New Haven, Yale University Press, 1985。

性，并质疑其专业和干预的合法性，谴责其滥用有害于妇女的精神病治疗。女权主义者极力反对受虐狂的概念，根据这个概念，暴力受害妇女"都是自找的"，她们就该接受精神治疗[1]。其他人则反其道而行之，更关注男性精神障碍的隐性问题，在北美有人掀起运动，要求承认男性抑郁症[2]。

独特的治疗实践

除了这些根据历史和社会定位的病理标准定义过程外，临床活动空间构成了区分精神健康性别的第二个场所。布斯菲尔德区分出两个参与构建精神健康性别区分的做法：一是使用"典型事例"叙述来定义病症；二是在实践中对案件进行鉴定。

精神疾病的"正常"案例，即典型或标准的案例，必然包含性别问题，因为这些描述凸显了一个必定是有性别的主体，并根据角色分析他的行为和该性别个体的预期作用和任务。精神科医生掌握的"临床标签"虽然部分基于科学数据，如统计数据或经验证据的病因，却将相关类别记录在社会历史中，这种实用范式已成为实践中的一个诊断标准。精神病学家融合这些背景数据，而后者也会影响他们的评估结果。在这些标签中可见如下类别：被遗弃的家庭主妇患上了抑郁症，游离于社会之外的年轻男子吸毒后患上了妄想症，疲惫不堪的企业高管产生了自杀念头……凡此种种（抑郁症、精神障碍、严重职业倦怠）都是健康专业人员常见的症状，目前也在社会中普及，有助于性别和精神障碍的定义。

这一官方类别的社会背景经由诊断手册获得传播。例如，美国每次发布新版的《精神障碍诊断与统计手册》，都伴随发表相应的临床病例手册。在性别方面，手册标示出每个类别男女之间的确诊

---

[1] Caplan P.J., *The Myth of Women's Masochism*, New York, E.P. Dutton, 1985.

[2] 关于这个问题，请参阅 FUSSINGER C., «La "dépression masculine": quels enjeux pour les études de genre?»，发言稿，性别与健康研讨会，Émilie du Châtelet 研究所，2015 年 6 月 9 日。在线视频：http://www.institutemilieduchatelet.org/visualisation-la-video?id_video=232。

病例比例，在出现不平衡情况时，性别特征更为突出，但病因与性别相关的类别除外，如产后抑郁症或经前期烦躁综合征。

布斯菲尔德提出的最后一点是精神健康系统中个体的识别方式。患者一般是在全科医生或患者的亲戚的建议下到专家诊所就诊，但是他们对情况的感知模式是分性别的。例如，当配偶双方中有一方不再履行其职责时，根据男女不同性别，警报阈值会有所不同。家庭的不平等分工，特别是护理工作的分工，可能导致自主性评估会根据性别而变化较大。此外，当一个人遇到困难时，负责照顾他的人往往是亲属，而妇女比男性更经常去担任这个角色[1]。当患病者为男性时，对家务及对亲属的照顾的扰乱程度也会更低。而当一个女人不再做别人期待她做的家务时，她就会受到谴责。制药行业的广告商在营销首款抗抑郁药和其他抗焦虑药的时候，曾大量利用这种情况，并拍摄以下场景：家庭妇女在乱糟糟的家中，碗碟堆成山，孩子闹哄哄……这样的形象目前仍未从抗抑郁药的广告中消失，导致医生在开具药方时，面对男女患者会有所不同[2]。

布斯菲尔德的分析强调了精神疾病的性别化构建，但不将其归结为社会越轨行为的制裁。它展示了性别如何在理论和实践上界定类别，并提出了全面的解读方式，去考察如何利用普遍性意愿表达的原则对个人进行区别对待。因为正是在这一普遍性与特殊性、理论和实践之间的关系中，性别的主要维度才彰显出来。

---

[1] WEBER A., «Des enquêtes nationales pour connaître l'aide apportée par les proches en raison d'un handicap ou d'un problème de santé», *Informations sociales*, 2015/2 (n° 188), p. 42–52.

[2] METZL J. M., *Prozac on the couch : prescribing gender in the era of wonder drugs*》, Durham, Duke University Press, 2003. 有关说明，可浏览在线文章：http://www.huffingtonpost.com/katherine-sharpe/antidepressant-advertising_b_1586830.html。关于此主题，可参阅本书中菲利普·勒·莫涅（Philippe Le Moigne）的文章。

由精神健康产生的性别

　　社会性别与精神健康之间的关系当然是相辅相成的,即社会性别影响精神健康,一如精神健康也会影响性别认同。几十年来,关注并试图理解性别的社会关系的研究者不能忽视精神病学、心理学和精神分析学等精神心理学科的实践和理论研究。这些学科通过参与临床判断与决定以确定个人的自由空间,对个人施加了直接的权力和某种威力,此外,从"心理"出发的论述通过为个体提供一种语言来思考自己,有助于个体以一种更为分散和间接的方式来进行自我塑造,进而思考他人和人际关系[1]。

　　女权主义捍卫者往往会谴责将那些相对偏离女性、性或母性规范的越轨行为"精神病学化"。20世纪60年代末,美国心理学家菲莉丝·切斯勒(Phyllis Chesler)在她的畅销书《妇女与疯狂》(*Women and Madness*)[2]中汇集了诸多证言,阐明了贫穷妇女、非白人妇女或女同性恋者被污名化的现象。女性历史学家则致力于记录精神病学化过程,其内容范围较广,包括这些"越轨"妇女、性工作者、杀婴母亲的言语生成和精神病学行动实践[3]。她们还试图让人们

---

[1] HACKING I., «Making Up People», 参见 Thomas C. HELLER, Morton SOSNA, David E. WELLBERY, (dir.), *Reconstructing Individualism*, Stanford, Stanford University Press, 1986, p. 222-236。

[2] CHESLER P., *Women and Madness*, New York, Doubleday, 1972.

[3] 参见 CHILETTI S., «Grossesses ignorées au prisme de l'infanticide. Savoirs médicaux et décisions de justice au XIXe siècle», *Revue d'histoire du XIXe siècle*, 50, 2015, p. 165-179; OZARI A.-S., «"Si maman va bien, bébé va bien." La gestion des risques psychiques autour de la naissance», *Recherches familiales*, 1, 12, 2015, p.153–163; CARDI C. et PRUVOST G., *Penser la violence des femmes*, Paris, La Découverte, 2012; CHAN W., CHUNN D.E, et MENZIES R., *Women, Madness and the Law, A Feminist Reader*, London, The GlassHouse Press, 2005。

听到这些妇女的声音，声音是精神病学测量的目标对象[1]。精神健康领域涉及的范围远远超出了精神病医院，社会科学研究拓宽了其思考范围。社会学十分关注心理学家如何以子女的健康为名，在保障母亲受到专业且良好照护的情况下，将对母亲的"心理"关怀转向对儿童的关怀。桑德琳·加西亚（Sandrine Garcia）在其研究中指出法国计划生育史与精神分析关于儿童成长的论说发展的延续性，精神分析相关理论为父母养育孩子的教育政策提供论据[2]。"快乐妈妈协会"也充分使用相关论说，该协会后改为计划生育运动协会，旨在反对有分歧的天主教道德说教，维护节育权。在避孕和自愿中断妊娠合法化之后，弗朗索瓦兹·多尔多（Françoise Dolto）及其精神分析同行的立场渐次深入人心，加西亚对此进行了研究。她阐明了这种新的卫生道德观念如何强调母亲的作用，特别是在儿童的"健康"发展中母亲"不受约束"的必要性，这一观点增强了妇女在生育孩子方面的传统作用。社会学家安妮-苏菲·沃扎里（Anne-Sophie Vozari）在她对一家医院的围产期照护科及其与专业人士的访谈中[3]也阐明了孩子的心理风险，以及因此而为母亲和准妈妈提供照护的情况。

其他研究则侧重于关注大众心理文化的影响。从家暴受害妇女的照护到妇女杂志给予妇女的建议，心理学无处不在，致力于为所有人排忧解难。正如社会学家伊娃·易洛斯（Eva Illouz）所指出的那样，在当代人的约会方式和爱情关系中，处处可见心理学的踪影。易洛斯对当代中产阶级妇女的爱情观和恋爱体验进行了研究，研究

---

[1] DELVAUX M., *Femmes psychiatrisées, femmes rebelles. De l'étude de cas à la narration autobiographique*, Paris, Institut Synthélabo, 1998; FAUVEL A., «Cerveaufous et sexes faibles (Grande-Bretagne, 1860–1900) », *Clio*, 37, 2013, p.41-64. Muriel Darmon 关于厌食症经历的研究也展示了相关女性的话语，其社会学方法与该传统一脉相承：DARMON M., *Devenir anorexique. Une approche sociologique*, Paris, La Découverte, 2003。

[2] GARCIA S., *Mères sous influence. De la cause des femmes à la cause des enfants*, Paris, La Découverte, 2011.

[3] VOZARI A., *art. cit.*

素材包括书信往来、互联网聊天记录和虚构小说等[①]。她指出，心理框架（cadrage）强化了个人责任，掩盖了人际关系的集体社会纬度，特别是妇女的物质状况。易洛斯认同护理或疗护工作中的性别分配，认为男女对爱情关系赋予的重要性不同，尤其是男女各自在经营爱情关系上所付出的努力也不尽相同，大部分女性所采纳的心理学话语亦使得这个现象更为突出。其他女权主义作家，如美国心理学家丹娜·贝克尔（Dana Becker）也很关注这一"心理文化"[②]对巩固妇女家庭工作的作用。从这个角度来看，妇女也是家庭的"心理医生"，这种情况也有助于解释为什么当她们未能履行这个角色时，她们就被迫求助于专业人士，亲人尤其是配偶往往不能彼此提供服务。

将性别纳入心理健康研究

生理性别之间的社会关系产生了社会性别，其以整体方式反映了精神卫生实践；这种社会关系构建了正常和病态的设想方式，以及病人的诊断识别方式和治疗方法。社会性别视角下的精神健康强调理论与实践的关系。从社会性别角度出发确定的普遍和中立的类别，适用于个人，因此也适用于特定情况。社会科学研究应该把握为这些特殊性积极安排的空间，重要的是区分出理论选择，它可能会对一些个体之间的差异以及一些临床实践视而不见，在个案鉴定和治疗方案层面，只能根据个人的情况加以区分。针对这一矛盾，布斯菲尔德写道："我们可以说，普遍性是官方分类所依据的科学医学的必要条件，而特殊性则是临床医学的先决条件。"[③]

[①] ILLOUZ E., *Pourquoi l'amour fait mal. L'expérience amoureuse dans la modernité*, Paris, Seuil, 2013.

[②] BECKER D., *The myth of empowerment: women and the therapeutic culture in America*, New York, New York University Press, 2005.

[③] BUSFIELD J., *op. cit.*, p. 109, 笔者翻译。

但反思社会性别的影响也有助于揭露贯穿精神健康领域的政治问题，从中了解干预措施合法化的模式，以及这些做法和言论在社会上发挥的作用。关注涉及"精神心理"机构的冲突和争议，还有助于展现这些实践和理论背景及其制度化过程。此外，这些紧张关系也构成了非常有用的切入口，以阐明精神心理理论的多元性，借此而建立这些实践的特定社会基础，并阐明作为这些理论和实践对象的社会群体的不平等待遇，从而帮助我们更现实地反思精神健康问题。

推荐书目

Appignanesi L., *Mad, Bad and Sad. A history of women and the mind doctors from 1800 to the present*, London, Virago Press, 2008.

Buhle M. J., *Feminism and its Discontents. A Century of Struggle with Psychoanalysis*, Cambridge, Harvard University Press, 1998.

Burman E. (dir.), *Feminists and psychological practice*, Londres, Newsbury Park, New Dehli, SAGE Publications, 1990.

Castel F., Castel R., Lovell A., *La société psychiatrique avancée. Le modèle américain*, Paris, Grasset, 1979.

Darmon M., *Devenir anorexique. Une approche sociologique,* Paris, La Découverte, 2003.

Edelman N., Rochefort F.(resp.), «Quand la médecine fait le genre», *CLIO. Femmes, Genre, Histoire, 37,* 2013.

Figert A.E., *Women and the Ownership of PMS: The Structuring of Psychiatric Disorders*, Hawthorne, Aldine de Gruyter, 1996.

Hacking I., *L'âme réécrite. Étude sur la personnalité multiple et les sciences de la mémoire*, Paris, Les empêcheurs de penser en rond, 1998.

Illouz E., *Saving the Modern Soul. Therapy, Emotions, and the Culture of Self-help*, Berkeley, University of California Press, 2008.

Molinier P., Laugier S., Patricia Paperman P. (dir.), *Qu'est-ce que le care ? Souci des autres, sensibilité, responsabilité*, Paris, Payot & Rivages, 2009.

Pache S. , «Entre science et politique: la question épistémologique dans l'histoire de la psychologie féministe», *Recherches Féministes*, 29(1), 2016, p. 33-50.

Poirel M., avec la collaboration de B. Lacharité, G. DE Rousseau et d'un comité de militantes pour la santé mentale des femmes, «Voix alternatives et féministes dans le champ de la santé mentale au Québec: un survol des expériences croisées des Ressources alternatives en santé mentale et des Centres de femmes», *Nouvelles Questions Féministes*, 25 (2), 2006, p. 66-81.

Tosh J., «The medicalisation of rape: A discursive analysis of 'Paraphilic Coercive Disorder'》 and the psychiatrisation of sexuality», *Psychology of Women Section Review*, 13(2), 2011, p. 2-12.

Ussher J. M., *The Madness of Women. Myth and Experience*, Londres, Routledge, 2011.

Vuille M., Rey S., Fussinger C., Cresson G., «La santé est politique», *Nouvelles questions féministes,* 25, 2006, p.4-15.

福柯对精神健康领域的贡献

克劳德-奥利维埃·多隆（Claude-Olivier Doron）

米歇尔·福柯（1926~1984）对精神健康领域的重要贡献可大致根据下列三个阶段来考察。

1. 考古时期

福柯的博士学位论文《古典时代的疯狂史》（*Histoire de la folie à l'âge classique*）揭示了当代精神病学知识背景下一个更为深刻的历史现象：排除疯狂的经验，首先是以非理性的形式，然后是以精神疾病的形式[①]。福柯指出，17世纪的"大禁闭"时期是一个决定性的时刻，疯狂与其他形式的非理性现象（放荡、懒惰）混为一谈，疯人被粗暴地隔离开来。这种根本性的排斥形成一种条件，疯狂沦为客体对象，以营造一种科学话语。精神病学便属此例，并从18世纪末开始，对其进行定义和否定，如精神病。因此，疯狂的语言本身被摒弃，只能借助精神病学棱镜或极端的文学体验去表达（如萨德和阿尔多[②]）。正当不同思潮力争将精神病人的体验从精神病院的异化状态中解放出来之际，上述反思赢得了一些人的共鸣。

2. 谱系时期

从20世纪70年代起，福柯提出了一个全新的权力概念，这一权力不再是以排斥和镇压的方式去构想，而是通过标准化和改造工作生成新的主体形式。在此框架下，精神病学权力被视为"规训"[③]权力的例证。这种权力在充塞着诸多规范的封

[①] FOUCAULT M., *Histoire de la folie à l'âge classique*, Paris, Gallimard, 1972[1961].

[②] 亦请参见福柯针对这一时期文学中疯狂经验的诸多研究文本，收入 *Dits et écrits* 文集中. t. I, 第一卷, Gallimard, Paris, 2001（尤其是 n°13, 14, 25 和 38）以及 *La grande étrangère*, Paris, éditions de l'EHESS, 2013.

[③] FOUCAULT M., *Le pouvoir psychiatrique, Cours au Collège de France (1973-1974)*, Paris, Hautes Etudes/Gallimard-Seuil, 2003.

闭性机构（精神病院）中行使，通过对时间和身体进行监视、控制，对本能或倔强的意志予以压抑，将规范强加于主体，促使其转化为具有生产力和自主的个体。这些封闭式机构将个人禁锢在驯化或改造机构中，目的并非将其排斥在外，而是将其融入其中，并予以标准化。这类规训机构包括学校、监狱或工厂[1]，精神病院只是其中之一。福柯回顾了19世纪的精神病学史，将其作为一种学科技术来分析[2]。福柯所感兴趣的是精神病学形成知识-权力的方式，其所瞄准的是非正常的人，这些非正常的人透过法学精神病学的诞生[3]，逃脱了一系列其他机构的束缚；同时考察它在19世纪下半叶，如何将性和变态行为作为主要研究对象[4]。与某些典籍不同的是，福柯没有将这些训诫机构视为添加了润滑油后运转良好的机器，而是强调了它们在结构上的运作不良；也不认为个体在这些机构面前是被动的，而是证明了他们勇于抵抗并且独立地存在着。他编辑发表了皮埃尔·李维尔（Pierre Rivière）的回忆录，以展示一个人如何抵御这些权力关系并与之博弈[5]。

3. 风险和治理研究时期

在法国，对这一时期的研究一直以来鲜有人涉足，罗伯特·卡斯特[6]除外。而在英美国家，从20世纪80年代开始就出现了诸多相关著述；法国则只是最近才开展研究，以分析精神健康

---

[1] FOUCAULT M., «La vérité et les formes juridiques» (Dits et écrits, op.cit., I, pp.1474-1491) et Surveiller et punir, Paris, Gallimard, 1975.

[2] Le pouvoir psychiatrique, op. cit.

[3] FOUCAULT M., Les anormaux. Cours au Collège de France (1974-1975), Paris, Hautes Etudes/Gallimard-Seuil, 1999.

[4] Les anormaux, op. cit. et Histoire de la sexualité, I. La volonté de savoir, Paris, Gallimard, 1976.

[5] FOUCAULT M., Moi, Pierre Rivière, ayant égorgé ma mère, ma sœur et mon frère, Paris, Gallimard, 1973.

[6] CASTEL R., La gestion des risques, Paris, Editions de Minuit, 1981.

政策[1]、精算转折点与危险性管理[2]或健康风险防范[3]。1976~1980年，福柯阐明了风险概念、基于对人口统计的知识以及特定管理方式的形成情况，这种管理方式目的在于促进个人的流通、自主权和自由，同时调节和预防与此自由相关的风险[4]。因此，治理术旨在以较低的成本最大限度地协调自由与安全的关系。正当新自由主义在英国和美国大行其道之时[5]，福柯将其与自由主义挂钩。虽然福柯本人并没有将这些分析与精神病学相联系（危险性的问题除外[6]），但在英美国家立刻引起了反响，这主要得益于《福柯效应》（The Foucault Effect）一书的出版。随后，该书也启发了尼古拉·罗斯（Nicolas Rose）、乔纳森·西蒙（Jonathan Simon）或帕特·欧麦利（Pat O'Malley）[7]。

---

[1] DORON C.-O., «La maladie mentale en question», *Cahiers du Centre Canguilhem, n°2. Les maladies mentales*, Paris, PUF, 2008, p. 9-44.

[2] CHANTRAINE G. & CAUCHIE J-C., «De l'usage du risque dans le gouvernement du crime», *Champ pénal*, 2005/2 [en lingne] ; DORON, C.-O., «Une volonté infinie de sécurité: vers une rupture générale dans les politiques pénales?» in CHEVALLIER P. & GREACEN T. (dir.), *Folie et justice: relire Foucault*, Paris, Erès, 2009, p. 179-201.

[3] BERLIVET L., «Une biopolitique de l'éducation pour la santé» in FASSIN D. et MEMMI D. (dir.), *Le gouvernement des corps*, Paris, Editions de l'EHESS, 2004, p. 37-77.

[4] FOUCAULT M., *Sécurité, territoire, population. Cours au Collège de France (1977-1978)*, Paris, Hautes Etudes/Gallimard-Seuil, 2004.

[5] FOUCAULT M., *Naissance de la biopolitique. Cours au Collège de France (1978-1979)*, Paris, Hautes Études/Gallimard-Seuil, 2004.

[6] FOUCAULT M., «L'évolution de la notion d'"individu dangereux" dans la psychiatrie légale du XIXe siècle» (1978), *Dits et écrits*, *op. cit.*, t. II, p. 443-464.

[7] 参见 BURCHELL G., GORDON C. & MILLER P. (dir.), *The Foucault effect*, Chicago, The University of Chicago Press, 1991; SIMON J. & FEELEY M., «The new penology: notes on the emerging strategy of corrections and its implications», *Criminology*, 30/4, 1992, p. 449-474 ; O'MALLEY P., *Risk, uncertainty and government*, London, Glasshouse Press, 2004; ROSE N., *Inventing our selves*, Cambridre Cambridge University Press, 1998; BARRY A. OSBORNE T. & ROSE N. (dir.), *Foucault and political reason*, Chicago The University of Chicago Press, 1996.

第二部分
精神健康场域的重组

序　言

20世纪初至70年代，精神病学机构主要致力于治疗最严重的精神疾病，并与将禁闭者与世隔绝的精神病院模式拉开距离。20世纪60年代设立的就近医治政策允许病人通过位于社区的日间治疗中心，在医院外接受治疗。这一变化并非法国独有，它是医学领域反精神病学思潮演变的结果，也是下列演变所产生的结果：知识界开始对禁闭持批判态度，引发了更为广泛的质疑"社会控制"的运动，尤其是法国1968年的"五月风暴"运动崇尚个人自由，更起到了推波助澜的作用。精神病学教育也进行了改革，对课程的医学比重过高提出质疑[①]。

这种局面的出现，一是得益于当时有利的历史背景，二是因为市场开发出治疗效果更为显著、副作用更小的新型药物[②]。这些化学药物疗法可以辅以心理治疗。而精神分析则在知识领域占相对主导地位，它在整个社会发展中起着潜移默化的作用，滋养着精神病学的实践。虽然与19世纪的禁闭相比，社会控制已有所放松，但一些学者还是对新的标准化形式持批评态度，认为学业失败的医疗化和"社会的心理化"促进了社会关系的去政治化：这些学者认为，对社会问题进行过度的心理解读，转移了人们的视线，忽略了对其主因，

---

① PINELL P., «La normalisation de la psychiatrie française», *Regards sociologiques*, n° 29, 2005, p. 3–21, et *Analyse sociologique de la formation des psychiatres en France*, Rapport de recherche MIRE, 2002.

② EHRENBERG A., LOVELL A. (dir.), *La maladie mentale en mutation. Psychiatrie et société*, Paris, Odile Jacob, 2001 (introduction).

即社会不平等现象的关注[1]。

继20世纪80年代美国出版第三版《精神障碍诊断与统计手册》（DSM-Ⅲ）之后，"精神病学"场域开始重新洗牌。通过这一版DSM，美国精神病学一反之前的分类方法，开始推行一种仅基于症状的精神障碍分类系统，撇开了引起争议的病因问题。这一决定的初衷是要使精神病学与其他医学分支靠拢，使其合法化，成为百分之百的医学专业。在其设计者心目中，该分类法还可在国际层面更好地收集数据，从而提高在流行病学调查中的可比性。第三版DSM出台后便立刻在全球范围一举成功，并改变了精神病学专业的实践：虽然从业者还在继续沿用各自的国家级分类，但应用DSM诊断标准确实十分简易，只需在检查调查表中的几个框中打钩，而专业人员出于职业发展，在发表科学论文时，也需援引DSM中的分类方法[2]。

DSM虽在法国等国家遭到强烈抵抗，但却获得了成功，并与方兴未艾的神经科学相结合。当然，DSM并非神经科学的产物，因为它自称不受任何理论限制。其出台恰逢各类疗法更深入人心并获得了合法化承认，精神分析被废黜，代之以承诺能在较短时间就消除疾病症状的认知和行为疗法，而精神分析干预须持续较长时间才能进入隐藏的症状，发掘病人被压抑的病史，探索使其痛苦的原因。本部分的文章将聚集上述演变历史及其挑战进行思考分析。

第一篇回顾精神病学机构与知识界的关系历史，重点讨论了二战后法国和北美国家去机构化的问题。第二篇考察精神健康领域的新型强迫收治形式，指出了患者"自愿就医"所扮演的角色，并分

---

[1] CASTEL R., LE CERF J.-F., « Le phénomène "psy" et la société française. Vers une nouvelle culture psychologique », *Le Débat*, n° 1, 1980, p. 27–38. PINELL P., ZAFIROPOULOS M., «La médicalisation de l'échec scolaire», *Actes de la recherche en sciences sociales*, n° 24, novembre 1978, p. 23–49.

[2] DEMAZEUX S., SINGLY P. (ed.), *The DSM-5 in Perspective. Philosophical Reflections on the Psychiatric Babel*, «Introduction», Springer editions, 2015. 亦请参看 KIRK S., KUTCHINS H., *Aimez-vous le DSM? Le triomphe de la psychiatrie américaine*, Le Plessis-Robinson, Institut Synthélabo, 1998.

析了实地专业人员的文本资料在这方面的重要性。第三篇重点论述了20世纪60年代以来医学和药学史的贡献,围绕着精神药物阐述了精神健康的"分子转向"。第四篇从社会科学的角度对神经科学的发展进行分析。第五篇追溯当代社会追求"幸福感"的含义。第六篇阐述法国精神分析学的特殊性,并剖析其"衰落"的原因。

两个去机构化运动：二战后的精神病学、社会科学和现代化

尼古拉·汉克斯（Nicolas Henckes）

若要理解20世纪下半叶精神病学的演变，必须掌握"去机构化"这个关键概念，但在此有必要澄清该词的含义。"去机构化"在历史上有两种不同的理解方式，依不同政治取向的推行者及其世界观而异，其所对应的是精神病学机构的两个概念构想，以及针对精神病学及其行动者未来走向的两个不同诊断。

第一个去机构化运动肇始于20世纪60年代，首先发端于英美国家，随后传播到大多数发达国家。当时的主因是人们开始质疑精神病院作为唯一的精神疾病管理形式，其结果是精神病院病床数量减少，精神病院作为孤立且庞大的全控机构[1]已经失去了威信，开发替代性精神病照料方式，使其更好地融入社区环境的想法便应运而生。从这个角度来看，所谓"机构"是基于一系列协调物质和社会、建筑和组织架构的组织系统。在这个意义上，除了精神病学，去机构化运动似乎也迅速扩展到管理异端行为的其他社会控制机构，包括监狱、管理青少年犯罪和残疾人士的机构、综合医院等。

更具法国特点的是，第二个去机构化运动在20世纪80年代开始频繁出现在知识界的辩论中，但其政治和社会背景完全不同于第一次去机构化运动。20世纪70年代末以来，评论家、哲学家、社

---

[1] 引用戈夫曼的说法，参见 GOFFMAN E., *Asiles, études sur la condition sociale des malades mentaux et autres reclus*, Paris, Éditions de minuit, 1968。但该词的法文译法欠妥，被译为"极权机构"（institution totalitaire）。

会学家和历史学家观察到往日重要的社会制度如今正日渐受到削弱：婚姻和家庭价值下降，宗教信仰淡薄，福利国家模式受到质疑，集体工作机制被摧毁。十年后，鉴于该现象的发生规模仍在扩大，法国一部分知识阶层精英将其解释为社会结构在深层发生了解体，导致个人主义大行其道。这一现象十分令人遗憾，并被诠释为下列现象引发的后果：1968年"五月风暴"运动后社会批判思潮兴盛，经受"石油冲击"后经济停滞不前，国家政治生活中新自由主义风气横行。此时的去机构化指向另一个定义，将其与涂尔干提出的机构定义联系起来：机构指的是在社会整合中发挥关键作用的超验性社会组织（如家庭和婚姻），但这种联系值得商榷。从深层来看，似乎受到质疑的是整个社会体制。

虽然这两个去机构化运动所描述的是本质不同的现象，却具有几个共同的特征。首先，它们既是描述性的概念又是解释性的概念：其本身是一种诊断，同时也概述了这一诊断的过程。两个去机构化运动所涉及的都是一种消亡瓦解的过程：去机构化是对体制瓦解或消散的确认。针对这一点，我们将深入讨论。在这一分析中，两个去机构化运动最难以令人信服。其次，这两个去机构化不仅仅是分析性概念：它们既是社会项目也是政治项目，带有意识形态和乌托邦式的内涵。这就解释了它们为什么会激起如此多的政治和社会激情：在看到旧日体制行将终结而欢呼雀跃之后，随之而来的却是对与之相应的世界末日的哀悼。

由此看来，上述两个去机构化运动正是战后社会西方现代化运动的两个十分不同却相辅相成的结晶。二者均反映出精神病学在这一运动中的作用，呈现社会中乌托邦的两种形式，现代性既展现出变化想象的前景，又是社会规范新实践的实验室。除了它们之间的区别，从深层而言，萦绕在其推动者脑海中的是一个同样的问题：如何在民主社会中构想标准化，如何重新思考在反对极权主义基础上建立起来的体制权威。本文力图通过对去机构化概念的产生和运用进行批判性审视，着重介绍这一运动的发展历史，尤其是20世纪下半叶其在美国和法国的历史。

没有机构的精神病学？

"去机构化"一词于20世纪70年代出现在美国时，它所表达的是一个庞大而不可逆转的现象，预示了一个重大的转变，其最佳见证便是20世纪西方国家所发生的卫生健康和社会机构的景观变化。虽然19世纪以来，精神病院住院病人数量不断增加、病院规模不断扩大，但从20世纪50年代末开始，住院病人数量便开始出现下降，导致官方在和平时期首次减少病床数量。但实际上，被减少的主要是住院的时间，因为入院人数仍在继续增加。从前住进精神病院后就会在那儿了结余生，但目前却出现了一个新的趋势——病人多次来往于医院和社区之间，观察者将其称为"旋转门现象"（revolving door phenomenon）。这种现象在60年代和70年代有所加剧，从而又引发了另一种现象——巨型规模的精神病学机构的寿终正寝。欧文·戈夫曼曾在华盛顿附近的圣·伊丽莎白医院做过田野调查并据此写出了《精神病院》（*Asiles*）一书。在20世纪50年代，该医院的住院病人高达8000名，雇用4000名专业人员；至70年代末，仅有住院病人1200名；而20年之后，住院病人数量更锐减至400名。精神病院不再像20世纪中叶之前那样——其规模之大形同一座城市。

除了透过统计数据观察之外，从最早的出版物来看，去机构化既是一种雄心，也是一项挑战。对其发起人而言，挑战与变革如影随形，变革虽是势在必行，却不能保证一定能成功。去机构化提出的问题确实很多：精神病患者在精神病学机构之外将拥有什么样的地位？他们在社会上怎样才能找到自己的位置？需要何种扶持措施才能让他们占据这一位置？有何手段可以帮助实施相应的扶持措施？这些问题不仅涉及精神科专业人士，似乎也与整个美国社会有关。

两个去机构化运动：二战后的精神病学、社会科学和现代化

事实上，这些问题是美国数十年间在精神医学界和美国社会展开辩论的结果。从 19 世纪末开始，人们便意识到精神病院对精神病患者禁闭的局限性，1945 年以来的新视野使这些问题变得更为迫切和尖锐[①]。第二次世界大战中，无论是选拔应征入伍人选，还是照护受创伤的士兵，精神病学在战斗部队中均扮演了新的角色。"解甲归田"后，那些希望在美国社会中继续发挥类似作用的精神科医生，决定对治疗模式进行深刻的更新。此外，社会上的人们对精神健康问题的重要性有了新的认识，而一些新闻调查和电影则开始谴责大型精神病院非人道的治疗条件。在创建于 1948 年的国家精神健康研究所的主持下，美国启动了相关研究方案，以分析精神病学机构的运作失调原因，探讨确保病人医护的其他方法，在这些研究中，社会科学发挥着越来越大的作用[②]。

然而，直到 20 世纪 50 年代末，在下列两个运动的推动下，认为精神病院有其他替代办法的思想才真正得以成形。第一个运动是肯尼迪总统于 1963 年建立了一个由联邦国家资助的社区心理健康中心（community mental health centers) 网络[③]。这些中心直接设于社区，专门面向其所服务的人群，不论他们的经济能力如何，均向他们提供精神卫生保健服务，包括会诊、全面和部分住院治疗、疾病发作收治或治疗教育等服务。最重要的是，其活跃在社区心理健康中心或国家一级专业协会的提倡者，已成为美国精神病学最活跃和最积极的成员。在 20 世纪 60 年代中期，这些提倡者毫不犹豫地将在社区心理健康中心的精神病学实践描述为"革命"性的实践。第二个运动与 1952 年发明的一种合成分子有关，这种分子叫氯丙嗪，对精神病妄想症具有"抗精神病"功效；不久之后，又发明了可治疗各

---

① 参见 GROB G.N., *From Asylum to Community. Mental Health Policy in Modern America*, Princeton, Princeton University Press, 1991。

② 这项研究计划催生了一系列关于精神病院的专著，其中最著名的是戈夫曼的《精神病院》(*Asiles*)。

③ 关于这段历史，可参阅：GROB G.N., *From Asylum to Community, op. cit.*。

精神健康与心理苦痛：社会科学的研究对象

类精神病症的全系列产品①。这些精神药物迅速催生了一个新的科学工业经济。对于其倡导者而言，这些药物有助于对从前入住精神病院的诸多病人提供门诊治疗，从而可清空精神病院。这样的做法近似于社区精神病学，倡导者因此而认为这些治疗推动了一场真正的"治疗革命"②。无论是社区精神病学或生物精神病学，拥护者都各执己见，其失败和副作用也被广泛宣传。但在20世纪60年代，这两种方法同心协力，与精神病院相抗衡。

20世纪60年代期间，这些辩论超出了精神病学范围，十年后形成了去机构化运动，并逐渐演变成一场真正的社会运动。诸多社会活动家、社会工作者和律师借鉴了民权斗争的程序提出诉讼，迫使一些治疗精神病患者或残障人士的机构关闭③。社会科学通过建立相关理论，在这一运动中扮演着重要的角色：去机构化成为解读精神病学史的分析工具，而社会学家和政治学家则对该现象的意义和影响范围进行了深入思考④。

接下来的几年中，去机构化成为一个深入人心的概念。在美国，去机构化俨然成为精神卫生政策的参照基准，并超越美国国界遍布世界各地。世界卫生组织早在20世纪70年代末就在一份文件中提及了它。大多数西方国家都采纳了这一概念：英国将去机构化作为其政策支柱；意大利于20世纪80年代就开始积极采取政策关闭精

---

① HEALY D., *Le temps des antidépresseurs*, Paris, Les Empêcheurs de penser en rond-Le Seuil, 2002. 参见本书中高迪里尔（J.-P. GAUDILLIÈRE）的文章。

② 关于20世纪中叶精神病学的革命性演变，请参阅：HENCKES N., «Magic Bullet in the Head? Psychiatric Revolutions and Their Aftermath,» dans J. A. GREENE, F. CONDRAU, et E. S. WATKINS, *Therapeutic Revolutions: Pharmaceuticals and Social Change in the Twentieth Century*, Chicago, University of Chicago Press, 2016。

③ 其中一个实例可参见：ROTHMAN D. J. et ROTHMAN S. M., *The Willowbrook wars: bringing the mentally disabled into the community*, New Brunswick, NJ, Aldine Transaction, 2005。

④ 社会学家的论著可参阅：SCULL A., *Decarceration: Community Treatment and the Deviant-A Radical View*, Englewood Cliffs, NJ, Prentice-Hall, 1977; CASTEL F., CASTEL R., et LOVELL A., *La société psychiatrique avancée: le modèle américain*, Paris, Grasset, 1979。历史学家的论著可参阅：ROTHMAN D. J., *The discovery of the asylum. Social order and disorder in the new republic*, Boston, Little, Brown and company, 1971。

神病院。其他意识形态的运动也深受去机构化概念的吸引。在美国加利福尼亚，罗纳德·里根将去机构化纳入其新自由主义的议程，以加快关闭精神病院的进程。去机构化似乎已成为福利国家减少支出的一个诱人方式[①]。

20世纪80年代初形势出现逆转，究其原因，无疑与上述成功、挪用和操纵现象有关。去机构化燃起的希望和热情似乎正在消退。两种现象尤其引起了观察家的担心：一方面，最脆弱的人群遭到遗弃导致无家可归者人数激增，其中包括精神病患者；另一方面，即使是获得精神卫生系统照护的病人，似乎也并没有过上人们预先给他们承诺的生活。我们目睹了一种新的慢性"囊区"（出现越来越多的慢性病人）在机构网络中形成，虽然它不像精神病院那样"全控"，但仍属于"放逐"之所。这一现象十分令人担忧，因为目前大多数此类机构都是由营利性公司管理的。分析人士建议采用"转机构化"（transinstitutionalization）一词来描述这一现象[②]。更多人感到20世纪60年代的精神病学革命现在已陷入僵局：社区精神病学并未兑现其所有承诺，70年代以来抗精神病药物治疗无任何显著进展，而在"精神病学幸存者"运动的推动下，人们逐渐认识到抗精神病药物治疗的长期有害影响[③]。除了这一挫败感，精神卫生领域也受到预算限制的影响，而新一代持批判眼光的思想家则指责去机构化运动的首批倡导者背叛了他们的理想，应该承担遗弃病人的责任。去机构化运动原本雄心勃勃的计划，现在却成了一个问题。

此一钟摆运动恰好揭示了去机构化当时激起的人们极大的期望。

[①] 关于这一现象的一系列近期分析，请参阅：KRITSOTAKI D., LONG V., et. SMITH M., (dir.), *Deinstitutionalisation and After. Post-War Psychiatry in the Western World*, London, Palgrave MacMillan, 2016。

[②] BROWN P., *The transfer of care: Psychiatric Deinstitutionalization and its Aftermath*, London, Boston, Routledge and Kegan Paul, 1985; CASTEL F., CASTEL R. et LOVELL A., *La société psychiatrique avancée*, op. cit.

[③] HENCKES N., «Magic Bullet in the Head ? Psychiatric Revolutions and Their Aftermath», *art. cit.*

精神健康与心理苦痛：社会科学的研究对象

精神病学和更广泛而言的心理学已成为战后社会不可分割的维度，认为疯狂这一痛苦的终极形式可以被驯化和回归社区的想法获得了众人的认同，也使人心安。但它同时也反映了去机构化本身所让人憧憬的变化前景的局限性。事实证明，去机构化从深层而言无法把控精神病院走向衰落所催生的局面。20世纪70~80年代的研究文献沉迷于医院人口统计学，只是简单地聚焦于探寻所观察到的统计数据下降的原因，却不愿费心去了解该变化的机制及其对所有行动者的意义。这一困难来自去机构化内在的隐性模型：人们认为通过照顾精神病人就可以采用"替代性"措施来取代精神病院。然而它涉及的不仅仅是精神病人口迁移的问题，更是出现新的疾病轨迹的问题：病人反复出院住院，残疾性和脆弱性增加，不能完全恢复自主，无法摆脱依赖性。此外，对问题的理解更加复杂，原因是疾病和非疾病之间的界限变得十分模糊，其中一部分人口处于贫穷、残障和疾病的边缘地带。研究人员和专业人士缺乏相应工具去掌握和理解这些疾病所需要的"无限关怀工作"，在此我们引用了朱丽叶·高尔宾（Juliet Corbin）和安塞姆·斯特劳斯（Anselm Strauss）[1]的说法。也许去机构化的失败也是一个模式的倒闭。

在这第一层意义上，去机构化在法国并不像在英美国家那样获得了积极的响应。其原因并非法国的精神健康政策对医院问题重视不够[2]。相反，这是19世纪以来社会改革运动中的一个关键问题，导致法国式福利国家应运而生。第二次世界大战后，精神病医院统计是精神卫生政策的核心工具，在大多数发达国家，统计工具首先被用于应对公共财政难以承受的压力以及住院费用不可逆转地增加的问题。但20世纪60年代后，法国掀起了社区精神病学运动，即按区划分的政策，但并非为了与精神病院针锋相对。按区划分的目的

---

[1] CORBIN J. M. et STRAUSS A. L., *Unending work and care: managing chronic illness at home*, San Francisco, Jossey-Bass Publishers, 1988.

[2] HENCKES N., « Le nouveau monde de la psychiatrie française. Les psychiatres, l'État et la réforme des hôpitaux psychiatriques de l'aprèsguerre aux années 1970», Thèse de sociologie, Ecole des Hautes Études en Sciences Sociales, 2007.

是在全国范围内合理安排精神医学的资源和手段,给予医院工作小组自主倡议的空间,即对托付给他们照护的社区人口进行资源和手段规划,并开发和协调一个非全日制机构网络。医院于是便处于整个系统的中心:由医院的工作人员安排社区的工作,医院负责为被称为"院外就医"的计划拨放资金。在法国,按区划分虽说与美国社区精神健康中心的政策一样,目的是使得照护工作重新回归社区,但在具体操作上却注重把医院作为疾病轨迹的一个不可逾越的节点。在实现按区划分的同时,法国卫生部正在实施当代历史上最重要的医院改革计划,以应对直至20世纪60年代末都在发生的医院就医人数增长的问题。70年代末期,当法国卫生部确定在精神科原有的10万张病床的基础上关闭4万张病床时,医院住院人数减少才成为一个政治问题。从这个意义上说,在法国,去机构化所引发的挑战并没有像英美国家那样严峻。然而,法国的去机构化问题确实也一直在引发诸多激烈的争辩,只是性质与美英国家迥然不同。

打造一个全新的精神病学机构?

当"去机构化"一词20世纪80年代末在法国出现时,它主要针对的是一个更为令人担忧的演变趋势:社会宏大机构、宗教、婚姻、家庭和福利国家等体系的衰落。这些机构似乎失去了直到60年代其所拥有的结构价值:宗教信念式微,婚姻不再是配偶生活的先决条件,家庭失去了其道德信用,福利国家的根基被动摇。除此之外,作为社会纽带基础的社会实践,如社会工作、教育、卫生甚至政治等,在广泛活动领域中的意义也似乎逐渐消失。在对这一现象进行系统探索时,弗朗索瓦·杜贝(François Dubet)提议将其设想为一个"机构计划"的破产,该计划以"超验制度"的理念为基础,专业人士纷纷响应,从中找寻到职业抱负的意义,鼓励发展社会化项目，宣扬普适价值[1]。但这种机构实践遭受了挫败，从内部受到侵蚀，行动者只好专注于其工作对象，固守贫化的"混合性"实践。去机构化在深层上反映了社会整合模式的危机[2]。

若从此角度理解，去机构化标志着一种逆转趋势。虽说体制危机的初次出现可上溯至两次世界大战之间，但法国战后涌现的新一代国家精英人士却为其赋予了全新的视野。位于国家高层的高级官员、技术人员、研究人员和专业人士认为，只需在社会现代化项目核心中注入一股生气，各个机构便可以重获新生。这股生气需在"专家治国"和社会参与的融合中找寻，而这种融合较好地体现在从20世纪50年代末起就注定要在法国社会中发挥核心作用的体制中，由政府推动的国家计划在其中的地位举足轻重。然而，要使这个计划奏效，必须掌握一种源自社会科学的方法，得益于20世纪30年代以来在美国发展起来的技术和方法，社会科学获得了更新，特别是在社会心理学或组织社会学方面。50年代期间，法国体制非但没有走向衰落，反而进入了一个新的现代化时期。

虽然这种思考涉及了法国社会的所有领域，但精神病学是真正将这种思考落实到工作上的关键领域之一，从许多方面来看，它都属于先锋派[3]。与美国一样，法国在19世纪末也开始了关于精神病学机构改革的辩论，但在第二次世界大战之后，机构问题又以新的方式凸显出来。在充满革命气息的战后解放氛围中，精神病院的年青一代医生利用"医疗抵抗网络"，站在行业的先锋前沿，开始深入思考其所在的机构问题。虽然精神病院饱经多年的战争蹂躏后已变得奄奄一息，一如整个法国社会一样，而若想指望新的立法措施或额外的财政手段为其注入新的生机，似乎希望渺茫。这些精神病医

---

[1] DUBET F., *Le déclin de l'institution*, Paris, Le Seuil, 2002.

[2] 有关此运动的分析以及与美国的另一种比较，请参阅：EHRENBERG A., *La société du malaise*, Paris, Odile Jacob, 2010。

[3] 其后的分析可参阅：HENCKES N., «Le nouveau monde de la psychiatrie française», *op. cit.*; CASTEL R., *La gestion des risques : de l'anti-psychiatrie à l'après-psychanalyse*, Paris, Éditions de Minuit, 1981。

生所面临的挑战可以归结为下列问题：在没有外来帮助的情况下，如何改革危机四伏的精神病学机构？如何利用有限的资源，让这些机构回归初始的治疗使命？精神科医生从群体心理治疗以及小群体心理社会学的技巧中汲取灵感，开发出新的解决方案。这些技巧是法国与英美的交流重新恢复之后才被发现的，主要通过创建和管理小团体，治疗师从中开发治疗工具，服务于该团体的各个成员。治疗师可以借助各种活动，给参与者定出一个目标，但更广泛而言，群体生活中的任何元素都可以被打造成一个事件并加以利用，服务于个人。法国精神科医生将这些技术应用到整个精神病院中，改变了其维度。这种方法于1952年演变为体制心理治疗（psychothérapie institutionnelle），它既是一种哲学理念和社会改革实践，也是一种治疗技术。

体制心理治疗主要基于下列三大关键要素[1]。其一，必须拥有一个富有魄力的人物角色，他能倡导变革并领导它走向成功。医院的主任医生自然而然地扮演了这个角色。其二，在实施体制心理治疗方法时，主任医生必须对医院的生活进行"社会学"分析。此一分析有助于辨明和剖析医院组织的僵化因素，这些僵化因素使参与者无法真正发挥自己的作用。分析时，应特别关注上下级关系和这种关系所营造的个人之间的距离感。其三，在上述分析诊断的基础上，精神科医生可以启动相应行动，以打造一个新的氛围，提出相应的社会活动，引进新的治疗技术，并鼓励所有专业人士和病人积极参与其中。其成功的前提是要建立起一个新的更为真实的关系世界，从而营造一种良好的治疗环境，打破常规，不再因循守旧。

从20世纪50年代初开始，体制心理治疗在法国精神病学界中深受青睐，即便是1952年面世的抗精神病药物也无法与之匹敌。位于洛泽尔省（Lozère）的圣阿尔邦（Saint Alban）医院是体制心理治疗诞生发展的源头之一，二战结束之后该医院便进行了第一批尝

---

[1] DAUMÉZON G., «Les fondements d'une psychothérapie collective », *Évolution Psychiatrique*, n° III, 1948, p.57–86.

试。随后还有让·伍黑（Jean Oury）和菲利克斯·加塔利（Félix Guattari）主持的拉博德诊所以及巴黎十三区的精神健康协会，都相继成为治疗和培训场所，影响了数代专业人士、知识分子和社会学家。上述机构组织了专业培训，其中包括为精神科护士组织的培训。对于后者而言，体制心理治疗已成为专业身份认同的一个重要维度。此外，这些机构还组织了诸多开门日活动、辩论和见面会，共同探讨各类治疗实践，成为新一代精神病学家必须光顾的场所。在大多数机构中，体制心理治疗的实施具体体现为面向病人推出的各项新活动：劳动疗法、娱乐活动、读报、集体出游或治疗俱乐部等。体制心理治疗尤其注重以一种全新的眼光看待与病人的关系：病人不再只是一个被监视的对象，而成为一种治疗关系的主体。在 20 世纪 50 年代，精神分析的兴起导致了对这些技术的重新诠释，却并未否定其基础和影响。精神分析也没有受到按区划分实施的影响：虽说按区划分政策认为病人的治疗应该在医院之外、能更好融入社区的非全日制机构开始和继续进行，但这些机构可以是类似于医院的体制治疗场所。按区划分的倡导者会毫不犹豫地将其描述为体制心理治疗的延伸，将相应方法应用到整个社会中。

除了精神病学之外，体制心理治疗在教育、问题儿童、社会工作领域甚至在监狱中都产生了越来越大的影响，成为体制教育学等思潮的楷模典范。在学术界，体制心理治疗是 20 世纪 60 年代初所形成的真正范式即体制分析的源头。后者包括米歇尔·克罗泽（Michel Crozier）的组织社会学，罗内·卢侯（René Lourau）、拉巴萨德（Lapassade）的体制分析、临床社会学、劳动社会学的某些方法以及社会学干预或社会分析实践。上述不同学派所使用的语汇及其倡议者的政治取向各不相同，但其共同点是都拥有一种方法和一种视野：社会学家或社会心理学家能够凭借其诊断力度催生机构的变革。其作用并非向机构提供外部管制，而是使其从体制本身的运作中产生更为真实可靠的标准。从深层而言，这些思潮基于如下观点：体制并非超验性的实体，而是由千丝万缕的社会关系经纬所组成的机构组织。更广泛而言,随着第五共和国的到来,这些观点开始占据现代化改革派的政治和社会愿景的核心位置。国家计划成为法国政治生活和法国社会的核心制度,有助于这些观点深入人心。社会上的所有机构都可以从中受益:社会学家被动员起来,从企业到《民法典》等层面去研究各方面的变化。

1968年标志着一个转折点。虽然这些想法在社会上越来越深入人心,但具有讽刺意味的是,"五月风暴"促使新的一代人反过来抨击这些想法的首批倡议者。从某种意义上讲,战后的精英们成了自身成功的牺牲品。正是在他们部署现代化计划的过程中,批评之声四起:对体制的批判招致了更多的批评,参与其中的人声势日渐浩大。在精神健康领域,20世纪70年代涌现了一批年轻的精神科医生和护士,他们通过出版报纸或设立地方委员会来针砭上一辈同行[1]。他们所提倡的视野虽然不一定与前辈差异很大[2],但他们借鉴了来自反文化的形式做出了十分激进的表达。在社会科学方面,结构主义分析和后结构主义分析思潮逐渐兴起,对60年代的制度分析提出了质疑,提议权力关系的不变性和倡导新的批评姿态。精神健康的社会分析受到了年轻研究者们所采纳的理论的影响。这些年轻研究者是福柯、罗伯特·卡斯特和布尔迪厄的忠实追随者。从20世纪70年代末开始,50年代和60年代的体制理想主义逐渐隐退,代之以怀疑论和批判精神。

20世纪80年代末的去机构化状况反映了法国一部分知识精英幻想的破灭。体制的衰落和个人主义的兴起似乎是1968年"五月风暴"的主要后果之一,石油危机的冲击和新自由主义的兴起更起到了推波助澜的作用。然而,正如第一轮去机构化运动的情形一样,倡导者的沮丧失望暴露了他们自身分析的局限性。与去机构化所预

---

[1] 对该时期最翔实的分析参见:TURKLE S., *La France freudienne*, Paris, Grasset, 1982。

[2] 关于这一点,可参阅对美国情况的分析,这对法国本土情况的分析颇有参考意义:STAUB M. E., *Madness is civilization: when the diagnosis was social, 1948-1980*, Chicago, University of Chicago Press, 2011。

示的情况相反，1968年"五月风暴"所质疑的并非人们对超验性机构所抱有的共有信仰，更确切地说，其所质疑的是整个社会建立和改造各个机构的能力。战后的现代化推进者所秉持的便是这种信念，其中站在最前沿的便是精神病学家，他们通过体制心理治疗来推进这种信念。20世纪80年代末，人们往往将机构视为决定论和社会行动者所无从把控的偶然性的嘲笑的对象，这种想法深刻地印证了我们难以深信社会可以集体性管理其自身的变化。这一结论反映了所走过的路程的宽广度：从深层而言，它说明了现代化改革计划已经失去了意义。

结语：现代化的历史

两个去机构化运动的轨迹反映了两个平行的历史，二者十分相近却又迥然不同，一是英美历史，二是法国历史，涉及了其与精神病学机构的关系及其与20世纪下半叶变化的关系。然而，我们也可以把它们作为现代化变革历史的两个方面来解读，由此，精神病学机构的意义可以有两种理解方式。第一个去机构化运动带来了新的视野，认为可以不用把精神异类人士监禁起来；第二个去机构化运动则认为，各机构为了自行维持并行使自身职能，可以完全依靠各方的积极介入。这些答案模棱两可，并建立在一系列互为矛盾的信念基础之上：对精英的专业知识技术以及与之平行的关系力量报以信任，既追求摆脱束缚的理想，又强调需要社会控制。这些矛盾和由此而产生的紧张关系及其所提供的解决方案的局限性，无疑是两个去机构化运动动荡历史的关键点之一，从深层上反映了倡导现代化的精英分子与社会跌宕起伏的关系，他们来自社会却又试图改变社会，因而矛盾重重。

这两个去机构化运动反映了精神病学在战后社会重建中所起的作用，它们修复了社会纽带，同时起到了政治和社会思想实验室的作用。精神健康既是一种价值，也是一种服务于个人和集体福祉的工具，在精神病方面，堪称与他性（altérité）进行针锋相对接触的场域。精神病学机构成为个体和集体实验的场所。两个去机构化运动一度充当了社会的实验室，精神健康俨然已成为一种社会语言。在这方面，目前精神病学的面貌仍然受到上文分析的演变趋势的深刻影响。对精神病院的质疑已成为精神卫生政策的核心焦点，这一点比以往任何时候都更明显。虽然有少数人士提倡有必要保留精神病院，以接纳处境最为脆弱的人群，然而良好的解决办法只能到那些已实现去机构化并完好地融入社会组织的机构中去寻找。近20年来，医学社会性机构或纯社会性机构网络不断丰富与健全，精神病学的替代性机构越来越多元化，这无疑是近50年来的主要成就之一。最近的一系列报告均主张推广患者居家治疗的方法，将家庭住所作为精神科治疗工作的新前线，这无疑是朝着这个方向迈出的第一步。

虽然神经科学打开了全新的广阔前景，但治疗实践仍然以战后发展起来的技术为主，集中在抗精神病药物治疗、心理疗法或艺术疗法等特殊疗法上。体制特性表面上虽有所消退，但精神病学工作的意义问题却比以往任何时候都显著。在这一点上，两个去机构化运动对精神病学和当今社会的影响依然十分深远。

戈夫曼与疯狂：社会秩序与疾病

卡蜜尔·兰瑟勒维（Camille Lancelevée）

在欧文·戈夫曼的研究中，精神疾病占据着核心地位，他从两个不同的角度对精神疾病进行了研究。首先是他根据1955年在华盛顿圣·伊丽莎白公立医院进行的观察，对疯人院的机构治疗情况进行研究，这构成了《精神病院》（*Asiles*）[1]的主要素材。其次是研究精神疾病所引发的社会紊乱，戈夫曼根据各种不同的观察，将精神疾病作为一个可以间接表现社会秩序规则运作的对象。

戈夫曼严厉地审视了20世纪50年代的精神病院，将它描述为全控机构的原型，是"绞碎人类的可怕机器"[2]，"一个居住和劳动的场所，众多的人被置于相同的处境中，过着长期与外界隔绝的封闭生活，受到严密的监控和管制"[3]。他详细描述了被收容者为迎合精神病院的期望所必须做出的"初级调适"。在这个机构的去文化化（déculturation）阶段，会引发一种名副其实的"自我凌辱"，继而会代之以一种脆弱的"次级调适"策略（作者将其描述为施用诸多诡计、掩饰、巧计），被收容者会试图偏离机构指定的角色或回到不受其控制的区域（保留区、自由区、庇护所）。该书的第三部分论述了精神病院的"地下生活"，堪称名副其实的民族志方法选集，印证了戈夫曼立志从理论上破译"全控机构"建立的特定社会秩序的勃勃雄心。戈夫曼以犀利的眼光洞悉精神病院，揭穿监禁对患者有益的不实之词："如果我们将精神病院与普通医院或者车库进行比较，那么精神病院的设备显然很差，无法实现经典的康复周

---

[1] GOFFMAN E., *Asiles: études sur la condition sociale des malades mentaux et autres reclus*, Paris, Les Éditions de Minuit, 1968［1961］.

[2] WINKIN Y., *Les moments et leurs hommes*, Paris, Points, 2016, p.105.

[3] GOFFMAN E., *op. cit.*, p.41.

期。"[1] 戈夫曼的分析过高估计了非自愿收容患者的比例，并指责精神医学效率低下，这一观点在《精神病院》出版时曾被一些人认为言辞过激[2]。另一些人则十分赞赏这本书，将其视为恰逢其时的反精神病学檄文，这本书成为美国精神病学改革的灵感来源[3]，虽然戈夫曼并没有介入20世纪60年代的反精神病院运动。在法国，戈夫曼去世后的影响比较重要，但只局限于某些领域。其关于全控机构的概念，被罗伯特·卡斯特在《精神病院》的法文版翻译序言中予以强调，并被多方重申和评论，着重用于分析监狱的演变[4]。

20世纪60年代，戈夫曼经常探讨疯狂的问题，特别是在一篇发表在《日常生活的自我呈现》第二卷附录中的文本中[5]。他继续对社会互动进行缜密的分析，从中反思社会秩序的运作：在他看来，社会秩序基于正式监管形式（明确的制裁）和非正式监管形式（非正式社会控制、个人自我控制），从而可进行最为分散的互动。然而，精神疾病所产生的行为可能会扰乱甚至在最严重的情况下会"摧毁"这些互动：例如，*La Folie dans la place* 叙述了精神疾病可能产生的紊乱，特别是对家庭秩序产生的紊乱，它破坏了互动并侵扰了每个家庭成员的身份。因此，对于戈夫曼来说，精神疾病构成了"一种社会参照框架，一种概念蓝本，一种适用于社会冒犯（offenses sociales）的视角，

---

[1] GOFFMAN E., *op. cit.*, p.413. 戈夫曼分析了这种疯狂医学治疗所产生的心安理得：精神科医生"获得了……社会的支持，因为想到被遣送到精神病院的人在医学监护下得到了真正的治疗而不是惩罚，我们会感到很放心"(p.422)。

[2] WINKIN Y., *op. cit.*, p. 104 及后页。

[3] 《社区精神卫生法》(*Community mental health act*)(1963)的准备工作将围绕社区结构重组美国精神病学，引述了 *Asiles* 一书（参见 Shalin, 2014, *infra*）。

[4] AMOUROUS C., BLANC A. (dir.), *Erving Goffman et les institutions totales*, Paris, L'Harmattan, 2001.

[5] GOFFMAN E., *La mise en scène de la vie quotidienne (2). Les relations en public*, Paris, Les Éditions de Minuit, 1973 [1971], appendice «*La folie dans la place*», p.313-363.

精神健康与心理苦痛：社会科学的研究对象

一种有助于理解它们的手段"[1]。因此，精神疾病作为"互动的病理"[2]，便构成了一种非常有意义的社会学对象，因为它可以对照的形式，揭示互动仪式的力量与形式。

欧文·戈夫曼关于疯狂的分析在很大程度上受到了其妻子疯狂经历的启发[3]。这种"加密自传"[4]，赋予文本一种震慑人心的证词力量，但也掩盖了精神疾病的某些维度：欧文·戈夫曼倾向于将精神疾病的定义限定在社会互动扰乱上，而不甚关注精神疾病的个人轨迹、心理甚至医学根源[5]。他对精神疾病所产生的"社会冒犯"的兴趣促使他漠视这些疾病的社会建构过程。此外，由于他只关注急性的尤其是爆发性的疯狂表现，因而他倾向于在他认为属于"社会中立"的器质性疾病与精神疾病之间做出过分绝对的区分[6]。然而，戈夫曼分析的贡献在于提供了社会学工具，用以把握精神疾病的社会维度。戈夫曼与其他社会学家一样，拒绝将精神疾病视为纯医学对象并盲目地将医治精神病的任务全盘托付给精神病学。

---

[1] *Ibid.*, p.330.

[2] Joseph I., Proust J. (dir.), *La folie dans la place: pathologies de l'interaction*, Paris, Éditions de l'EHESS, 1996. *La Folie dans la place* 于 1969 年 11 月首次在精神病学杂志上发表，后列入 *La mise en scène de la vie quotidienne* 的附录出版。

[3] 戈夫曼虽未做明确说明，却在本文中记载了其妻 Angelica Schuyler-Choate 生命最后几年的生活。她当时因患有躁郁症而接受精神病学的治疗，后于 1964 年 4 月自杀身亡。此传记维度出现在作者叙述的轶事趣闻中，例如："要维系一个家，避免一个成年人接触到所有脆弱或危险的东西，真的太难了。""每月的电话费突然高出平常的二十倍，证明她真的有很多故事要讲。"(Goffman E., *op. cit.*, p.342 et p.344)。

[4] Shalin D.N., «Goffman on Mental Illness: Asylums and "The Insanity of Place" Revisited», *Symbolic Interaction*, vol.37 n°1, 2014, p.122-144 (p.139).

[5] *Ibid.*

[6] Nizet J., Rigaux N., *La sociologie de Erving Goffman*, Paris, La Découverte, 2005.

精神健康的强制与自愿概念

琍维亚·维尔皮（Livia Velpry）、贝诺·埃洛（Benoît Eyraud）*

许多人对精神健康治疗中持续使用甚至越来越多地使用强制收治手段的现象表示担忧。"强制收治"一词是指未经当事人同意和/或在不同程度上危及其身心或权利的情况下介入的情形。"强制收治"既指允许在未经当事人同意的情况下进行干预的法律措施[1]，又指精神病院和社会医疗机构的禁闭或捆绑身体的行为[2]，以及对当事人施加各种压力强行其做自己无意愿去做的事情。这些干预措施往往被相关人士认为是必要和合理的：干预或是出于治疗目的，或是为了保护当事人的个人利益，或是为了确保当事人的人身安全或公共秩序。但是，其他人士则对这种强制行为持批评态度，认为在精神病治疗中应减少甚至取消使用强制手段。这种批评的依据是当前的法律、行政和道德准则都致力于促进个人和患者的自主权，将自

---

* 本文为 2013~2016 年 Contrast 研究小组共同取得的研究成果，该研究由签约作者共同完成。详细信息请参阅：www.contrastcollectif.wordpress.com/。

[1] 其中包括下列精神病学中不经患者同意但在某些条件下法律允许的治疗，如 2011 年 7 月 5 日法律（后经 2013 年 9 月 27 日法律修正）允许的治疗以及针对弱势成年人的法律保护措施（2007 年 3 月 5 日法律）和在刑事犯罪案件中由法官下令进行的治疗（1998 年 6 月 17 日法律）。

[2] 2008 年，法国通过了一项重大融资计划，规定要在医院增设安全性设施，在普通医疗机构开设了 200 个新的隔离室，并创建了两种类型的设有安全设施的住院单元：一是用以收容被拘留者的特殊设计单元（UHSA），二是用以收容高危险患者的困难患者单元（UMD）。

愿原则视为医疗关系的重要基石①。

因此，针对上述情况的规范管制便引发了诸多争论。关于对病人予以单间隔离和捆绑身体的问题，德尼·罗比理亚尔（Denys Robiliard）议员认为必须"严格限制"这种做法，主张只有"在迫不得已的情况下"才动用此类措施。在他的倡议下，2016年1月26日，法国在《卫生法》第72条中为此专门列明了相关规定。然而，这种观点还存有争议。法国精神病专家组织（Collectif des 39）②的精神病学家在一次公开辩论会上强烈反对该法律条文，理由是它会使一些他们认为本来应该取缔的做法合法化。精神病学家在辩论会上强调了对精神病强行收治予以监管控制和合法化的双重作用，同时也阐明了在精神病收治中，对强制性做法进行监管所产生的问题。监管旨在限制、禁止或允许这些实践。而精神病治疗的特点正是对病人自愿就医能力不确定并采用对身体进行束缚的古老治疗做法。监管问题十分复杂，因为它会涉及不同的情况，病人或是在精神病机构或是在专门接待残疾人或老年人的医疗机构接受治疗和收容，或是未经同意便被强行入住精神病院，或是作为成年人保护对象而予以收治③。

在本文中，我们首先对精神卫生领域的法律框架和公共行动的演变进行分析，以阐明这种异质性。通过这一分析，我们希望更好地理解精神健康领域强制就医实践所占据的地位。随后我们将分析实地专业人员对这些规范演变的运用情况。在某些情况下，相关专业人员也需要思考使用强制收治手段的合理性。为此，我们将考察

---

① VELPRY L., EYRAUD B. et al., «Réguler les pratiques contraignantes de soin en santé mentale: recompositions et enjeux», in PASCAL J.-C., HANON C. (dir.), *Consentement et contrainte dans les soins en psychiatrie*, Paris, Doin, 2014.

② 该运动组织创始于2008年，旨在与"安全之夜"（nuit sécuritaire）相抗衡，主张"为疯狂病人提供人性化的环境"。参见 http://www.collectifpsychiatrie.fr/。

③ 在患者认知功能受损时，成人法律保护措施授权第三方（亲属或专业人士）代表当事人行使其部分权利。相关保护措施由法官宣布。

他们如何解读和运用监管其工作的文本和文件[1]。

强制收治，应建立何种法律和行政监管框架？

法律条文规定，在特定情况下可不经患者同意便对其予以收治，例如，在精神病院的非自愿收治，以及依法律规定执行刑事命令的治疗措施或由法官裁决的保护弱势成年人的措施。然而，这些法律文本很少指明在此框架下具体允许哪些干预措施[2]。除了上述情况，若要对患者进行治疗和照护，原则上必须经由本人同意。然而，在实践中，无论是在精神科、医疗社会领域（养老院、生活之家收容中心）还是在家中进行的治疗照护，往往不会征求患者的同意便施行治疗。无论是医疗行为、社保的专业照护还是亲属负责的护理，某些干预措施都可被当事者视为具有强制性质。例如，有些干预措施剥夺了患者的出入自由，限制了他们的行动自由，或者迫使他们按照医疗人员或护理人员的意愿行事[3]。

医治实践的监管演变

促进自愿和民主收治

20世纪中叶以来，对人的干预，特别是在医学领域中的干预，即对患者施行治疗和照顾时，必须征得当事人的同意。原则上，不

---

[1] 文本中提到的例子和实际情况详见 VELPRY L., VIDAL-NAQUET P., EYRAUD B., *Contrainte et consentement en santé mentale. Forcer, influencer, coopérer*, Rennes, Presse universitaire de Rennes, Collection Le sens social, 2018。

[2] Collectif Contrast, « La régulation des pratiques contraignantes de soin en santé mentale: perspectives pour une approche interdisciplinaire» in AZIMI V., HENNION-JACQUET P., KOUBI G. (dir.), *L'institution psychiatrique au prisme du droit. La folie entre administration et justice*, Paris, Éditions Panthéon-Assas, 2015, p. 229–245.

[3] 鉴于这些滥用强制收治手段的做法，负责监管剥夺自由场所的总监察建议将养老院添加到其服务监察的范围中，但并未奏效（见 J.-M. DELARUE, 2013年2月25日新闻发布会）。法国于2007年成立了独立监察机构，以履行法国对联合国的承诺，确保在剥夺自由场所中尊重人的基本权利。

能违背患者的意愿去单方面做有利于他的事情。这一运动已在国际上形成主流趋势[①]，这表明在医患关系中法律和道德框架日益健全。法国在 21 世纪第一个 10 年中颁布了数项法律，旨在加强卫生民主，强调在社会行动和残疾领域需要尊重患者自愿参与的原则[②]。一般而言，公共政策的治理和评估实践也坚持这些原则。新的行政当局或机构也提出了一些良好的实践建议并推出了高质量的举措，强调必须以人为本，寻求患者的同意和参与。

在一些机构内部也开始建立道德咨询部门。所有这些演变都有助于重新界定行政、司法、专业和道德机构之间的职业权限，进而更好地规范医疗护理实践，特别是强行医治的实践。例如，在精神病学方面，2011 年 7 月 5 日颁布的法律规定，凡是未经患者同意而施以收治入院措施，须由自由与羁押法官进行系统性的事后审查，从而加强了司法当局对医疗机构的权威作用。对保障个人自主权的关注，出现在不同时期的医治护理框架中。在干预的上游阶段，必须建立相应规则和协议，并根据实际工作撰写书面材料；在下游，则必须建立医护实践监控和评估系统。

这一演变将征得患者同意的问题置于医患关系的核心地位。这是一项复杂的操作：当事人的同意可能会受到各种各样的影响，并会随着时间的推移而变化。由于存在心理或认知障碍，征求患者同意的工作变得尤为困难。当人的精神变得"脆弱"时，其智力会减弱，从而往往难以表达自己的意愿或偏好。因此，专业人士必须揣度以确定患者的意愿，而当他们不确定患者是否有能力根据自己的

---

① 在法国，最高法院几十年来一直重申寻求"知情"同意的必要性。在国际层面，许多法律文本，如《欧洲患者权利宪章》（1984 年）等，均肯定了医护对象的权利。

② 2002 年 3 月 4 日，关于患者权利和卫生系统质量的法律规定了患者获取信息的权利，患者有权查阅医疗档案，并可在因病无法表达自己的意愿时指定一名信任的人代为表达。该法律特别规定医生必须尊重患者的意愿，即使是在患者拒绝治疗并因拒绝而使患者处于生命危险之时。2002 年 1 月 2 日，法律重新规范了社会和医疗社会机构中针对收治对象做出的社会行动和医疗社会行动，并进一步强调了受益人自愿并积极参与治疗程序的重要性问题。

利益做出决定或行动时，则必须在保护的必要性和维护患者自由权利之间进行权衡裁决。

精神卫生中公共行动的转变

历史上对精神病的治疗往往采纳一些如今被视为强制性的措施，因为这些措施是在患者身体上施行的，且往往会无视患者的喜好或限制患者行使自身权利。这种治疗长期以来是在同一制度框架内（精神病院内）进行的，融合了下列元素：一种治疗方法，称为道德治疗；一种职业，即精神科专业医生；一种特定的法律地位，即被拘禁的病人无民事行为能力；一种生活和工作场所。精神病院收容中心充满"愤慨"的成年人，以及少数阿尔茨海默病患者和有严重智障的年轻人。强迫收治是其中不可或缺的一部分；除了禁闭之外，还会采纳监控措施，其监控范围涵盖了日常生活的所有内容和行动，同时还剥夺了被收容者的法律行为能力[1]。从临床角度出发，此一做法是合理的，因为它是道德治疗项目中的一部分。这种针对精神障碍患者的治疗方法，尽管从一开始就受到了某些精神病学家和观察者的批评，但长期以来一直是主流模式。它在20世纪曾遭受过极为犀利的批评：从治疗的角度来看，这一治疗被认为是无效的，充满暴力且有辱人格，违背了人的基本权利[2]。

从20世纪60年代开始，社会科学研究在很大程度上赞同这种批评，研究者通过分析，考察了精神病学及其制度框架如何参与了社会监控并促进了行为的标准化。欧文·戈夫曼提出的"全控机构"概念从60年代末开始在法国被广泛接受，人们开始质疑精神病院对患者生活各个方面所造成的有害影响。米歇尔·福柯回顾了精神病学知识及其威力所产生的影响。上述研究对禁闭、隔离以及对身体

---

[1] EYRAUD B., MOREAU D., « Formes et régulations de l'enfermement psychiatrique: de la création de l'asile aux nouvelles unités sécurisées, l'exemple de l'hôpital du Vinatier», *Culture et conflit*, n° 90, 2013, p.117–134.

[2] 相关批评也涉及疾病的责任。参见 PROTAIS C., *Sous l'emprise de la folie? L'expertise judiciaire face à la maladie mentale (1950-2009)*, Paris, Éditions de l'EHESS, 2017。

进行束缚的治疗效果提出了质疑。罗伯特·卡斯特在研究精神病治疗组织的法律和政治基础时，分析了将越轨管理的社会使命托付给精神病院的实例。他强调了1804年版《法国民法典》禁治产[①]制度适得其反的不良影响，指出该法规将被拘禁的病人置于法律保护之下，以保护其财产，但同时也剥夺了他的法律行为能力。

机构各司其职，公共政策专业化和对象人口的扩延

政府在推出面向精神障碍患者的公共行动时，借鉴了这些批评[②]。20世纪下半叶推出的精神卫生政策引发了新的变化，通过机构分化和对象人口扩延程序，重新定义了相关框架界限[③]（参见下文）。这些演变更新了社会控制的形式，如精神卫生干预带来的思想解放及所赢得的自治权。罗伯特·卡斯特和尼古拉斯·罗斯借鉴了福柯的研究成果，提议将这一全新景观描述为一种新的行为治理模式。在他们看来，与精神病院环境相比，通过对危险人群予以恰当管理和采用自我控制技术，可以更加分散地实施强制性约束。从这个角度来看，促进患者自愿参与将是这种新的社会控制形式的一部分，而非对个人在医患关系中的地位的加强。与这一立场相反，民间社会人士正在呼吁尊重患者权利（尤其强调自愿和积极参与就医的必要性），致力于促进在治疗中摈除强迫收治的做法。为此，许多欧洲和国际协会组织援引2006年联合国通过的《残疾人权利公约》，并将其作为有力工具，以基本权利的名义主张禁止使用强迫收治措施。

[①] 1804年版《法国民法典》在承袭罗马法的基础上，针对成年精神病人、精神相对不正常或生活不节俭者，确立了禁治产和准禁治产宣告制度。"对因精神病（痴愚、心神丧失或疯癫）宣告为禁治产者，视同未成年人，应任命监护人和监护监督人各一人，由监护人全面照顾其身体和管理其财产。"——译者注

[②] HENCKES N., «Un tournant dans les régulations de l'institution psychiatrique: la trajectoire de la réforme des hôpitaux psychiatriques en France de l'avant-guerre aux années 1950», *Genèses*, n° 76, 2009, p. 76-98.

[③] EHRENBERG A., LOVELL A., *La maladie mentale en mutation : psychiatrie et société*, Paris, Odile Jacob, 2001.

制度分裂，医护分化和人口扩大：精神健康的定义更趋于广泛

在过去的50年中，精神病的医疗框架在制度、法律和专业方面都有所分化。20世纪70年代出现了第一次重组浪潮，医护领域进而出现分化。随着精神病学的改革，卫生部门重新组建。随着残疾人扶助政策的推出，社会部门和医疗社会部门均获得了发展。治疗场所和干预类型也呈现多样化局面：除了医院和收容所之外，还增加了门诊或白天的随访服务，以及家庭诊疗等服务。伴随着这种演变，还出现了专业化的双重运动。针对不同目标受众（成人和儿童）建立起相应的治疗专业，对精神障碍、严重认知障碍、智力障碍、痴呆症等均予以专门治疗。随着对职业的全新定义，在治疗和护理团队中聚集了庞大的卫生和社会专业人士团体（精神病学家、护士、心理学家、教育工作者、职业治疗师等）。

从21世纪的第一个10年开始，精神卫生政策和手段更加专业化，尤其是针对肢体残疾、精神残疾、自闭症、阿尔茨海默病、被禁闭的患者、困难患者、流浪街头的患者等。这些政策对干预措施进行划分，却扩展了其领域。因此，当精神健康的概念在公共行动中日渐普及时，治疗和护理政策中涉及的人口和问题类型也就随之大幅扩宽，从而使得预防观念深入人心，并拓宽了心理障碍的定义。

通过上述的演变描述，可见精神健康涉及多种多样的人士和机构领域，包括健康和社会领域，以及对残疾人和失去自理能力之人的护理，同时涉及不同的专业（老年病学、精神病学、社会救助等），还涉及精神健康治疗中的强迫收治以及因此而产生的多种权利问题，如将患有阿尔茨海默病的患者绑在椅子上、未征得患者同意便强迫其入住精神病院、强迫无食欲的人吃饭、强迫一个犯性侵罪的人去就诊心理医生、以接受治疗为条件分配住所等。这些情况，视约束性质和侵权程度各有不同，须在保护病患之需与尊重其自由和偏好之间权衡利弊后再予以定夺。下面我们想探讨医疗和护理专业人士如何在实际中协调这两个必要条件，重点关注这些专业人员

所使用、撰写或了解的相关文本。

规范强迫收治和尊重患者的权利：文本的使用

文本在治疗中的作用

医疗人员使用并制作了与其业务相关的大量文本。一如其他领域，精神卫生治疗和护理领域也面临着标准和行为准则规范文本日益剧增的局面。良好实践建议、行政法规、治疗方案、药品处方等，这些文本来自各类法律、行政和专业机构。从这些文献衍生而来的、由现场专业人士撰写的文字资料亦成倍增多。在干预治疗期间或在干预治疗结束时使用的其中一些文件具有功能性目的，但也有助于证明尊重病患人权、促进其自主权并监控可能侵犯其自由的行为。医疗证明、知情同意表格、医护或个性化护理方案、治疗总结报告等，均属此列。

在此背景下，围绕这些文本进行探讨具有多重意义[①]。首先，这有助于分析法律或行政规则的实际运用情况。其次，还可以跟踪监管实践和专业业务管理的发展演变。最后，通过这些文本的混合运用，还可以了解在专业治疗实践中，临床和行政如何相融或相悖。由此看来，关注文字资料和写作实践有助于更为动态地考察行为规则的执行情况。

通过考察，我们认为精神健康干预治疗中的文本使用和写作实践具有以下三个功能：（1）确保医患关系框架，（2）从政治－行政角度监控干预治疗，（3）陈述行为规则。

确保医患关系框架

制定实际情景书面文件旨在确保医护工作在一个既定框架内进

[①] 亦可参见 COTON C., PROTEAU L. (dir.), *Les paradoxes de l'écriture. Sociologie des écrits professionnels dans les institutions d'encadrement*, Rennes, Presses universitaires de Rennes, 2012; BORZEIX A., DEMAZIÈRE D. et ROT G. (dir.), «Ce que les écrits font au travail», *Sociologie du travail*, 56, 2014, p. 4–15.

行，这种做法在卫生机构和医疗社会机构十分普遍，随着 21 世纪第一个 10 年中几个法律的颁布，其普及速度有所加快[①]。如今，在许多照护工作中，当事人必须签署知情同意书。在入住卫生机构或医疗社会机构接受治疗时，当事人还往往需要签署治疗／护理合同或生活计划，以保证其自愿同意。这些文件是在与专业人员互动时制作和使用的，与该互动过程密不可分；征得当事人的正式同意有助于在上游和下游更广泛地协调医患之间的关系[②]。

因此，文件的签署往往标志着专业人员特定工作的成果，这些工作在长时间中展开，以促使当事人接受治疗。当负责评估阿尔茨海默病患者需求的流动性专业团组登门到患者家中时，如患者认为无此需要，专业人员也必须让患者接受，特别是让患者同意开门让他们进屋。而提议签署表格则是经过一段时间的人际关系交流，在赢得当事人的信任之后才可以进行的。

与患者谈判，劝服其接受干预治疗时，专业人员会使用不同的说服技巧，但往往也会施以威胁或要挟。有时，患者或许不相信有必要到精神病院住院治疗，但他也会表示同意，因为他希望避免精神科医生提出的替代方案，即在自己不同意的情况下入院治疗[③]。资源条件的局限性也起着至关重要的作用，比如，患者虽然不愿意进入某医疗机构接受治疗，或治疗合同中的某些内容不

[①] 这些法律规定要求订立协定以保障或鼓励聆听当事人的愿望，并以文字证明尊重当事人的权利，特别是在有明显约束力或潜在约束力的情况下。2002 年 3 月 4 日，法律规定需要收集患者接受治疗的书面同意书。自 2005 年 2 月 11 日颁布残疾人扶助法律以来，在制定残疾后果补偿计划期间，一律要求撰写具有信息价值的用户生活计划。2007 年 3 月 5 日，法律建立了数个措施，主要基于文书资料，以支持保护对象的自主权。此外，雷奥内蒂法（Loi Léonetti）针对临终病人，引入先决指令，以应对病人无法表达其本人意见时的情况。该文件也可用于精神卫生领域。

[②] Lechevalier Hurard L., Vidal-Naquet P., Le Goff A., Béliard A. & Eyraud B., «Construire le consentement. Quand les capa cités des personnes âgées sont altérées», *Revue française des affaires sociales*, 2017/1, p. 41-60.

[③] 收集患者同意的文件往往会使这种权力关系正式化。保罗·布罗德温（Paul Brodwin）曾指出，在美国精神病护理计划中入院同意表格存在悖论：患者有时会被迫同意医护人员无视其拒绝决定，在未经他本人同意的情况下进行治疗干预。

适合自己，但还是会签署住院合同，因为他／她知道这是唯一可以接纳自己的机构。

签署了正式的同意文件之后，或当专业人员有权无须征得患者同意时，在许多情况下仍需不断征得当事人的同意[①]。这一般是出于临床的原因，例如，某些人因犯性侵罪，法官命令其接受相关治疗，负责接待他们的医疗工作人员必须致力于唤起该人的"请求"，并激励其积极参与治疗，这是治疗过程中必不可少的重要步骤。从道德上考虑，也必须确保获得了当事人的同意。此外，也有出于实用性的考虑，事实上，一些干预措施若无当事人的积极参与是难以实现的。例如，所有上述元素都有助于医疗人员在面对未经本人同意而住院的患者时，首先寻求与其沟通谈判，使之主动接受治疗，而不是强行予以治疗。因此，该解决方案便可视为有利于临床进展，因为它更尊重患者的尊严，并且实施起来也更为容易[②]。除此之外，还有一个法律不确定因素，它涉及同意干预或允许不征得患者同意便可进行干预各自所涵盖的范围。与当事人谈判的协议可以通过就地制作的文件（如个性化方案）正式确定。在此情况下，确保尊重患者同意的文件不是在法律或行政义务的框架内撰写的，而是在专业人员的倡议下，在与当事人针对干预进行谈判的框架内撰写的。

从政治－行政角度监控干预治疗

在医护服务中，护理人员制作的文件因须严格遵守与医疗责任和健康风险相关的可追溯性要求，并与其他专业人士和团队的关系管理密切相连，因而也具有对医疗业务进行事后监管的功能[③]。这些文件越来越多地以数字化形式归档存储。

[①] EYRAUD B., VIDAL-NAQUET P., «Consentir sous tutelle. La place du consentement chez les majeurs placés sous mesure de protection», *Tracés. Revue de Sciences humaines* [En ligne], n°14, 2008.

[②] SAETTA S., «Inciter des auteurs d'infractions à caractère sexuel incarcérés à se soigner», *Champ pénal/Penal field* [En ligne], Vol. XIII, 2016.

[③] 近几十年来，用户和行政机构均有权调阅这些文件，随着调阅权利的普遍化，相关文件的内容和用途也发生了变化。

制作这些文件往往是强制性的,开具医疗处方、将患者安置在单间隔离室或在入院时在电脑数据库中录入用户信息均属此列。在特定情况下,治疗中允许使用强迫措施,但必须以书面形式记录是否尊重相关标准和干预的实施条件。2011年,法国对未征得同意而进行治疗干预的规定予以改革,从而产生了大量与患者权利相关的文件,如有关患者的所有信息、院长写给患者告知其程序每个步骤情况的信件以及精神病医生撰写的论证采取相关措施理由的证书等。在罗比理亚尔(Robiliard)修正案中,规定了精神病院应建立特定登记册,将隔离和束缚的做法一一记录在案。该指令由法律明文规定,但也由行政部门通过质量程序或风险管理予以规范,其结果是实地制作出许多旨在监管治疗业务的文件,它们常以医疗方案的形式出现[1]。

根据不同的精神卫生治疗机构,上述监控也会因地而异。例如,在养老院中,针对精神和认知能力受损的老人采用的束缚措施不用记录在登记册中,虽然这与精神病学一样,需要出具医疗处方。另外,束缚身体的间隙使用也十分常见[2]。因此,护理人员一般不会采用官方接受的束缚手段(让患者保持坐姿的骨盆带,或阻止患者独自从床上下来的围栏),而是灵活地利用一些常见器物,以达到束缚目的,如将一件家具巧妙地放在扶手椅前面,或将轮椅的脚踏板略微抬高,便可防止行动不便的患者起身,同时又不会被视为属于医学上规定的束缚。专业人士通常将此类做法称为"被动束缚",但此类做法若从临床、道德甚至器械的角度给医疗团队造成问题,将会受到内部监控。在这种情况下,相关专业人员的集体反思将有助于建立实地规则并对相应操作予以监控。反之,如果此类操作对有关行为者不造成任何问题,则可维持原状,既不会受到监管,也

---

[1] MARQUES A., SAETTA S., TARTOUR T., «Des murailles de papier. La contrainte aux soins en ambulatoire», *Revue française des affaires sociales*, 2/2016 (n° 6), 2016, p. 57-74.

[2] LECHEVALIER-HURARD L., «Faire face aux comportements pertur-bants: le travail de contrainte en milieu hospitalier gériatrique », *Sociologie du Travail*, 2013, Vol. 55, n° 3, p. 279-301.

不会被跟踪。

陈述行为规则

　　医疗机构中出现的大量文件陈述了专业人士运用规则的良好实践。其中包括独立行政机构为国家层面制定的良好实践建议，或依照这些国家规定在机构或科室内部订立的议定书、章程或表格。一些卫生机构的伦理委员会也会在专业人员提交议案审理后发布公告。

　　有些文本力图确保在进行干预时尽可能尊重个人自由以及个人偏好。同时，它们无形中也致力于避免使用强制手段。因此，针对不情愿沐浴的老年人的建议旨在让其主动接受，以防止使用强迫淋浴措施。其他文本则旨在确保被视为强迫性的措施能在保证患者人身安全和身心健全的前提下实施，如当有患者被安置在独立隔离室时，要求精神病院科组人员每小时巡视一次隔离室。

　　在专业工作中，对这些文件的处理方式多种多样，实际操作时也往往比较棘手。首先，其中一部分文件，特别是那些强调个人自由的文件，其所覆盖的范围非常广泛，并不会直接告知应采取何种行为态度，因而会使专业人士处于两难境地。面对一个拒绝洗浴的人，有必要在尊重他的选择或不尊重他的选择之间权衡取舍，以维护其尊严的名义来确保其个人卫生。机构内制定的方案，或者有时是个性化方案，则提出了更为切实的操作规则。但是，二者可能难以调和，还需根据实地情况和运作条件以及有限的时间和人力资源予以灵活调整。因此，即使在实地建立了规则，在洗浴时尽量减少被视为强迫性的手势动作，但因时间关系，护理人员在每个患者身上花费的时间很少，因而往往难以实施这些规则。关于这些被视为具有约束力的做法，相关文件并不一定能区分何时可以接受使用强迫性措施，何时可以避免干预，在何种情况下属于虐待行为。当住院患者拒绝治疗并且激动不安时，即便他已与医生订立了允许注射治疗的个性化方案，医生也不能仓促行事。在这种特定情况下，仍需确定是否确实需要施行该治疗方案。

这些文件虽然有助于指导实际干预，但只能部分地解决专业人士所面临的困境[1]。此外，在某种情况下，这些文件并不足以责令专业人员尊重患者的人身权利并承担相应责任。在此情况下，专业人员可制作本地特定的例外性协议[2]。例如，护理人员意识到把患者送回房间里，扶着他让他坐在床上几分钟后，他很快就会平静下来并同意接受治疗，此时可决定优先使用这种类型的干预，而非按照治疗方案的规定进行强行注射。在这种情况下，搀扶着患者的身体，让他安静几分钟，在医护人士看来，似乎是在保护个人权益和尊重患者意愿二者之间所能做出的较好的妥协，因为这样可避免强行施行注射治疗。这样的决定或许会促成起草个性化的方案。在其他情况下，可通过集体讨论制定出口头的规则。专业人士有时会将这种实地难以审议的伦理问题提交道德委员会定夺，后者会对一些特别棘手的问题或者需要采取更为普遍化规则的特例进行裁定。

今天，在精神卫生治疗中采取强制性措施必须融入尊重患者自愿和积极参与的背景中。此一背景加强了相关实践的法律、行政和道德的规范力度，目的是鼓励专业人员更为注重患者的偏好，并予以更严格的监管，更好地遵守保护患者的原则。我们研究了专业人士在护理工作中对这些文本的使用情况。这些文件具有内在的局限性，很少能直接决定应如何操作，其原因或是它们不足以在事先或事后确保尊重了患者的选择，或是文件所提出的一般性原则尚需在特定背景下予以灵活运用。因此，我们描述了实地专业医护人员对有关文件的应用、转用和制作情况。这些情况表明，文件中的保障、管制和规定与实地指定的标准互相衔接。即使专业人士不从中借鉴

---

[1] DOURLENS C., VIDAL-NAQUET P., «Éviter l'inacceptable, douter de l'acceptable. Régulation des pratiques, épreuves de régulation», *SociologieS* [En ligne], 2016. URL: http://sociologies.revues.org/5574.

[2] VELPRY L., EYRAUD B., «Contraindre pour aller mieux ? Enjeux cliniques et protocolisation dans une unité de prise en charge d'enfants atteints de troubles autistiques», dans DEMAILLY L., GARNOUSSI N. (dir.), *Aller mieux. Approches sociologiques*, Presses universitaires Septentrion, 2016, p. 265-278.

或将其彼此对照，这些文件也有助于对可以接受的强制行为标准的定义做出反思。与此同时，专业医护人员在保护患者和尊重个人自由的必要性之间权衡裁定时，会实行内部监控。当相关机构和专业组织无法自行反思，使这些从法律、道德或临床角度看仍存有争议的做法变得司空见惯时，外部官方机构所行使的控制则起到了至关重要的作用，有助于保护患者的权益。

推荐书目

B<small>RODWIN</small>, P., *Everyday Ethics: Voices from the Front Line of Community Psychiatry*, Berkeley, University of California Press, 2013.

C<small>ASTEL</small> R., *L'ordre psychiatrique*, Paris, Minuit, 1976.

C<small>OLLECTIF</small> C<small>ONTRAST</small> (dir.), *Recherche du consentement et recours à la contrainte : perspectives socio-juridiques sur les régulations des soins en santé mentale*, PUR, *A paraître*.

F<small>OUCAULT</small> M., *Le pouvoir psychiatrique,* Paris, Seuil/Gallimard, «Hautes Études», 2003.

G<small>AUCHET</small> M., S<small>WAIN</small> G., *La pratique de l'esprit humain : l'institution asilaire et la révolution démocratique*, Paris, Gallimard, 1980.

G<small>OFFMAN</small> E., *Asiles*, Paris, Editions de Minuit, 1968.

M<small>OREAU</small> D., *Contraindre pour soigner ? Les tensions normatives et institutionnelles de l'intervention psychiatrique après l'asile,* Thèse de doctorat de sociologie, EHESS, Paris, 2015.

R<small>OSE</small> N., *Governing the soul: the shaping of the private self*, London, Free Associations Books, 1999.

V<small>ELPRY</small> L., V<small>IDAL-NAQUET</small> P., E<small>YRAUD</small> B., *Contrainte et consentement en santé mentale. Forcer, influencer, coopérer*, Rennes, Presses universitaires de Rennes, Collection Le sens social, 2018.

罗伯特·卡斯特对精神健康研究的贡献

贝尔特朗·拉翁（Bertrand Ravon）

罗伯特·卡斯特（Robert Castel, 1933~2013）在其研究中，尤为关注我们身处的现代、民主和理性社会中两个关键的问题——精神疾病和社会排斥，对社会科学产生了深远的影响。罗伯特·卡斯特采用谱系和批判眼光，审视官方机构对边缘人口的治理模式，包括医学－心理学领域的演变趋势[1]和工薪社会的瓦解状况[2]。罗伯特·卡斯特不断分析"后规训规范"（normes post-disciplinaires）的生成及其对当代个体主体性的影响，当代个体作为社会主体，既独特又脆弱。他的研究主要针对如下两个对象，一是精神病学领域的新型技术心理干预，二是被经济增长排斥在外的底层人群的社会待遇。其研究涵盖了以下两个时期：一是从20世纪60年代末到80年代初，二是从20世纪80年代末至今。罗伯特·卡斯特对精神健康的研究具有如下双重的贡献。

一方面，他的研究聚焦于精神病学领域工作中新的约束形式，帮助我们重新对精神病学进行批判性思考。卡斯特对当代精神病学及其新型处理、治疗和管理模式进行了分析，成为率先观察20世纪70年代后期精神病学向精神卫生过渡的社会学家之一，他在研究"精神健康医学化"的过程时[3]，将其视为

---

[1] CASTEL R., *Le psychanalysme*, Paris, Flammarion, 1981［1973］; *L'ordre psychiatrique*, Paris, Minuit, 1976 ; *La gestion des risques. De l'anti-psychiatrie à l'après-psychanalyse*, Paris, Minuit, 1984［1981］.

[2] CASTEL R., «De l'indigence à l'exclusion : la désaffiliation. Précarité du travail et vulnérabilité relationnelle», dans J. DONZELOT, *Face à l'exclusion, le modèle français*, Paris, Editions Esprit, 1991; *Les métamorphoses de la question sociale. Une chronique du salariat*, Paris, Fayard, 1995; avec C. HAROCHE, *Propriété privée, propriété sociale, propriété de soi*, Paris, Fayard, 2001; *L'insécurité sociale*, Paris, Fayard, 2003.

[3] CASTEL R., *La gestion des risques, op. cit.,* p. 75 及其后几页。

下列迥然不同甚至相互矛盾的逻辑交汇的结果：对精神病院医学的质疑（反精神病学）；医学客观主义的卷土重来；大众心理学文化扩张疆土，其灵感源泉为注重发展关系资本（capital relationnel）的精神分析；医疗系统的现代化，其特点是专业机构瓦解，创立了诸多专业接待中心和治疗公寓等；专业知识权威升高；对个人脆弱性实施行政管理（社会风险的预防性管理）。

另一方面，他对新型社会问题及对"去参与化"或"孤岛化"（désaffiliation）和脆弱化过程的建模，后为不同精神健康先驱，尤其是那些关注"由社会原因引发的非病态"精神痛苦的《根茎》（Rhizome）杂志旗下的精神健康先驱所采纳[1]。例如，从脆弱个体脱离社会、集体和关系活动中识别出"消极个体"及其"脆弱区"[2]，已成为一些精神病学家的范式，帮助其认识到，从丧失"社会追逐对象"（就业、金钱、住房、培训、文凭……）的意义而言，痛苦和心理脆弱是一种窘迫的不稳定过程[3]。

卡斯特对精神健康研究功不可没。他凸显了临床干预的社会和制度背景，并指出所有边缘化的处理都必须从其中心进行分析。此外，他的研究还表明，随着精神健康领域版图的重建，催生了一些更为微妙的新型约束，这些约束更为分散且彼此间的相互关系性更强。最后，他对"孤岛化"人士，即脱离了社会纽带之人的脆弱性的关注，间接却深刻地更新了精神病的临床实践，提醒我们切莫忘记思考精神痛苦的社会条件。

---

[1] Furtos J., Laval C. (dir.), *La santé mentale en actes. De la clinique au politique*, Paris, Erès, 2005.

[2] Castel R., *Les métamorphoses de la question sociale*, op. cit.

[3] Furtos J., «Filiation et objet social, désaffiliation et perte des objets sociaux, réaffiliation?», Actes du séminaire *Pertinence d'une clinique de la désaffiliation?*, ORSPERE, septenbre 1999.

精神医疗健康"分子化"转折点:精神药物及其历史沿革和制药创新

让-保罗·高迪里尔(Jean-Paul Gaudillière)

如果有一个医疗领域可以用"治疗革命"一词去描述的话,那就是精神医疗。所谓的"治疗革命",是指第二次世界大战之后,随着工业研究的进步,新一代药物得以问世并广泛投入使用,其效果远远优于从前的药物。因此,"治疗革命"这一概念似乎能经得起医学和药学历史学所有论述的推敲,而这一历史学关注的是精神健康领域的参与者所共享的创始神话的复杂性和批评。

因此,但凡使用谷歌图书数据库的附属程序 Ngram Viewer 衡量英美文献中精神药物出现频率(见图1)的观察者,必然会对1945

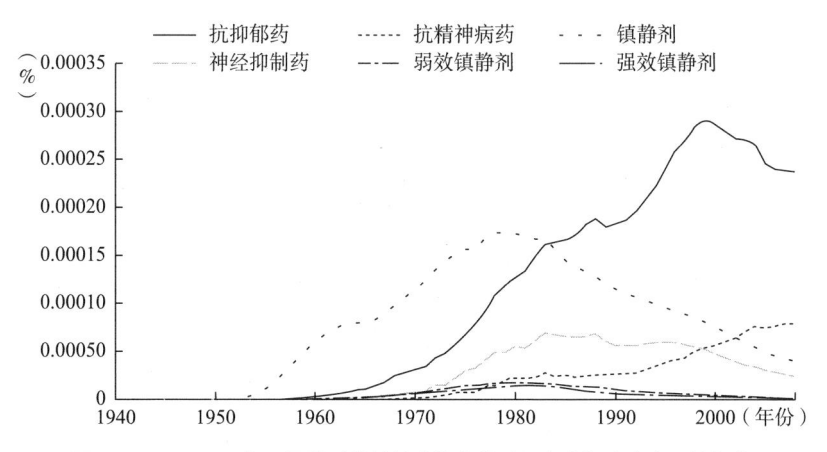

图1 1940~2008年不同类别的精神药物在谷歌图书数据库中出现的频率

年后新型治疗药品被纷纷引入治疗的状况感到震惊。这些新型药物包括：20世纪50年代后半期的神经抑制药，大约在同一时间推出的镇静剂，20世纪60年代的抗抑郁药，5-羟色胺再摄取抑制剂（SSRI）和20世纪80年代的新型抗精神病药。

精神病治疗将重点转向精神药物，规模大且形式多样，遍及医院及私人诊所。人们倾向于用药物取代其他治疗方法，有时甚至会出现多个药方和药物重叠使用。与此同时，某些类别的药物（如安非他命）则被撤出市场，并须重新定义病理，因为针对急性发病的新增疗法使疗程趋长，致使某些疾病被归入了慢性病的范畴。

然而，用"治疗革命"来形容战后精神医疗领域的发展虽然名副其实，但这一概念本身却存在问题。其原因如下：一是与所有化学疗法一样，精神药物会产生不良影响；二是其疗效评估的方法往往相互矛盾，有时甚至会受到公开的质疑；三是对相关监控工作和市场投放的管制力度不足，且存在利益冲突问题。此外，也因为精神病的药物治疗不同于针对躯体疾病的化学疗法。实际上，"精神药物"在精神病诊所中的实用性和特殊地位，对于相当一部分从业者而言仍欠明晰，同时也存在着理论和实践之间的矛盾问题。这在关于抑郁症的地位、20世纪60年代以来抑郁症的含义变化以及抗抑郁用药合理性的辩论中尤为明显。

因此，医疗领域的历史学和社会学研究重点关注的，是那些可以被视为驱动当代医学最根本变化的因素，如"生物医学化"[1]、患者的新角色、法规的层出不穷以及风险范式在健康问题管理中的普及应用。更具体而言，在过去的20年中，新的药学史通过针对科学的社会学研究、工业史、医疗实践分析和卫生政策分析，对"精神药物的发展轨迹"进行了诸多研究。这些研究成果体现了科学史和医学史上的实际转折点，探讨了精神药物在知识论、物质、经济、政治或文化方面的发展轨迹，并对精神医疗各个方面（包括制药业、

---

[1] CLARKE A., MAMO L., FOSKET J.R., FISHMAN J.R., SHIM J.K., *Biomedicalization: Technoscience, Health and Illness in the United States*, Durham, Duke University Press, 2010.

专业人士、公共机构或患者及其家属）之间存在的复杂且时有冲突的关系报以浓厚的兴趣。

本文旨在回顾这些关于治疗革命及其局限性与矛盾性的研究成果，分析针对精神疾病疗法的"分子化"和由此产生的紧张关系提出问题的方法。

开发更多精神药物？ 20世纪60年代与分子"筛选"的推广

前文已提到，精神病学领域此前缺乏治疗药物，直至二战后精神药物才异军突起。这种观点显然十分偏颇。研究20世纪上半叶精神健康治疗实践的历史学家已经证明，针对疼痛、失眠、疲惫无力、神经衰弱或焦虑的药物疗法在这一时期的治疗中已经占据了相当重要的位置。这些药物制剂往往是植物来源的配剂（特别是鸦片类制剂）或药物提纯和合成品，如催眠药或镇静剂，其中包括在20世纪头10年及60年代中大量使用的巴比妥酸盐。

然而，我们不应低估新分子药物问世的划时代影响。氯丙嗪的发展轨迹便是这一影响的有力佐证。氯丙嗪是从20世纪50年代中期开始在临床使用的第一种抗精神病"特效"药物。正如斯威兹（J. Swazey）所阐述的那样，起初发明氯丙嗪并非用于治疗精神病，其发明人拉博里（H. Laborit）和罗纳普朗克（Rhône-Poulenc）制药公司当时并未将精神病列入该药的适应证范围[①]。氯丙嗪最初是一种镇静剂和麻醉剂，也可用于"睡眠治疗"。该药用于治疗精神病纯粹是临床研究的结果。当时该药物由德莱（J. Delay）、德尼科（P. Deniker）和哈尔德（J.M. Harl）在巴黎圣安娜精神病院进行临床试验，这些试验更接近实地个案试验，而非实施治疗方案或数据证

---

① SWAZEY J. P., *Chlorpromazine in psychiatry: A study of therapeutic innovation*, Cambridge, MA, US, The MIT Press, 1974.

据记录。鲍尔兹（V. Balz）[1]、马耶鲁斯（B. Majerus）[2]和亨克斯（N. Henckes）[3]则各自探索氯丙嗪的使用如何改变了精神病学实践：它改变了医院内部的治疗实践，而且也改变了门诊实践，使疗法之间的上下等级关系出现变化，提升了氯丙嗪疗法的地位，因为使用精神抑制药（氯丙嗪及其诸多衍生物）不需要进行连续监测。上述改变对推动探求长期住院的替代方案起到了决定性的作用。在法国，专业人士积极呼吁在建立日间医院体系及精神疾病分区化治疗模式的基础上，开展治疗手段的改革。

虽然从临床精神病学的角度来看，这一划时代影响十分明显，但这其实也与药学领域重组和其创新体制变化的综合背景息息相关。在二战前，药房行业是一个由专业人士和小企业组成的世界。之所以说是专业人士，是因为药房经营就像医学一样，是一种自由职业，为拥有药学文凭的药剂师所垄断。之所以说它是小企业，是因为药物虽为大量消耗的产品，却是通过药房配制（应医生的要求，严格按照药学院教授的药典配方配制）的，或是由一名药剂师领导的小型公司配制的一些可即时使用的药品。药品或是由药典中列出的药物成分调配而成，或是源于更为彻底的创新配制，不过成分绝不公开。1945年以后，情况发生了变化：药学摇身变为工业领域，研发投入非常高，并通过欧洲各种国家医疗保险报销系统走向社会化，从而占领了大众市场[4]。规模的扩大、标准化、组织能力和化学知识

---

[1] BALZ V., *Zwischen Wirkung und Erfahrung–eine Geschichte der Psychopharmaka. Neuroleptika in der Bundesrepublik Deutschland, 1950-1980*. Bielefeld, Transcript Verlag, 2010.

[2] MAJERUS B., «The introduction of chlorpromazine in Belgium and The Netherlands (1951-1968) : tango between old and new treatment features», *Studies in History and Philosophy of Science Part C*, Vol. 42, 2011, p. 443-452.

[3] HENCKES N., «Reshaping chronicity : Neuroleptics and the chaning meaning of therapy in French psychiatry, 1950-1975», *Studies in History and Philosophy of Science Part C*, Vol. 42, 2011, p. 434-442.

[4] GAUDILLIÈRE J.-P., « L'industrialisation du médicament : une histoire de pratique entre sciences, techniques, droit et médecine», *Gesnerus*, Vol. 64, 2007, p. 93–108.

运用等因素均被视为"治疗革命"[1]成功的原因，并用以解释对发明新药的重视与大型制药厂的组织架构之间的联系，这些制药厂均将"筛选"作为研究和开发的方法。

历史学家约翰·莱施（John Lesch）讲述了在20世纪20年代和30年代，拜耳（Bayer）如何调整了其内部研究机构设置以运用首批药物筛选技术[2]。他描述了在窦马克（G. Dogmak）的支持下，该公司如何系统和有计划地寻找在临床上具有疗效且商业上可行的药物分子（所谓的"筛选"）。在最早阶段，筛选活动的核心是大型化学基础设施与药理学实验室的结合，这些化学基础设施雇用数十名技术人员和博士，专门负责有机分子的大规模合成，药理学实验室则由生物学家和药剂师在少数标准动物模型上进行大量的测试。不过拜耳的独创性并不在于这种结合，而在于筛选活动的规模和组织形式。这种筛选模式将促成首批磺胺类药物的上市。该模式与其说是一种智力创新，不如说是一种新的组织实践，即药物研究的"工业化"。

最近的史学研究从两个角度修正了这一起源叙述。一方面，抗生素、性激素、皮质类固醇或精神药物的发展轨迹显示，将化学和分子操纵作为制药所用的主要知识十分狭隘，因为临床或生物知识也发挥了同样关键的作用。在此，神经安定药的例子极富代表性[3]。

---

[1] WEATHERALL M., *In Search for a Cure : A History of Pharmaceutical Discovery*, Oxford, Oxford University Press, 1990.

[2] LESCH J. E., «Chemistry and Biomedicine in an Industrial Setting : The Invention of the Sulfa Drugs», *Chemical Sciences in the Modern World*, edited by S.H. MAUSKOPF, Philadelphia, University of Pennsylvania Press, 1993, p. 158-215; LESCH J. E., *The First Miracle Drugs. How the Sulfa Drugs Transformed Medicine*, Oxford, Oxford University Press, 2007.

[3] BUD R., *Penicillin. Triumph and Tragedy*, Oxford, Oxford University Press, 2008; HALLER L., *Cortison: Wissensgeschichte eines Hormons, 1900-1955*, Zürich, Chronos Verlag, 2012; Healy D., *The Anti-depressant Era*, Cambridge MA, Harvard University Press, 1997; QUIRKE V., *Collaboration in the Pharmaceutical Industry : Changing Relationships in Britain and France, 1935-1965*, New York and Oxon OX, Routledge, 2008; RATMOKO C., *Damit die Chemie Stimmt. Die Anfänge der industriellen Herstellung von weiblichen und männlichen Sexualhormonen 1914-1938*, Zürich, Chronos Verlag, 2010.

另一方面，先灵、默克或霍夫曼等公司的发展轨迹表明其他公司对于"筛选"的应用是渐进且滞后的[①]。因此可以说，在20世纪60年代之前"筛选"并未得到普及。

对于精神药物而言，分子筛选的普及势头更为明显。事实上，"筛选"的过程，根据莱施所给出的狭义定义，是指相关分子合成、对动物的影响与毒性的临床前试验及临床使用试验三者之间的协调配合。然而在精神疾病领域，并无合理且得到认可的动物模型设计可以用作筛选的基础。相反，正是筛选的普及推动了精神疾病疗法的"分子化"，亦即精神药物领域重新成为创新的重心。此类创新遵循的便是莱施规定的程序：对纯分子合成予以系统化，为预选成分专门开发动物模型，凭借实验室研究数据开拓市场。根据格伯（L. Gerber）的分析，推出第一代三环类抗抑郁药的瑞士嘉基公司（Geigy）的发展轨迹体现了这一发展过程，亦证明了针对科研、医护和生产实践的历史研究，有助于了解分子筛选的普及和精神药物临床用途的拓展这两个趋势联合并行的过程[②]。

嘉基公司成立于1758年，是当时的纺织染料行业巨头。嘉基公司后于20世纪30年代和40年代，利用其自身内部专业知识进行产业转型，致力于发展有机化学，开发独创药品。1942~1943年，嘉基公司开始密切关注合成抗组胺药，这是一种用于治疗人体过敏症的新型药物。为此，嘉基公司的两位化学家辛德勒（W. Schindler）和海弗利格（F. D. Häfliger）利用一种旧的分子，即亚氨基二苄（imibodibenzyl），进行研发。该分子是1899年由几位德国化学家合

[①] BACHI, B. *Vitamin C für Alle! Pharmazeutische Produktion, Vermarktung und Gesundheitspolitik (1933-1953)*, Zürich, Chronos Verlag, 2009; GALAMBOS L. & SEWELL J., *Networks of Innovation: Vaccines Development at Merck, Sharp & Dohme & Mullford, 1895-1955*, Cambridge, Cambridge University Press, 1997；GAUDILLIERE J.-P., «Une marchandise scientifique ? Savoirs, industrie et régulation du médicament dans l'Allemagne des années trente», *Annales*, Vol. 65, 2010, p. 89-120.

[②] GERBER L., *Le laboratoire des esprits animaux. Expérimentation animale, production de savoirs et innovation thérapeutique dans les domaines de la maladie d'Alzheimer et de la dépression (1950-2010)*, Thèse d'Histoire, Paris, EHESS, 2016.

成的，曾一度用作"天蓝色"染料的中间体。从1948年开始，嘉基公司的两位化学家以亚氨基二苄基的主链为基础，开始研发新的合成物质，共开发出40多种衍生物，交由嘉基公司旗下的药理学家研制成药品。这些物质的性质根据其侧链的组成而变化，其中最有效的成分具有镇静作用。

来自明斯特林根（Münsterlingen）精神病医院的罗兰·库恩（Roland Kühn）是参与评估亚氨基二苄基衍生物效果的临床医生之一。其参与具有决定性作用：他通过成功地对抑郁症患者进行测试，将亚氨基二苄基衍生物的适应证从推定的精神分裂症转变为抑郁症，正如之前氯丙嗪的用途转变一样。从1954年到1957年，库恩利用嘉基公司提供的各种分子，在约500名患有各种精神疾病的患者身上进行了测试[①]。在用于抑郁症治疗实验的衍生物中，丙咪嗪（现以"Tofranil"之名销售）使40名患者产生了良好反应，其中约四分之一的患者"完全缓解"。因此，丙咪嗪被重新界定为忧郁症的治疗药物，几乎被视为针对该病的特效物质，主要适用于以情绪低落为主要症状的内源性抑郁症。

嘉基公司选择投资更有前途的精神病化学治疗领域后，该公司的管理层开始以批判的眼光审视嘉基公司的实验基础设施。例如，1955年，公司的首席化学家海弗利格（F.Häfliger）警告说："若无药理学测试，精神类疾病的系统化治疗将无从实现。如不加快临床试验步伐，就不能指望向市场投放新的药品。迄今为止我们测试的亚氨基二苄基衍生物原则上具有预期的疗效。但由于这组衍生物中约有30种化合物可供使用，因此不可避免需要通过一项或多项动物试验进行选择。"为了克服这些困难，嘉基公司的管理人员在20世纪50年代末创建了一个专门用于精神药理学的新型实验室，并于60年代初期责令十几名员工专门负责测试每个季度由公司的化学家开发的数百个分子的活性。

嘉基公司当时因此需要建立动物模型和特设试验方案，重新

[①] KUHN R., «Über die Behandlung depressiver Zustände mit einem Iminodibenzylderivat (G22355)», *Schweirerische Medizinische Wochenschrift* 87 (1957)：35/36.

开发出一种针对临床抗抑郁作用的预测性研究方法。嘉基公司的药理学家绕过了"不存在具有抑郁情绪的动物模型"这一难题，转向以已知物质为基础的模型设计，专注于开发针对药物相互作用的测试，测量一种成分对另一种成分的药理作用的增强或减弱能力。具体而言，他们使用已知物质在实验动物身上诱发功能性紊乱或行为紊乱，随后测试丙咪嗪的抵消、增强或延长这些作用的能力。

在20世纪60年代，临床前试验逐渐重新聚焦于不同的疾病分类学和病因学类别的共同症状表现：焦虑、烦躁、激动、精神或运动机能抑制。这种做法重新聚焦症状，而非采纳临床医生所热衷的病因学方法，即根据不同致因和动态演变来区分不同类型的抑郁症。这种重新聚焦症状的做法使得临床医生对抗抑郁药、镇静剂和神经安定药的分界逐渐变得模糊。因此在60年代末，所有新型精神药物的"筛选"均以同一系列试验为基础，主要使用三种化合物：丙咪嗪、氯丙嗪和镇静剂（利眠宁），以标定其疗效，并绕开了缺乏精神疾病生物学标记和对精神疾病"内部"机制了解不足这两个限制条件。

因此，工业化筛选机制的建立和第一代精神类分子药物研发的基础与当时同步进行的神经化学以及神经传递的分子机制等方面的学术研究完全无关。然而，药理学筛选在20世纪70年代和80年代却构成了新目标和候选物质的结构评估的基础，这些评估主要着眼于评估对象与已知神经递质的相似程度及其作用。从而在精神药物研发与聚焦神经生物学及可能导致精神障碍的"大脑化学"变化的生物医学之间建立起另一种形式的联系。

药物用途被市场重新定义？精神药物、疾病的再定义和"筛选"的扩大

在新型精神药物的发展史上，20世纪70年代是一个特殊的时期，发生了一场全新性质的危机。当时并非缺乏创新，而是过度创

新，大量使用镇静剂的做法亦受到质疑。过去10年中，共有安定、利眠宁及数十种类似药品投放市场。史密斯（M. Smith）、赫兹伯格（D. Herzberg）[1]和托恩（A. Tone）[2]着重考察了美国的情况，分析了批评呼声的社会和文化根源。这一批评阵营在拒绝使用医疗手段和药物来治疗普通精神疾病这一主张的基础上，在一段时间内将一部分精神病专业人士、关注妇女健康的女权主义运动和某些患者协会联合起来。中产阶级家庭的主妇在郊区住宅中孤独寂寥、百无聊赖，试图凭借精神药物来驱散她们在家庭生活中感到的失落和异化——这种意象成为精神药物有害影响（包括因过量服用而死亡）的象征，而精神药物大众市场形成过程中隐藏的社会需求与工业化生产供给的相互作用关系是这些有害影响的根源。

这一情况并非孤例。20年后，随着百忧解及其仿制药的成功推出，这种现象再次出现。在20世纪60年代之后，抗抑郁药消费量增高，确实招致了诸多批评，批评主要针对的是这类药品作为处方药的适用范围扩大的现象。大多数学者指出，抗抑郁药的消费扩大是人为推动的结果：普通的悲伤情绪被渲染成需要药物治疗的病理症状；这些学者强调了医药行业在其中所起的主导作用[3]。在精神药物史研究中，希利（D. Healy）无疑是最深入研究"贩卖疾病"的人，所谓"贩卖疾病"是指将更多身心表现划入疾病范畴，从而创造需求并增加市场规模。因此，希利在其精神药理学著作中描述了制药行业如何利用临床试验、大规模推广和经济奖励来说服精神病学精英专家及全科医生相信药物产品的有效性[4]，进而动员医生以及监管

---

[1] HERZBERG D., *Happy Pills in America. From Milton to Prozac*, Baltimore, The Johns Hopkins University Press, 2009.

[2] TONE A., *The Age of Anxiety. A History of America's Turbulent Affair with Tranquilizers*, New York, Basic Books, 2009.

[3] HORWITZ A. & WAKEFIELD J., *The Loss of Sadness. How Psychiatry Transformed Normal Sorrow Into Depressive Disorder*, New York, Oxford University Press, 2007.

[4] HEALY D., *Let Them Eat Prozac: The Unhealthy Relationship between the Pharmaceutical Industry and Depression*, New York, New York University Press, 2004；HEALY D. 1997, *op. cit.*

机构帮助其最大限度地促进销售。

上述转变不为精神药物领域所特有，而是治疗革命的一个整体情况，尤其是筛选的转变。筛选的意义有所扩大，从狭义的分子筛选方法，变为关乎整个研究体系的创新和市场开拓战略（通过临床试验和向医疗从业者进行科学营销）。精神药物的特殊性在于它特别明显地揭示了这种策略在经济价值和治疗效用之间建立的微妙关系，因为在精神药物方面，精神病症的科学判定方法争议甚多，情况颇为复杂。从医药公司的业务角度来看，筛选范畴的扩大则表现为制药商、精神科医生、全科医生和患者之间脆弱的利益趋同过程，而非制药商从患者身上谋求利益的阴谋。20世纪60年代和70年代，在选择性5-羟色胺再摄取抑制剂上市之前，抑郁症的含义就发生了变化，这本身就很说明问题。

"如今的就诊患者中，抑郁症患者多达10%，其中一半患有隐匿性抑郁症。"[1] 在汽巴-嘉基（Ciba-Geigy）组织的一次研讨会上，嘉基公司在抑郁症临床研究方面的主要合作伙伴用上述话语总结了这个问题，当时30多位世界级专家参加了该会议。20年前，在丙咪嗪上市期间，对于基尔霍（Kielhol）及其大多数同事来说，"隐匿性抑郁症"这一术语指代的情况完全不同，它指的是一种相对罕见的严重病症，需要住院治疗，其症状接近于忧郁，表现为深度的精神痛苦、认知活动减慢、活动意欲减退。在该术语含义的转变过程中，究竟发生了什么事情呢？

让我们回顾一下20世纪60年代中期设在巴塞尔的嘉基公司的情况。当时该公司生产的丙咪嗪在治疗严重（内源性）抑郁症方面取得了成功，但其也面临着苯卓二氮卓类药物及罗氏公司生产的镇静剂（烦宁、利眠宁）面市后精神药物市场重组的挑战。基于评估不同类别精神药物商业潜力的一系列研究，嘉基公司的领导层得出了下列结论："从商业角度来看，最有价值的药剂是那些可用于治

---

[1] KIELHOLZ P. (ed.), *Die Depression in der täglichen Praxis*, Bern, Verlag Hans Huber, 1974, p. 150.

疗很多不太严重的病症的药剂（如利眠宁）。从市场的角度来看，镇静剂和抗抑郁药之间的区别没有任何意义。目前，镇静剂（主要是利眠宁及其同类药物）是应用最广泛的成药，用以治疗不太严重的心理和身心障碍。因此，如能推出一种高效、无毒性和大众化的抗抑郁剂（对于最早阶段症状具有疗效的兴奋剂），其潜在市场将十分宽广。"①

与此同时，嘉基公司对其医疗部门进行了全面改革，旨在推广基于统计方法的多中心对照临床试验。其改革原因部分在于1962年美国食品药品监督管理局的改革，使此类临床测试成为获得上市许可②的必经步骤，但这同时也是公司内部与临床医生的合作形式演变的结果。

直至20世纪60年代初期，嘉基公司与专业人士的合作规模较小且不太正式。临床网络的核心人物为少数公认的精神病专家、新分子药物的首批使用者和长期合作者。临床试验有欠协调，但精神科医生拥有较大的自由度，可根据其自身的专业敏感性和对成分药用潜力的估量来组织和进行实验。得益于这些长期建立的密切关系，嘉基公司的研究人员可以等待首批临床结果揭晓后，再加深分子合成研究和针对疗效的生物模型设计，甚至有时还可以根据某一合作伙伴的要求，生产和测试新分子。

得益于在精神药理学方面的投资以及嘉基公司的壮大和业务的发展，该公司测试领域获得了拓宽，并逐渐催生了一种新的管理文化。公司注重战略规划和决策程序的正规化，并于1966年通过医疗部门改革予以实施。具体而言，公司创建了两个新的业务单元：一个临床前测试单元（Medizin Ⅰ）和一个负责"对照"临床试验的单

---

① FUCHS A., *Der Markt für Psychopharmaka*, rapport au «production deparment», 3 août 1967. PP 36 Produktion Pharma, Pharmaforschung Quartalberichte, 1965–1970, Archives Geigy Bâle. Traduit de l'original allemand.

② MARKS H., *The Progress of Experiment. Science and Therapeutic Reform in the United States, 1890–1990*, Cambridge, Cambridge University Press, 1997; CARPENTER D., *Reputation and Power. Organizational Image and Pharmaceutical Regulation at the FDA*, Princeton, Princeton University Press, 2010.

元（Medizin Ⅱ），后者将成为安排研究计划的基本单元。这些试验在嘉基公司的一位负责人的明确监管下启动，并以一套书面规定为基础。该规定对所有研究人员均具有约束力，要求他们定期反馈标准化信息，并且订立了应用于所有研究的决策树，以开展中期评估的一系列步骤。其间，为了提高一致性，公司还制定了一份总录，针对每个试验均会遇到的一系列问题收录答案。这些问题涉及病理学、耐受性、副作用、剂量、代谢、药物组合以及与其他现有疗法的关系等方面。然而，如果这种在公司内部掌控和组织临床研究的方式不与另一个更为长期的公司内部演变相辅相成，或许便不会对药物的治疗目标和效用的界定产生如此大的影响，后一种演变便是"科学营销"的发展[1]。二战后药品营销的兴起深刻地改变了药品研发的性质。广告对医药行业而言当然已经不是新鲜事。早在20世纪20年代和30年代，在法国或德国，药品广告在借助媒体做广告的不同行业中排名第一。然而，此类广告的形式及其所聚焦的对象在1930~1970年发生了深刻的变化。

科学营销的出现首先伴随着目标对象的变化：广告宣传此前以患者为对象，而且多以非处方药为主，此后其对象则被医生所取代，并且主要针对处方药[2]。这一变化受到了当时欧洲营销专业化趋势的推动，主要体现为营销手段的改革。因此，医药代表系统成为优先发展的对象。医药代表经过专门的技术培训，对其宣传推销的产品属性了如指掌。在30年间，嘉基公司旗下的医药代表人数从几十人增加到几千人。宣传活动已经成为基于一系列工具的综合业务，包括寄发个性化信件、宣传册子、文章分享、讲座邀请、衍生产品等。

---

[1] GAUDILLIÈRE J-P. & THOMS, U. (eds), «Pharmaceutical firms and the construction of drugs markets : from branding to scientific marketing», introduction au numéro spécial de *History & Technology*, Vol. 29, 2010, p. 105–115.

[2] TONE A., SIEGEL WATKINS E. (eds), *Medicating Modern America. Prescription Drugs in History,* New York, New York University Press, 2007 ; GREENE J. & SIEGEL WATKINS E., *Prescribed. Writing, Filling, Using, and Abusing the Prescription in Modern America*, Baltimore, Johns Hopkins University Press, 2012.

因此，营销投资的快速增长以下列两种不同的方式带动了科学发展。一方面，营销本身已经成为一项研究活动：负责市场投放计划的部门越来越依赖于营销专家的知识以及来自心理学、社会学、符号学和健康经济学的数据信息。此外，他们还开展了市场调查，这些调查远远超过了单纯的销售跟踪调查，旨在了解医护实践的演变、医生的社会学、医生的处方行为、患者/消费者的期望等。另一方面，"科学营销"已经带有科学性质，因为内部研究（临床和临床前）的成果在这类营销中发挥了核心作用，营销人员会以某种特定形式传播这些研究成果，以对处方行为施加影响。这些演变所导致的主要后果是将临床试验和营销整合纳入创新和市场开拓的中期预测之中。这种整合使临床研究选择和营销策略之间的紧密配合成为可能。营销策略的制定者会要求得到特定的产品和数据，而临床研究则提供了产品潜在新用途的相关信息。在1966年嘉基公司医疗部门重组后的几年里，这种配合关系开始运用于两个层面：一是促销活动的日常业务，二是更具战略性的细分市场和产品的选择。为了统筹这两类业务，嘉基成立了一个医药信息工作小组（Arbeitsgruppe pharmazeutische-medizinische Information），该小组汇集了营销和临床部门的负责人，共同商讨针对已上市产品和在处于研发产品线各个阶段的产品而需要采取的行动。小组会议的备忘录在嘉基公司的各级管理层之间流通传阅，所涉及的内容包括销售监控、广告材料（特别是针对开处方者的书籍、小册子和视频）的制作以及重点试验的组织工作。

这种新格局如何改变了抑郁症的含义？最有力的例子来自1971年汽巴-嘉基新推出的抗抑郁药路滴美（Ludiomil）的宣传活动及其与将"隐匿性抑郁症"列为新适应证这一战略性做法的联系[1]。C34276化合物最初由汽巴公司的化学家合成，1970年汽巴和嘉基两

---

[1] GERBER L., GAUDILLIÈRE J.-P., «Marketing masked depression: Physicians, pharmaceutical firms, and the redefinition of mood disorders in the 1960s and 1970s», *Bulletin of the History of Medicine*, Vol. 90, 2016, p. 455-490.

家公司合并后纳入嘉基公司的临床试验网络中，至1972年开发成路滴美这一药物。从1967年确定的优先目标来看，该化合物十分富有市场潜力，因为其中含有一种能同时作用于抑郁和焦虑情绪的分子，因此其效果介于抗抑郁药和镇静剂之间，且副作用低于丙米嗪。路滴美的首次宣传活动于1972年在瑞士举行，分为三个阶段。在第一阶段，瑞士所有医生都收到了一封信、一本小册子和一份样本，告知他们路滴美的问世及其益处。在第二阶段，医药代表走访了1800名医生（所有瑞士精神科医生外加一组对精神健康感兴趣的全科医生），之后公司向他们发放了一本小书——《抑郁状态：诊断、评估和治疗》。该书为嘉基公司对第一次测试结果进行分析后，在圣莫里茨主办研讨会后编辑而成。在第三阶段，每个精神科医生都收到了六封信，分别具体总结了六项临床试验的信息。这些试验的参与者既有精神病学的精英专家，也有一系列全科医生，混合了两种类型的疗效评估：一是量化评估，基于汉密尔顿的标准化量表；二是路滴美与三个竞争药品的定性比较，主要聚焦于六个目标症状[1]。

到了1974年夏，虽然动用了如此大的人力物力，但回访的反馈结果和首批销售数据都十分令人失望。营销和临床管理人员随后决定修改试验用途，以突出路滴美对治疗"隐匿性抑郁症"的功效："在向医生推介路滴美期间，我们经常遇到来自镇静剂的竞争阻力……我们从德国合作伙伴那里得到的结果表明，在首个营销阶段，我们选择将路滴美作为低剂量的精神药物，主要用以治疗心身失调障碍，虽然借此得以打入市场，但不能说实现了突破。无论是从特性还是从适应证的角度继续将路滴美作为镇静剂的等效品而加以宣传，都不是正确的策略。我们必须向医生解释，让他们相信，类似路滴美的抗抑郁药不是镇静剂的替代品，并且镇静剂也不是治疗抑郁症患者（包括隐匿性抑郁症患者）的替代方案。"[2]

---

[1] 即失眠、抑制、激动、情绪低落、压迫感和无法工作。

[2] PH 7.04 Division Pharma-Präparate und Information-Produktinformation für das Marketing Ludiomil, July 1974, CGAB. Traduit de l'original allemand.

"隐匿性抑郁症"（也称"潜伏抑郁症"）并非全新的发现。它起源于医者面对所谓的"疑似症状"患者的反思，这些患者呈现的躯体症状缺乏特异性且富于变化，伴随着抑郁症的某些症状，无法予以确切诊断。对于汽巴-嘉基来说，重新使用"隐匿性/潜伏性抑郁症"这一概念，目的是将关于路滴美这种新药的讨论，与人们对抑郁症日益增加的关注以及由精神科医生和全科医生联合进行的门诊治疗联系起来。但这也是一个积极主动的做法，力图借助与精神病学精英专家之间的紧密关系来引导处方行为，以证明拓宽路滴美的适应证是合理的，其重点在于两类症状以及该药物相对应的两种疗效，即抗焦虑和情绪调节功效。为了赋予这种双重宣传策略（宣传路滴美和"隐匿性抑郁症"）以合理性，汽巴-嘉基沿用了汽巴原有的方法：组织专题研讨会，将医学专科的精英汇聚一堂。1974年，在圣莫里茨举行的一次专题研讨会上，世界抑郁症专家针对"隐匿性抑郁症"类别展开讨论，其结论强调了设立这一病症类别以便对日益增多的非急性和非典型症状患者提供治疗的重要性。上述结论以及来自路滴美试验（包括此前进行的以及专门针对此类患者而新近实施的试验）的研究结果都被加以广泛宣传，主要采用了医学代表走访、广告、小册子和营销部门制作的其他书面材料等宣传形式。这些宣传举措的重点重新集中于"隐匿抑郁症"的最基本诊断依据，其核心为四类疑似症状的判断标准（是否睡得好？是否能在日常生活中感到开心和快乐？是否总是对事物抱有兴趣？是否觉得难以做出行动？[①]）。最后，在圣莫里茨研讨会参与者的倡议下创建了国际抑郁症预防和治疗委员会，由汽巴-嘉基负责后勤支持。该委员会从1975年开始实施抑郁症诊断和治疗教育工作，启用了上述相同的数据、类别和诊断标准，但未再使用"隐匿性"这一术语。

汽巴-嘉基的市场开拓策略与医生队伍的"中坚力量"（精神病学家和关注精神健康的全科医生）的观点之间的融合，催生了抑郁

---

① *Comment survient et comment s'exprime la dépression masquée* ? Brochure pour le marché suisse, avril 1975–Internationale Produkt Werbung Ludiomil, Archives Ciba-Geigy Bâle.

症的新定义和新的处方行为。这些精神病学家和全科医生一致公认抑郁症的诊断不足已在社会及传染病学角度上产生了重要影响，并认为镇静剂大量且不恰当的使用与抑郁症的诊断不足有关。而上述新变化，早在20世纪80年代百忧解和5-羟色胺再摄取抑制剂投放市场之前便已产生。

结　语

对于那些关注精神健康领域制药创新的人来说，与本文所介绍的情况相比，该领域在当代的情况可用"分裂"一词来形容。一方面，不少人认为，凭借分子生物学技术和神经科学研究，可以为神经回路及其活动调节，以及更为新近的基因组标记鉴定与试验患者"个性化"筛选（筛选标准随试验分子而变化以聚焦特定反应）之间的协调配合找到新的干预手段。

另一方面，出乎意料的是，进入21世纪以来，大量文献都阐述了制药创新危机和"真实"创新（开发出不同于已知分子且疗效更强的新分子）数量减少的现象。在精神药物领域中，作用于5-羟色胺代谢的第三代或第四代抗抑郁药（如百忧解）因其较为有限的疗效而引起争议便体现了这一危机。对于大多数制药企业来说，这场危机是监管体系变化、市场前测试要求更趋严格以及研究成本稳步上升的结果。

然而，聚焦20世纪下半叶筛选的快速普及和范围扩大的医药发展史研究却为我们提供了另一种解读视野。这场危机是知识探索和经济相矛盾的结果，这对矛盾从一开始就影响了筛选的模式，并且随着筛选在20世纪60~80年代的普及推广而日趋严重，这些矛盾如今已显而易见，具体表现在：当专业知识和临床经验快要被更新换代时才会受到重视，并且所用的是"黑匣子"式的思路；体系设置过于线性化，诊所无法向实验室提供反馈；测试协议标准化，留给临床实践的调整余地甚少，而且根据其使用常规，仅适用于特殊病例；科学营销和临床测试之间的关系密切，有利于现有分子的小幅改进和适应证范围的扩展。

学界针对制药创新危机已经提出了各种原因（如专利制度的加强、生物技术投资和研究外包化等），而认为二战后医药公司特有的化学研究模式已再无创新活力这一观点的优点在于，在上述各原因之外还凸显了这一危机会重复出现的性质，同时也有助于理解为何在筛选普及化使患者治疗产生了激进而脆弱的变化的精神医疗领域，相关讨论不仅涉及分子创新不足以及此类创新的副作用，还涉及目标选择是否恰当等问题。

推荐书目

GAUDILLIÈRE J.-P., «From *Propaganda* to scientific marketing : Schering, Cortisone, and the construction of drugs markets», *History & Technology*, Vol. 29, 2010, p. 188-209.

GREENE J. A., *Prescribing by Numbers: Drugs and the Definition of Disease*, Baltimore, The Johns Hopkins University Press, 2007.

MICKEY C.S., *A Social History of the Minor Tranquilizers: The Quest for Small Comfort in the Age of Anxiety*, New York, Pharmaceutical Products Press, 1985.

RASMUSSEN N., «Steroids in arms. Science, government, industry and the hormones of the adrenal cortex in the United States, 1930-1950», *Medical History*, Vol. 46, (2011), p. 299-324.

神经科学和精神病学：社会科学研究方向初探

巴蒂斯特·穆窦（Baptiste Moutaud）

20 世纪 90 年代以来，神经科学一直是备受西方国家关注的议题，并成为商业、工业、战略和政治问题的核心焦点。神经科学研究领域在公共空间中占据着举足轻重的象征地位，原因在于神经科学所拥有的合法性。它作为一种资源，可医治我们的苦痛和改善个人和集体福祉，更广泛而言，还可用以解释人类的境遇。关于这一点，只需观察神经科学论说、治疗进步及技术科学创新的承诺如何在大众传媒、科学刊物或文化作品中传播及反响，便可一目了然[1]。有关专家声称，神经科学不仅可以医治我们的病痛，还可以通过建立决策认知模型，决定如何管理环境或经济危机，并可通过开发认知培训计划来教育我们的孩子[2]。

鉴于其所涵盖的主题、社会影响及其所应解决的医学经济问题，神经科学已成为许多国家研究计划的重点议题，获得了数目可观的预算支持，并通过创建机构、科学期刊、高校课程或职位，扩大了这一研究领域的社会知名度。

---

[1] LERMERLE S., «Une nouvelle "isibilité du monde" : les usages des neurosciences par les intermédiaires culturels en France (1970-2000)», *Revue d'histoire des sciences humaines*, n° 25, 2011, p. 35-58; RACINE E., WALDMAN S., ROSENBERG J. et ILLES J., «Contemporary neuroscience in the media », *Social Science & Medicine*, Vol. 71, n° 4, 2010, p. 725-733.

[2] 本文中的"认知"意指通过大脑机制解释人类精神功能的理论。

在进一步探讨神经科学的发展对精神病学的影响之前，我们不妨将神经科学定义为一个由知识、实践、临床和研究学科（如神经生物学、认知科学、神经心理学或神经学）融合组成的领域。神经科学涵盖了各种方法和手段，但围绕着一个共同的项目进行合作：正常及病理神经系统的解剖学研究和功能研究。神经科学旨在客观地识别人类的不同认知功能、情感和行为（如语言、同情心或愉悦）的神经基础。其医学目的是鉴别神经和精神疾病（如阿尔茨海默病、自闭症或精神分裂症）的原因，以确定可用于诊断和预后的生物标志物并开发治疗方法。通过对大脑功能的深入了解，神经科学将打开人类认识的新前景，并能为当前面临的人口老化、精神疾病的医疗和社会成本暴涨等问题带来诸多社会和医疗福音，其意义之大，不言而喻。

社会科学中关于神经科学发展对精神病学知识和实践演变所产生的影响的研究日渐增多。这些研究主要来源于医学和知识学的社会学和人类学，受到科学和技术社会学的强烈影响。学者们雄心勃勃，希望能够通过这些变化，描述和分析科学、医学、生物学、个人和社会之间的关系在当代的重新布局。我们在此简述其中一些主要的研究方向。

首先应该指出的是，目前社会科学中关于上述问题的研究主要以英美国家为主。法国社会科学只是最近才开始涉足这一研究领域，研究范围大多涉及西方背景，而且在很大程度上缺乏第一手资料，主要根据二手数据（科学文章、档案、访谈、灰色文献等）。我们将主要围绕以下三个相互依赖的研究方向和紧密相连的问题来进行阐述。

一是神经科学知识系统中精神病学地位的问题，特别是临床类别的重新配置。二是病人的医护形式和干预方式。三是随着神经科学在精神病学中的发展，精神病学中出现的有关人（或"生命形式"）的新概念。

知识生产，实体改造：让精神病学成为"与其他医学相同"的医学

神经科学宣称能在大脑中识别精神疾病的器质起源，即从神经化学或神经回路功能障碍的角度，重新思考精神疾病的成因。这不仅涉及作为医学和科学的精神病学的身份和特殊性，也对患者及其对象的地位进行了思考[1]。

随着神经科学的发展，整个精神病学都在发生"转变"：通过对研究实践及临床进行合理化改造，神经科学希望对精神病学重新医学化和科学化，"使其成为医学中的一个名正言顺的分支"[2]。因此，精神病学必须进入生物医学的科学体系中，纳入从基础研究转化为医疗成果的研究模型中，即让科学和循证医学与临床相结合，以加速从基础研究转向医疗实践的进程。借助这种规划性愿景，精神病学便可成为神经科学的应用临床学科。神经生物学、神经解剖学、神经生理学、计算神经科学或认知科学在知识发展和疾病重新定义中占据了重要地位。在这个循证体系中，动物建模和脑成像技术无处不在，以便在实验室和大型跨学科基础设施中进行实验，建立大脑不同维度与大脑行为或情绪之间的联系。

因此，伴随着神经科学的发展，将建立一个新的知识等级和示范模式，甚至新的干预模式。在这个项目中，精神病学将可摆脱无效医学的形象，荣登科学宝座。然而，社会科学及神经科学领域中仍呼声不断，认为相关变化（以及"神经科学革命"）目前更多的是

---

[1] MOUTAUD B., «Une "convergence forcée"? Ethnographie d'une collaboration entre neurologie et psychiatrie dans un centre de neurosciences en France», *Anthropologie & Santé*, n° 4, 2012, http://anthropologiesante.revues.org/927. MOUTAUD B., «Neuromodulation Technologies and the Regulation of Forms of Life. Exploring, Treating, Enhancing», *Medical Anthropology*, Vol. 35, n°1, 2016, p. 90-103.

[2] EHRENBERG A. et LOVELL A. (dir.), *La maladie mentale en mutation. Psychiatrie et société*, Paris, Odile Jacob, 2001, p. 25.

关于如何定义和提出问题，而非仅限于所产生的知识。

科学社会学研究主要侧重考察科学事实及所需工具的共同生成，社会科学的分析与这种研究方法一脉相承，聚焦知识程序和神经科学实践中无所不在的脑成像技术，强调了脑成像技术在知识和临床单元的产生、稳定及其在当代主体性建构中的作用。人类学家约瑟夫·杜米特（Joseph Dumit）[1]在他对这些问题的开创性研究中，阐明了功能性神经成像技术不仅可以改变疾病的病因鉴别和诊断实践，还可能会改变病人对生活的体验，可实时观察大脑活动的正电子发射计算机断层扫描（Pet-scan）技术便是最佳实例。约瑟夫·杜米特描述了这种技术在美国如何促使一些病因不明，伴有抑郁、慢性疲劳等症状却无法确定其性质的心身疾病获得了官方承认。在身体内部或身体表面上没有可识别迹象的情况下，功能性图像有助于将其他难以勾勒的现象外在化。它通过图像使诊断所依据的疾病变得有迹可循。而在此之前，医生的诊断基本上是依据对患者言论和行为的解释来进行客观化分析。我们稍后会看到，这种技术有助于社会对相关病理身份和经验的承认。

一般而言，社会科学首先分析诊断类别的演变或出现，由此切入探索神经科学在精神病学中引发的转变。诊断类别被视为锚定在社会历史过程中的对象，其概念演变有助于解读更广泛的社会和人类学变化，特别是关于个人表征的变化[2]。人类学家艾伦·杨（Allan

---

[1] DUMIT J., «Is It Me or My Brain? Depression and Neuroscientific Facts», *Journal of Medical Humanities*, Vol. 24, n°1/2, 2003, p. 35-47 ; DUMIT J., *Picturing Personhood. Brain Scans and Biomedical Identity*, Princeton, Princeton University Press, 2004.

[2] DUMIT J., «Is It Me or My Brain ? Depression and Neuroscientific Facts», *art. cit.*; MARTIN E., *Bipolar Expeditions: Mania and Depression in American Culture*, Princeton, Princeton University Press, 2007; MOUTAUD B., «Un "Alien" dans le cerveau. Expérience sociale de la maladie mentale et idiome naturaliste des neurosciences», *Anthropologie & Santé*, n° 11, 2015, http://anthropologiesante.revues.org/1879. «DSM-5 and the Reconceptualization of Obsessive-Compulsive Disorder. An Anthropological Perspective from the Neuroscience Laboratory», In DEMAZEUX S. and SINGY P. (eds.) *The DSM-5 in Perspective: Philosophical Reflections on the Psychiatric Babel*, Dordrecht, Springer, 2015: 225-238.

Young）在其具有奠基意义的研究中，于20世纪70年代研究了创伤后压力综合征（PTSD）诊断类别出现的背景[1]。艾伦·杨分析了创伤后压力综合征的出现及其在20世纪80年代进入第三版《精神障碍诊断与统计手册》（DSM-Ⅲ）的过程，认为其起因有二：一是美国社会中出现了具有特定政治目标的新行为者（越南战争退伍军人组织呼吁创伤经历获得医学和社会认可）；二是在神经科学的发展和知识生物学化的影响下，精神病学实践发生了转变，护理人员和研究人员随之做出意识形态和道德的承诺。通过文化、科学和历史条件的结合，创伤后压力综合征成为一种痛苦的表达方式，这种痛苦反映了记忆、心灵的概念以及为创伤赋予全新的重要性的社会变化。

这些关于精神病学类别的动态研究，部分借鉴了哲学家伊恩·哈金（Ian Hacking）的研究成果和他的"分类循环"互动模型。疾病分类对临床医生的表征和行为造成了一定的影响，而临床医生的行为本身也影响了被诊断者的体验，从而反过来又为临床医生的视觉和知识状况提供了支持，哈金对这些循环互动进行了建模分析。然而，相关研究已经将相互作用的分析扩展到其他有生命和无生命的元素或行动者，例如，人类技术（心理治疗、互助）和物质技术（治疗、脑成像）、公众（患者协会、家庭）、媒体、市场（工业、咨询公司）、司法等[2]。最终的问题是要理解这些错综复杂的关系和变化如何"影响"和"塑造"人[3]，或者它们如何确定个人的自我认

---

[1] YOUNG A., *The Harmony of Illusions: Inventing Post-Traumatic Stress Disorders*, Princeton, Princeton University Press, 1995.

[2] MARTIN E., *Bipolar Expeditions, op. cit.*; MOUTAUD B., «Un "Alien" dans le cerveau. Expérience sociale de la maladie mentale et idiome naturaliste des neurosciences», *art. cit.* http://anthropologiesante.revues.org/1879; MOUTAUD B., «Are we Receptive to Naturalistic Explanatory Models of our Disease Experience? The applications of Deep Brain Stimulation to Obsessive-Compulsive Disorders and Parkinson's disease», In PICKERSGILL M. and van KEULEN I. (eds.) *Sociological Reflections on the Neurosciences*, Bingley, Emerald, 2011: 179-202.

[3] HACKING I., «Kinds of people: Moving targets», *Proceedings of the British Academy*, n°151, 2007, p. 285-318.

识、自我表达并指导自己的行为。我们的三条分析脉络正是在这些相互作用中交叉相遇的。

神经科学的治疗和干预方式

在知识层面针对这些演变进行延伸性研究，有助于了解其在护理实践层面产生的影响。对大脑问题的认识如何转化为针对大脑及其功能的干预？通过更新关于精神现象物质性的辩论并论证所开发的实验手段的效力，神经科学由此动摇了我们对人类的认识和行动的视野，特别是在涉及疏解我们的情感和行为障碍时尤为如此。神经科学能证明精神疾病的最终原因在于大脑，它不仅重新分配了精神健康领域的知识等级，而且还改变了不同的精神疾病概念与合理有效的干预治疗措施之间的权力关系。

社会学家尼古拉斯·罗斯（Nikolas Rose）较好地总结了贯穿于这些关系的张力[1]。他认为，当代精神病学目前正在经历涉及其诊断系统、解释模型及治疗效力的三重危机。虽然神经科学承诺能解决此三重危机，但罗斯认为目前这场危机的部分原因或许恰好在于神经科学的解读过于简单及其在精神病医疗系统中的统治地位。虽然神经科学需要采用还原论方法来辨别相关现象以方便研究并确定行动方式，但人类世界及其与环境的关系是如此错综复杂，因而绝不能纯粹凭借神经生物学机制来以偏概全。

在法国，这种紧张关系在 21 世纪初尤为显著，针对精神障碍概念、其致因及治疗，不同流派之间展开了激烈的辩论[2]。辩论主要围绕法国国家健康与医学研究院（Inserm）关于心理治疗效果（2004年）及儿童与青少年行为障碍（2005年）的两份评估报告展开。对于社会科学领域的研究人员而言，这场席卷全国上下的辩论有助于

---

[1] ROSE N., «Neuroscience and the future for mental health?», *Epidemiology and Psychiatric Sciences*, Vol. 25, n° 2, 2015, p. 1-6.

[2] CHAMPION F., *Psychothérapie et Société*, Paris, Armand Colin, 2008.

分析法国的精神卫生和法国精神病学领域的重组，后者深受内部"撕裂"之苦，而这些"撕裂"随着认知和行为学派占上风也愈演愈烈。这些"主题战争"[①]凸显了精神卫生保健的各种概念，其中两派针锋相对：一派重视个人经历和社会化主体，另一派则主张从生物和认知视角来看待人，将其视为纯自然或"大脑"的主体[②]。

应该指出的是，社会科学研究人员极少涉足源自神经科学的新型医护实践的研究，其原因有二：一是实证研究受科学研究的影响，更多将精力投入"实验室"研究，并将注意力集中在研究实践、技术或所产生的知识上，而忽略了对临床和医护实践的研究[③]；二是与其所掌握的手段或开发的理论相比，近30年来源自神经科学的精神病学治疗创新相对贫乏。不过，我们仍可回到围绕神经调节技术和精神病风险预防实践的研究轨道上进行探讨。

面对影响制药行业的创新危机，精神病学领域的特点是开发出了可直接作用于大脑的新型治疗干预措施，以弥补化学药物的不足。这主要是针对大脑的电刺激技术（或"神经调节"技术，如深部脑刺激或经颅磁刺激），这些技术无论是在治疗层面还是在研究层面，都凝聚了神经科学的期待和希望。这些实验技术利用电磁波调节大脑活动，从而可操纵患者的精神和情感状态，达到治疗和确定其神经生物学机制的目的。利用这种技术，不仅可提供治疗，同时也可通过对相关大脑现象的掌控，开发新的知识。这些实践成为观察神经科学项目运作的空间，无论是在精神病学护理概念层面及其与基

[①] EHRENBERG A., «Les guerres du sujet. Introduction», *Esprit*, novembre, 2004, p. 74–85. EHRENBERG A., «The "social" brain. An epistemological chimera and a sociological fact», in ORTEGA F. and VIDAL F. (eds), *Neurocultures. Glimpses into an Expanding Universe*, New York, Frankfurt, Berlin, Springer, 2010, p. 117-140.

[②] EHRENBERG A., « Le sujet cérébral », *Esprit*, Novembre, 2004, p. 133–155.

[③] BEAULIEU A., «Voxels in the Brain: Neuroscience, Informatics and Changing Notions of Objectivity», *Social Studies of Science*, Vol. 31, n° 5, 2001, p. 635-680 ; DUMIT J., «Is It Me or My Brain? Depression and Neuroscientific Facts», *art. cit.*; LANGLITZ N., *Neuropsychedelia. The Revival of Hallucinogen Research since the Decade of the Brain*, Berkeley, University of California Press, 2012.

础研究的关系方面，还是在诊断类别或学科界限的重新设置和患者的体验层面，都会产生一定的影响。借助这些实践，还可以思考神经科学的创新系统，如工业、市场和公共机构在治疗设施和确定适应证范围中的关系，或经济和监管环境的影响。享受这些实验性治疗既取决于国家卫生和研究系统，也取决于患者协会是否积极参与其推广，甚至还取决于道德规范协调，即对精神病学和神经科学之间关系的考量[1]。

社会科学的第二个研究方向涉及基于神经科学的公共政策的发展。研究人员对罹患精神病风险人群的筛查和管理实践进行了研究。他们围绕风险生物标志物的伦理和社会问题以及基于神经科学知识或概念构建人口类别的研究展开了分析。研究人员还展示了如何利用"青春期大脑"的概念帮助处于正常、病理和偏离之间灰色地带的"风险性年轻人"本质化。这类人群因其所处的特殊年龄，往往不知所措，深受生存困惑和生物脆弱性的双重困扰[2]，因而成为干预的目标对象。其他研究人员则认为，这些实践、概念和知识虽然不确定、不完整和极具争议性，却对医疗概念产生了影响，并影响了其所指导的社会和卫生政策[3]。这不仅是将基础研究的成果转化为临床实践的过程，还是将其从实验室向社会转化的过程[4]。

---

[1] MOUTAUD B., «Neuromodulation Technologies and the Regulation of Forms of Life. Exploring, Treating, Enhancing», *Medical Anthropology*, Vol. 35, n°1, 2016, p. 90-103.

[2] CHOUDHURY S. et MOORE S., «Locating Risk in the Adolescent Brain: Ethical Challenges in the Use of Biomarkers for Adolescent Health and Social Policy», *American Medical Association Journal of Ethics*, Vol. 18, n°12, 2016, p. 1199-1206.

[3] BROER T. et PICKERSGILL M., «Targeting brains, producing responsibilities: the use of neuroscience within British social policy», *Social Science & Medicine*, Vol. 132, n°5, 2015, p. 54-61; HENCKES N., «Attentes et promesses du risque de psychose», *L'Évolution Psychiatrique*, Vol. 81, n°1, 2016, p. 43-52. HENCKES N. and RZESNITZEK L. «Performing doubt and negotiating uncertainty: Diagnosing schizophrenia at its onset in post-war German psychiatry», in *History of the Human Sciences*, Vol. 31, n°2, 2018, p. 65-87.

[4] ROSE N., ABI-RACHED J., *Neuro: The New Brain Sciences and the Management of the Mind*, Princeton, Princeton University Press, 2013.

精神病学、神经科学和"生活形式"

研究的第三个层级是精神疾病患者的体验。神经科学的知识与实践对患者解释其自身状况或定义其身份有何影响？患者如何看待治疗的有效性？他们如何回应专业人士提供的生物或认知解释？这些演变很值得研究，因为它们有助于我们了解科学解释在社会中的传播方式及其产生的影响。

神经科学声称要重新设置构成人的两个维度之间的联系和互动，即其生物学基础（重点放在生命及其新兴形式上）和社会基础（集体生活的文化形式）。神经科学提供了针对我们的有机存在和社会生活进行解释和采取行动的手段，同时也为介于生物与社会之间的人类提供了新的存在可能性和新的人生存在方式。神经科学已成为人类学和研究当代社会的社会学的肥沃土壤，因为神经科学促使社会科学以全新的视角去思考人的基本问题[1]。

因此，社会科学试图理解个体将神经科学知识和实践（生物学、认知学、神经化学等）所提供的解释模型融会贯通的方式。社会科学展示了这些解释模型如何为个人提供了一个概念和实践框架，以定义其身份或其主观性，用以进行自我反思和集体思考。从这个角度来看，神经科学或许已经取代了西方社会的"心灵学"（心理学和精神分析学）。

神经多样性运动已成为实验室之外的神经科学中人的自然主义概念扩散的范式。这场运动的源头是自闭症患者协会发起的运动，尤其是阿斯伯格综合征患者，这类自闭症通常被称为"高级"自闭症。他们根据神经科学的解释术语，认为自己所患的自

---

[1] EHRENBERG A., «Se définir par son cerveau. La biologie de l'esprit comme forme de vie», Esprit, janvier, 2015, p. 68–81; MOUTAUD B., «Neuromodulation Technologies and the Regulation of Forms of Life. Exploring, Treating, Enhancing», *art. cit.*; ROSE N. et ABI-RACHED J., *Neuro: The New Brain Sciences and the Management of the Mind, op. cit.*

闭症，既非疾病也非残障，而是一种特定的人类条件，一种与众不同的神经和认知运作模式。他们以自身大脑的特殊性及特定功能为理由，提倡要承认另一种生活方式，呼吁给予自闭症患者平等的权利[1]。

这一运动阐明了人类学家保罗·拉比诺（Paul Rabinow）在遗传病方面创造的"生物社会性"概念[2]。这一概念有助于思考生物和社会之间的相互强化作用，反映了围绕共同的生物或病理特征形成的个体群落动态。这些患者协会利用相关医学和科学知识，酝酿并采取行动，迫使社会各方承认其应有权利，推动医学研究、医疗实践或知识生产。

这也是前文提到过的杜米特的研究方向[3]。杜米特对精神障碍案例中脑成像技术的社会用途进行了研究，指出在索赔案中（如与保险发生冲突，产生金钱或法律纠纷时），当外行人掌握并利用脑成像技术以让对方承认某些诊断结果时，如何诠释图像及其知识便成为争议的焦点。杜米特还描述了这些技术和相关知识如何通过提供一个可依据的"有形"的事实、一个被视为现实的明确的有机基质，对身体和疾病体验予以了合理化和重新定义。这些技术将提供"客观化的人"的类别。

在同类研究中，我们还可以参考自闭症或精神分裂症儿童患者父母协会运动的研究。有些父母拒绝接受疾病的心理动力学模型，与此同时，从前用以解释和治疗精神疾病的精神分析的信誉也开始

---

[1] EHRENBERG A., «Se définir par son cerveau. La biologie de l'esprit comme forme de vie», *art. cit.*; FOREST D.,《Les ambiguïtés de la neurodiversté. Un droit à la différence?», *Medecine/Sciences,* Vol.32, n° 4, 2016, p. 412–416.

[2] RABINOW P., «L'artifice et les Lumières: de la sociobiologie à la bio-socialité », *Politix*, Vol. 90, n° 2, 2010, p. 21–46. "Artificiality and Enlightenment: From Sociobiology to Biosociality", *in Essays on the Anthropology of Reason*. Princeton, Princeton University Press, 1996: 91-111.

[3] DUMIT J., «Is It Me or My Brain? Depression and Neuroscientific Facts», *art. cit.*; DUMIT J., *Picturing Personhood. Brain Scans and Biomedical Identity*, *op. cit.*

下降[1]。精神分析往往以道德的眼光去孤立看待症状及其病因，并将母亲或母子关系视为引发疾病的根源[2]，这些观念如今均备受诟病。相关家长协会坚信生物或认知－行为因果关系的中立性，同时也愿意积极配合研究人员和医生，以凸显专业知识的权威，并对医学研究及其目标或评估施加影响，从而捍卫自己的利益[3]。

因此，成功传播和使用神经科学的自然主义和大脑中心话语，既不关乎其经事实证明的科学价值，亦不关乎支持这些解释的实践的有效性，而相关实践目前较少被发掘且很少被研究，它更多的是关乎人的概念。这种话语透过其对人类生存的论述，确实在当代社会中找到了一定的共鸣。总而言之，它渲染了健康民主体制和理想的某种色彩，使病人成为自身健康的主体。上述不同情形最终将标志着"大脑主体"的出现[4]。此一概念及其衍生术语，如"神经化学自我"（neurochemical self）[5]、"脑格"（brainhood）[6]等，将为现代个体演绎一种新的存在形式、一种新的自我思维方式，并根据人的大脑及其功能来定义人的个人身份和关系生活。

然而，不同分析的分歧点如下。一种观点认为，发生巨大改变的，是人的定义、人的本质及其自我表征的方式，它再现了一种"神经本质论"，是一种关于人的生物学本质的形而上学话语。另一种观点则认为神经科学提供了一种新型社会语言，行动者用其反映

---

[1] CHAMPION F., Psychothérapie et Société, op. cit.; 参考本书中梵斯坦（M. FANSTEN）的文章。

[2] CHAMAK B. and BONNIAU B. «Changes in the diagnosis of autism: How parents and professionals act and react in France», Culture, Medicine, and Psychiatry, 37, 2013, p. 405-426; HARRINGTON A., «The fall of the schizophrenogenic mother», The Lancet, Vol. 379, n°9823, 2012, p. 1292-1293.

[3] CHAMAK B. and BONNIAU B. «Changes in the diagnosis of autism: How parents and professionals act and react in France», Culture, Medicine, and Psychiatry, 37, 2013, p. 405-426; 参见本书中莎玛克（B. CHAMAK）的文章。

[4] EHRENBERG A., « Le sujet cérébral », art. cit.

[5] ROSE N., The Politics of Life Itself, Princeton, Princeton University Press, 2007.

[6] VIDAL F., «Brainhood, Anthropological Figure of Modernity», History of the Human Sciences, Vol. 22, n°1, 2009, p. 5-36.

自己每天的状况。这种语言将与其他语言相加或交叠。

因此,这种"大脑主体"的新条件将为跨越社会诸多维度的个体政治概念提供依据。对于一些观察者来说,其特征在于个人治理和自我问责,每个人都应该承担对自己身体、内在世界和未来的管理。神经科学借助对大脑的认识,寻求解决一系列医学社会问题(如疾病风险预防或教育),从而使得生物"自我"成为个体干预和生物政治干预[1]的首选目标。我们须对此器官负责,悉心呵护它,但我们也可以针对它采取行动,来确定我们想要成为什么样的人,或处理偶发事件。

然而,这种立场的灵感源自后福柯学说,它描述了一种更聚焦于生物维度的新的生命形式。针对这些演变,另一种解读则更多地着眼于社会性(这两个立场并不相互排斥):神经科学的自然主义话语被分析为新的参照体系或作为新的语言运用,如同一种规范人与人之间的新社会协议。它不仅仅是一种有助于建立基于生物学的身份(或行动汇编)的话语,更是一种被用以仲裁冲突局面或道德紧张局势的特殊语言,这些冲突或紧张局势关乎个人的疾苦,也关乎每个人在此疾苦中应负有的责任。在此,大脑被视作个人解放和个人问责的空间,既是社会价值及替代性生活方式的载体,更是其自然主义方面的表现,独立自主的精神进而上升为社会的基本价值。神经科学的自然主义设想是将当代社会理想转化为一种科学语言[2]。

结　语

在借助神经科学解释和解决精神错乱问题的背后,是对人的全方位认识的问题。我们在探索自闭症患者互动交流缺陷的同时,也

---

[1] ROSE N., *The Politics of Life Itself*, op. cit.; ROSE N. et ABI-RACHED J., *Neuro: The New Brain Sciences and the Management of the Mind*, op. cit.

[2] EHRENBERG A., «Le sujet cérébral», art. cit. ; EHRENBERG A., «Se définir par son cerveau. La biologie de l'esprit comme forme de vie», *art. cit.*

在探索社会认知的神经元基础；而对强迫症的强迫和冲动症状的神经化学机制进行定义，则有助于了解我们行为的有机基础及其与情感和认知之间的联系。在此，病理仍然是理解正常运作的一种方式。艾伦·杨[1]曾精辟地指出，神经科学作为一种新的人类学，其探索的范围超出了对自然和大脑的技术掌控问题，而提出了控制人类行为的逻辑知识模式的基本问题以及了解心灵的他者（他者心灵的想法及其运作方式）的问题。神经科学声称要成为管理个人事务的手段，同时也直面质疑人文科学和社会科学的知识和解释模型，并验证其证据管理方法，后者或将成为替代性的方法。

数项批判性分析均谴责了神经科学的这种霸权定位，并指责其乌托邦式的特性，认为它的计划过于夜郎自大，希望仅通过研究大脑来全面了解一个人，此设想将技术科学想象和社会想象维系在一个全新的结合中，希冀采用科学渠道去解决社会问题。在此，神经科学只是生物化话语掌控社会生活的当代版本[2]。例如，许多人认为有必要继续关注社会逆境、生活条件和经济上朝不保夕等对心理健康的影响[3]。

推荐书目

Bovet E., Kraus C., Panese F., Pidoux V. et Stücklin N., «Les neurosciences à l'épreuve de la clinique et des sciences sociales», *Revue d'anthropologie des connaissances*, Vol. 7, n°3, 2013, p. 555-569.

Castel P.-H., *L'Esprit malade: cerveaux, folies, individus*, Paris, Ithaque, 2009.

Chamak B. et Moutaud B. (dir), *Neurosciences et société. Enjeux sociaux des savoirs et pratiques sur le cerveau*, Paris, Armand Colin, 2014.

---

[1] Young A., «The Social Brain and the Myth of Empathy», *Science in Context*, Vol. 25, n° 3, 2012, p. 401-424.

[2] Lermerle S. et Reynaud-Paligot C., *La Biologisation du social. Discours et pratiques*, Nanterre, Presses de Paris Nanterre, 2017.

[3] Rose N., «Neuroscience and the future for mental health? », *art. cit.*

CHOUDHURY S. et SLABY J. (eds.), *Critical Neuroscience: A Handbook of the Social and Cultural Contexts of Neuroscience*, Chichester, Wiley-Blackwell, 2012.

DEMAZEUX S. et SINGY P. (eds.), *The DSM-5 in Perspective: Philosophical Reflections on the Psychiatric Babel*, Springer, 2015.

GUENTHER K. et HESS V., «Soul Catchers: The Material Culture of the Mind Sciences», *Medical History*, n°60, 2016, p. 301-307.

ORTEGA F. et VIDAL F. (eds), *Neurocultures. Glimpses into an Expanding Universe*, New York, Frankfurt, Berlin, Peter Lang, 2011.

PANESE F., ARMINJON M. et PIDOUX V., «La «fabrique du cerveau en tensions entre sciences sociales et neurosciences», *SociologieS*, 2016, http://sociologies.revues.org/5264.

PICKERSGILL M., «Promising Therapies: Neuroscience, Clinical Practice, and the Treatment of Psychopathy», *Sociology of Health and Illness*, n°33(3), 2011, p. 448-464.

PICKERSGILL M. et VAN KEULEN I. (eds.), *Sociological Reflections on the Neurosciences*, Bingley, Emerald, 2011.

谋求"福祉":现状与展望

娜迪亚·卡尔努斯(Nadia Garnoussi)

福祉,一如幸福或痛苦,是一个常理概念,但同时也是一种福利,如何衡量这个福利,长期以来是一个难题,尤其是在受功利主义主导的经济学中,福祉与社会效用一直紧密相连。诚然,衡量福祉的困难之一在于其相对的主观性。福祉会依不同文化和不同社会时期而异,社会也往往会让个人为自己的存在价值及意义负责,心理倾向及个性特征自然也包含其中。

尽管如此,评估和测量民众和个人福祉的标准却层出不穷。在统计评估领域,人们逐渐意识到单凭国家财富水平和个人收入水平之类的经济标准已不足以反映实际情况[1]。这些经济标准使用多种多样的指标,试图更为准确地反映"良好"生活的非物质维度以及人的主观感受。例如,2011年,经济合作与发展组织(OECD)引入了一种新工具,名为"更好的生活指数","通过衡量人们心目中重要的事情去关注人们的生活"[2]。除了与收入、就业和住房相关的传统标准之外,还有"个人满足感"和"职业生活与家庭生活平衡"等,个人层面的全面发展已被视为幸福感的主要决定因素。除这些指标之外,还需要对个人拥有的"资本存量"进行评估,其中包括一些被认为对福祉和社会进步不可或缺的技能和情感,如"对

---

[1] BIGOT R., CROUTTE P., DAUDEY E., HOIBIAN S., MÜLLER J., «L'évolution du bien-être en France depuis 30 ans », Cahier de recherche, Crédoc, décembre 2012.

[2] Selon la directrice des statistiques de l'OCDE («L 'OCDE lance un indicateur du bien-être», *Le Monde*, 25 mai 2011).

他人的信任"[1]。更广泛而言，这种观点与社会和经济方法不谋而合，在考虑到人们自身以及环境的局限因素的同时，致力于通过评价人们"所做的、所能做的以及他们对生活的评价"来重新理解经济和社会发展[2]。

我们认为，这些测量指标更多地考虑了个人的"整体"身心平衡和社会平衡，对福祉的道德经济价值既起到了测量作用也起到了滋生作用。本文将根据风俗习惯、积极心理学的自我修炼和精神卫生公共政策三个主要观点，致力于阐明这一经济情况、其新近转变和革新。前两个部分着眼于分析以下变化：20世纪60年代社会变革引发了以个人解放为诉求的福祉概念，该概念随后转为围绕个人层面改善日常生活的实用观念。随后的两个部分着重阐述福祉的目标及手段的理性化逻辑，包括促进"良好"精神健康发展的政策。

福祉作为自我解放的理想

在当今时代，福祉最显著的意识形态变化体现在如下方面。在20世纪60年代和70年代，谋求福祉构成了社会变革的关键枢纽，摆脱了社会保守结构藩篱禁锢的个体-主体的形象已基本形成。对解放、"修炼"和反思的主体性的关注，一直贯穿在长时段的西方历史中，在经济繁荣和社会昌盛的特定背景下则显得更为活跃，这可从思考社会问题方式的变化中反映出来，尤其是引入了心理学作为解读社会问题的工具。个体化和世俗化的逻辑互相交叉[3]，其运作

---

[1] OCDE, *Comment va la vie ? 2015 : Mesurer le bien-être*, Éditions OCDE, Paris, 2016.

[2] STIGLITZ J., SEN A., FITOUSSI J.-P., *Richesse des nations et bien-être des individus,* Paris, Odile Jacob, 2009, p. 165.

[3] 在此所参照的是诺伯特·埃利亚斯（Norbert Elias）关于个体的定义，他研究了中世纪以来西方个体的历史演变，认为其特征是个体身份的两个组成部分（一个是"我"，另一个是"我们"）重新组合，第一个往往盖过第二个。参见 *La société des individus*, Paris, Fayard, 1991。

既体现在社会体制内部，也体现在中观和微观社会层面[1]，从中动摇了维系社会控制机构命脉并掌控日常生活的权力制度的道德基础。

这种着眼于思想解放的哲学理念构成了平等化运动的一部分，使所有人的福祉需求规范化，并将自治原则作为民主社会的普遍目标，然而其内涵主要体现在"新中产阶级"的诉求中[2]。之所以言其"新"，是从数量上而言的，这些新中产阶级形成了一个随着中端职业（管理人员、护士、社会工作者、工程师……）数量的增加而扩大的社会空间，加入其中的还有来自低层阶级的处于上升轨迹的人士。从定性的角度来看，这也表现出下列特征：他们虽然仍对社会不平等持批评态度，却有别于构建工人斗争运动的动机。因此，新中产阶级不再坚持统治与被统治关系的观点，这种观点首先指责资本主义强加的生产关系[3]。因为新中产阶级重视个人努力和个人功绩对社会流动和社会成功的价值。他们热衷支持"新社会运动"（NMS），新社会运动的发展方向表明了对不平等观念认识的转变。新社会运动将女权主义、生态运动、捍卫少数派权利等不同流派结合起来，设想出新的抗议方式和公民身份形式，主要着眼于改变公民社会和风俗习惯，反对资产阶级和父权制的道德价值观。因此，新中产阶级主要活跃在文化方面，在经济繁荣背景下出现的"后物质主义"价值观[4]在"新社会运动"中大行其道便是其佐证。因此，他们更注重的是私人空间自由化的问题，而不再是揭露财富分配的不平等。

由于"新社会运动"尤为注重谋求福祉，因此其哲学理念以及

---

[1] DOBBELAERE K., «Secularization: a multi-dimensional concept», *Current sociology, 29*, 2, 1981, p. 3-153.

[2] BIDOU C., *Les aventuriers du quotidien. Essai sur les nouvelles classes moyennes,* Paris, PUF, 1984; SCHWEISGUTH E., «Les salariés moyens sontils des petits-bourgeois?», *Revue française de sociologie*, 24 (4), 1983, p. 679-704.

[3] GROUX G., *Le conflit en mouvement : débat avec Michel Wieviorka*, Paris, Hachette, 1996.

[4] INGLEHART R., *The Silent Revolution*: *Changing Values* and *Political Styles Among Western Publics,* Princeton, Princeton University Press, 1977.

更广泛而言的"新中产阶级"文化观念主要围绕该运动所主张的不墨守成规的矛盾思想而构建。因为新中产阶级有助于围绕高效且具有社会价值的个性建立起非常强大的标准[1]。其他研究更侧重于关注贯穿于新中产阶级文化的"身份范式"的特殊性[2],因为新中产阶级认为每个个体都有权利根据自己的历史、性格、偏好来捍卫自己独特的身份和生活方式。我们可以看到,根据这个范式,关注福祉有助于"重新构想"集体行动,而不是掩盖它,赋予其个人自主的权利(摆脱阶级、教育、家庭社会化等制约条件……)以及基于世界主观经验的"意义"探寻[3]。因此,新社会运动的共同方向基本上是"实用性的":它假设对外部世界的掌控须经过主体对其自身进行改造的努力。

这种哲学观的典型例子是人类潜能(Potentiel Humain)运动。这一运动诞生于20世纪60年代的美国反主流文化,融合了"人文主义"新式疗法,其关注点不在于精神疾苦本身,而更注重开发个体"潜能"的方式[4]。这些新式疗法虽然继续从精神分析基本学说中汲取养分,承认无意识和治疗中移情机制的存在以及童年的决定性特征,却拒绝将个人的真实归结于其"冲动"、其决定论因素及其神经质或精神病症状[5],而鼓励人们努力摆脱导致自身挫折和痛苦的道德和社会制约条件。人文主义心理学以乐观的姿

---

[1] 参见布尔迪厄在 La distinction 中对"新小资产阶级"的分析。布尔迪厄认为,这一处于上升轨迹的中产阶级群体,其"生活方式"的基调是与"大众品味"划清界限,却刻意接近主流阶层的风格,这主要通过"良好的文化意愿"去实现。新小资产阶级与恪守"职责道德"的保守的小资产阶级迥然不同,他们极力捍卫基于"个人健康和心理治疗崇拜"的享乐主义伦理,成就其成员的"职业和个人"福祉。 La distinction. Critique sociale du jugement, Paris, Éditions de Minuit, 1979, p. 409-431.

[2] COHEN J.L., «Strategy or Identity: New Theoritical Paradigms and Contemporary Social Movements», Social Research, Vol. 52 (4), 1985, p.663-716

[3] NEVEU É., Sociologie des mouvements sociaux, Paris, La Découverte, 2015[1994].

[4] LAPASSADE G., «Le mouvement du potentiel humain», L'Homme et la société, 29-30, 1973, p. 115-152.

[5] 正如"人类潜能"自我定义为"第三种流派"一样,它比精神分析更为彻底地与行为主义和认知主义分庭抗礼,认为它们只是一种纯粹机械的心理运作解读。

态，将个体视为一个实体，其平衡取决于其身体、心理和情感需求之间的和谐互补。治疗中使用的各种技术，试图调动上述不同维度，将身体和情感的表达与言语表达联系起来，这主要通过原始尖叫、演心理剧、角色扮演、冥想等方法。他们相信有一个微妙的现实，并用"生气""能量""成长过程"等概念来指代，他们赋予灵性以非常中心的地位，但这种灵性却明显地有别于宗教的体验，它是一种内在体验，是达到自我修炼至高境界的一种形式。因为这种体验也像其他动态因素一样，有助于自我肯定：对于人文主义心理学而言，它意味着个体逐渐摆脱占主流的教育模式和社会化模式，勇于承担自己的选择。由于宗教、家庭和性规范标准在20世纪60年代和70年代开始挣脱围绕义务、责任和自我牺牲而建立的传统框架，因此不墨守成规的主张在社会上更能产生强烈共鸣。

福祉与健康产品市场：向务实转变

人类潜能运动并不局限于那些开发了上述新型治疗技术并扩大其范围的小团体，例如那些旨在超越普通意识的试验。人类潜能成为积极心理学的一个大本营，其传播范围遍布西方社会，并为"健康产品"市场提供了动力[1]。一方面，健康产品市场融合了在精神病学和正统精神分析之外蓬勃发展的福利服务[2]；另一方面，心理学知识从20世纪80年代开始在所有领域传播，其中包括追求绩效和营利目标的领域，而在反文化思潮中形成的反消费主义观念则日渐边缘化。个人福祉问题独立于行动者致力于改变生活条件的计划之外，它指的是在充分平和的环境中逐渐自我改进的工作，以便个人有能力做出相应的努力并迅速体会到其益处。

---

[1] CASTEL R., *La Gestion des risques. De l'anti-psychiatrie à la post-psychanalyse*, Paris, Minuit, 1981.

[2] CHAMPION F. (dir.), *Psychothérapie et société*, Paris, Armand Colin, 2008.

20世纪90年代，法国重启《心理学杂志》（*Psychologies magazine*）的成功案例便很好地反映了"实用性"资源市场提供的多样化局面，其背景是消除冲突，谋求自在幸福和更惬意的生活。新闻大亨塞尔万－施雷博（J.-L. Servan-Schreiber）于1997年收购并重启《心理学杂志》，在谈及杂志所瞄准的读者对象时，他曾这样说道："在没有新的物质进步的情况下，我们的读者是那些具有超前意识的人，他们正在寻求一种新的进步形式，即寻求内在心灵、人际关系和存在的自在幸福。"杂志聚焦的主题是更好地认识自我和提高自信，囊括家庭、子女教育、性、追求幸福、人生意义和灵性等议题。通过在这些关注点中辨识通往个人发展和"成功"生活的密钥，《心理学杂志》致力于挖掘人文－存在主义疗法的优势，优化"健康"潜力，并主张普及积极心理学，让其惠及广大受众。杂志的编辑取向虽然包含多种多样的心理"方法"，但每种方法都必须能满足特定需求，杜绝涉及秘教或秘术的内容。《心理学杂志》提供精神生活和个人行为的各种普及性知识，其所瞄准的对象是"有文化"的中产阶级，谙熟心理治疗和灵性领域。他们虽然并非正统的精神分析、医学、宗教阶层人士，却受其耳濡目染。《心理学杂志》也拒绝成为"精神分析通俗杂志"，并告诫人们警惕任何可能带有"宗派弊端"的疗法。之所以做出这些区别，是因为存在多种多样的心理疗法供人选择，而《心理学杂志》恰好是其展示橱窗，它以知识和伦理的合法性证明其存在的理由。这些疗法的代言人都是那些在媒体上走红的哲学、心理学、精神分析学、精神病学头面人物，通过重新审视传统思想，如古代哲学和佛教，探索"意义"、"幸福"、"自尊"或"智慧"的问题。这些传统思想证明了"观照自我"的普遍性和真实性，与之对立的是一种更新近而肤浅的"自我"文化。该杂志在捍卫改变自我工具的多样性的同时，也鼓励具有真正社会效用的个人发展，回归更为良好的社会关系。投入"高品质"的自我修炼工作的人被视为更富有责任感，更意识到有必要改进人际关系。

倡导积极心理学还包括推崇"世俗"灵性，这也是上述代表人物的共识。这个概念特别受到"实用"哲学家的推动，其中一位是《心理学杂志》的主要撰稿人——哲学家安德烈·孔特-斯蓬维尔（André Comte-Sonville）。这一概念的特点是参照前基督教哲学思想，不将理论与深刻的自我认识实践分离开来，从而实现某种世俗拯救。因此这种哲学援引古代传统中的"灵性修炼"，将它与东方传统的冥想修炼相比较，这些冥想练习有助于习练更"有意识"、更平和的人生存在方式，因为它是以关注当下为主旨的。

此外，21世纪初以来，神经认知科学获得了广泛普及，它将个人发展问题与大脑功能联系起来，扩展并强化了谋求福祉的理性化逻辑。在希冀成为新的"情感医学"的明星作品中，《心理学杂志》撰稿人大卫·塞尔万-施雷博（David Servan-Schreiber）在《自愈的本能：抑郁、焦虑和情绪压力的七大自然疗法》一书中，提出了可用七种方法来控制情绪，结合新一代的认知行为疗法（快速眼动疗法 EMDR 和心脏放松疗法），提供营养食疗、人际交流秘籍以及针灸和传统医学建议。其论据来自个人发展的基本哲学——采用"简单"的方式改变自己的生活。但由于他引用科学证据以证明相关有效性，因而便与所谓的替代心理-灵性方法产生了决裂，因为这些替代性疗法质疑医学的理性并且是在体制之外发展的。通过以上方式，这种精神医学新潮流除了为多元化发展的市场提供额外的服务内容之外，还有助于对市场进行重组，因为它在科学、政治和经济领域之间架起了新桥梁。此新潮流的中心代表人物便是巴黎圣安妮医院的精神科医生克里斯托夫·安德烈（Christophe André）。其中一个例子是从佛教中借鉴而来的"正念"冥想，被作为剔除了宗教含义的技法，引入精神科治疗中，用以降低护理成本，预防诸如精神紧张和抑郁的普通疾病，同时也教导接受治疗的患者更好地管理自己的症状。

《市场考察：从幸福感到不安感》[①]

尼古拉·马尔基（Nicolas Marquis）的这本书是在其博士学位论文的基础上撰写而成的，该书深入分析了"个人发展"主题著作在社会上流行的原因。根据这些书的内容，为了不落于谴责或捍卫的二分法俗套，作者建议从社会学的角度"认真地"对待它们，将文本视为"载体"，帮助我们理解读者与个人发展文本之间的特殊关系。通过对读者的访谈和他们与这类书籍作者的来往信件分析，可以发现个人发展的提议与人们用以解释自身经历和痛苦的不同方式之间的互动情况。个人发展所注重的因果关系类型是独立于个人意愿之外的（创伤便是其中的解释之一），作者因而将其与奇幻思维进行比较。读者对这些书的效率抱有很高的期望，这更加强了上述比较，并促使读者选择最能给自己指明方向的著作。尼古拉·马尔基强调指出，接受和采纳的方式虽然多种多样，但在读者和遇到的内容之间必须建立必要的"联系"。鉴于身份认同问题至关重要，读者会认同作者的专家地位，尼古拉·马尔基选择了其中三个作者作为研究对象：鲍里斯·西吕尼克（Boris Cyrulnik）、托马斯·德·安桑布尔（Thomas d'Ansembourg）和提瑞·简森（Thierry Janssen）。在读者与作者提议的方法的相遇中，作者的投入强度和读者的期待强度证实了个人发展概念的规范性力量，以及它能把控越来越多的心理和生存问题的能力，而这些心理和生存问题恰好是人们所致力于解脱的。

精神健康与福祉的政治理性化

从20世纪90年代起，在法国以及其他欧洲国家[②]，精神健康

[①] MARQUIS N., *Du bien être au marché du malaise. La société du développement personnel*, Paris, PUF, 2014.

[②] CHAMPION F., GARNOUSSI N., HUTSCHEMAEKERS G., PILGRIM D., «Logiques des transformations du champ psychothérapeutique en Angleterre, France et Pays-Bas: spécificité nationales et tendances communes », *SociologieS*［En ligne］, Théories et recherches, 2014.

议题开始在有关福祉的媒体报道、政治决策和科学研究中占据重要位置。一方面是因为人们开始将心理平衡视为整体健康的主要部分；另一方面，在心理疾苦现象不断增多，但又不能将其纳入精神疾病领域的情况下，需要提供"心理精神"方面的回应。在这种情况下，精神健康状况不佳已成为民生福祉发展的主要障碍。这一观察结果也反映在统计指标中，例如，根据法国生活条件研究观察中心（Credoc）的统计数据，其情况喜忧参半——在数个客观幸福和感知幸福指标之间出现了显著失调。在物质舒适度（设备、住房）、教育和娱乐方面，近30年来情况已持续获得改进，尤其是在健康领域，平均预期寿命不断增长，这主要得益于长期以来针对烟草和酒精等风险所实施的预防政策。但调查结果也显示出，在过去的10年中，"生活在不稳定和不安全的世界中的感觉"比例有所上升，从而引发抑郁、精神紧张和疲劳等症状。

从逻辑上，我们可以将其归因于社会经济不平等现象的增加和各种形式的社会保障的衰落，以及这一演变对精神健康的影响。此外，随着社会福利受到削弱，安全感减弱等想法也被列入"稳定不变的指标"当中[1]。人们在现实生活中的不稳定感越来越强，处境日渐脆弱，缺乏安全感[2]。尽管如此，我们不妨超越这种简单的因果关系，去考察感受痛苦的方式，并阐述我们文化结构中所特有的社会问题。目前有一部分研究也开始关注当代个体伦理经济的问题。这类研究为精神健康问题的扩展提供了额外见解，这些精神问题表现为多种多样的疾病和症状，从常见不适到严重疾病，并见于各个年龄组和所有社会阶层。阿兰·埃亨伯格（Alain Ehrenberg）将其喻为新的"物种园"[3]。在这方面，精神健康代表了一种拓展的范式，而不再是从前专由精神病学医治的局限范畴。

---

[1] CASTEL R., *Les métamorphoses de la question sociale. Une chronique du salariat*, Paris, Fayard, 1995.

[2] PEUGNY C., *Le déclassement*, Paris, Grasset, 2009.

[3] EHRENBERG A., «Remarques pour éclaircir le concept de santé mentale. Point de vue», *Revue française des affaires sociales*, 2004 (1), p. 77–88.

幸福感与良好的精神健康越来越密切相关，与此同时，"精神心理"医生提供的解决方案仍面临着强大的理性化逻辑问题。最能体现这一点的是心理治疗领域的最新演变，表现为实践多元化和标准化的逻辑。21世纪初期，法国发生了有关心理治疗评估与心理治疗师的实践和资格监管的争议，诸多人士主张应对心理治疗做出"科学"的定义[1]。他们援引公共卫生论据，强调为心理治疗提供科学依据的必要性，并要求确保用于确定症状的技术的有效性。这便是2001年世界卫生组织报告中给出的定义：该报告将心理治疗定义为"有计划和有组织的干预，旨在通过口头和非口头的心理手段的不同刺激来改变人的行为、情绪和反应模式"。因此，上述列举的技术包括从简单的"支持疗法"到认知和行为疗法，以及"放松"练习。

在心理疗法的使用方面，相关调查（BVA 2001、CSA 2006、MGEN、INPES）显示，随着人们越来越多地选用心理疗法，对诊断出的精神病的"治疗"工作和提高幸福感工作之间的边界越来越模糊。促使患者就诊的首要原因是一般的不适症，其"病理"特征引发的争论最多，根据调查项目，可分为"抑郁症"或"情绪低落"、"焦虑"或"睡眠"问题。总体而言，大多数就诊是出于普通生活原因（根据CSA的调查，16%的人称曾因"人际关系问题"、11%的人为了处理"职业问题"而求助过心理疗法），或出于个人发展愿望（根据CSA调查，20%的人称曾求助心理疗法以"更好地认识自我"）。通过调查，我们还发现了一个强调心理治疗师的帮助和介入关系的心理治疗概念，我们在一项关于抑郁症的研究中也阐明了这一点[2]。受访者赞赏心理治疗师"适应"患者需求的能力，除了话语疗法之外，能使用几个"方法"来治疗：例如，通过建议"做练习"，或通过冥想、催眠、放松来对身体或情绪进行治疗。求助于

---

[1] KOVESS V., SAPINHO D., BRIFFAULT X., VILLAMAUX M., « Usage des psychothérapies en France: résultats d'une enquête auprès des mutualistes de la MGEN », *L'Encéphale*, 33 (1), 2007, p. 65–74.

[2] GARNOUSSI N., « Une maladie comme une autre? *Logiques* de redéfinition de la dépression et du vécu dépressif », *Lien social et Politiques*, n° 67, 2012, p. 17–32.

这种疗法的受访者之前也求助于"纯粹"的精神分析治疗，他们觉察到精神分析对深化主体机制的价值意义，从而赋予它一种更高的智力价值，但他们不承认精神分析能够像心理身体疗法或灵性方法那样，具有治疗功效。

福祉作为公共政策的能力工具

福祉的政治维度是指将预防范围扩展到生活的更多方面，这正是世界卫生组织对健康的"积极"定义所反映的内容——将其定义为不仅仅是"没有疾病或残疾"。关于这个问题，我们不妨参考福柯和其他人对官房学派的分析：阐述了人口管理如何逐步综合考虑个人生活与幸福[①]，从而改变了管理的设备和技术，使人们日渐将行为规则和自我控制内在化[②]。

20世纪90年代以来，制定有利于"良好"心理健康的公共政策成为这一运动的组成部分。在世界卫生组织的支持下，这些政策的目标远远超出了精神疾病的治疗范围，并将医治常见精神障碍作为优先发展的领域。通过改变公共卫生目标，这些政策也超越了预防范围，致力于促进良好的身心和社会健康。传统的精神卫生运动[③]，常把优化人口健康看作社会进步和经济发展的杠杆。在当代公共政策中，我们可以辨识出良好健康概念的连续性，它不仅是一种权利，也是一种义务，构成了全面参与"公民身份"的内涵。因此，个人的责任在于通过使用适当的医护来保持并提高其健康资本，或者通过避免风险从上游预防疾病的发生。总而言之，无论这

---

① LASCOUMES P., «La Gouvernementalité: de la critique de l'État aux technologies du pouvoir», *Le Portique*［En ligne］, 13–14｜2004.

② BERLIVET L., «Naissance d'une politique symbolique : l'institutionnalisation des "grandes campagnes" d'éducation pour la santé »，Quaderni. 33, Automne 1997, p. 99-117.

③ 精神卫生运动始于19世纪的北美和欧洲，横跨医学、社会科学和人文科学等领域。它倡导推行预防性政策，以发现生活条件恶劣和缺乏教育的弱势群体的相关缺陷和道德不端行为。

一资本的状态如何，相关官方文件均倡议以符合心理健康和"富有成效"的方式参与社会活动，并确定医护方法和提高幸福感，培养个人"技能"。

那么个人应该具备什么样的能力呢？首先要恢复他们的自主能力，使他们在社会上自我"恢复"。所有个人，无论其健康状况和社会状况如何，都要尽力适应自身环境的限制。懂得如何应对"正常的生活紧张压力"被描述为不可或缺的能力，因为当代社会的发展使个人处于重重压力之下，在要求个人拥有更高的灵活应变能力的同时却较少为其提供安全感。这种注重开发个人能力的方法，希望以人道主义和民主的方式去捍卫"所有人的福祉"，要求在进行生产性投资的同时，能保障个人的自我实现及和谐发展的"权利"。这些政策文本因此进入了积极心理学的领域，强化了福祉是一种人人祈望和对社会有用的状态。这就是为什么公民的"积极和富于创造精神"形象涵盖了一种具有一系列"心理社会技能"的人格特征，包括"具有批判精神和创造性思维"、"懂得如何做出决定"、"有自我意识和同情心"或"管理自身压力和情绪"等能力。

这些能力也与某种生活方式相对应，这种生活方式应建立在下列基础之上：与人自如交流、有正常的社交生活、与自己和他人建立平和非冲突的关系。公共政策将"精神福祉"视为社会经济和个人生存的关键问题，它不仅对"生活质量"来说不可或缺，同时还为生活质量赋予了某种"意义"。近年来，这种方法已经发展到将"灵性"（spiritualité）也纳入健康定义中（《曼谷宪章》，第六届世界健康促进会议，2015年8月11日）。对灵性层面的考虑源于全球公共政策试图适应传统健康实践仍然根深蒂固的文化背景。但最近在西方国家，它也与世俗化的灵性概念的兴起相呼应，该概念将灵性视为健康的决定因素[1]，从这个角度来看，灵性可以被认为完全独立于宗教，可以在"和平""爱""安宁""同情心"的内在价值中找到

---

[1] KING M. et al., «Conceptualising spirituality for medical research and health service provision», *BMC Health Service Research*, n°9, 2009, p. 116 sq.

其含义。综观我们上文提到的积极心理学和个人发展中关于福祉的想法，灵性与健康的关联并不新奇。然而，这里所涉及的是另一组行动者和利益集团，他们不再是为了捍卫正统医学和心理学的替代方法，而是要拓宽其极限并扩大其管辖范围[1]。基于神经科学数据的精神医学尤为明显：针对大脑功能的大量研究建立了能够控制和缓解情绪的身心平衡标准。由于灵性意味着对世界保持开放精神和宽容胸怀，它将有助于提供个人的幸福感，包括能通过身体测量的幸福感。其参考佐证是对正在静坐冥想的和尚大脑活动的观察，得出的结论都非常正面：冥想有助于提高认知能力，减少被视为有碍主观幸福感的焦虑和抑郁情绪，并可提高人的工作效率。

为福祉服务的新实践者：英国改善心理治疗可及性计划（IATP）范例

英国政府于2005年推出的改善心理治疗可及性计划（IATP）是启用心理社会干预的全新心理健康战略的最佳范例。为了迅速治疗大规模精神障碍（首先是抑郁症），该计划主张采用"分步方法"（stepped care approach），通过调整患者的评估需求来更好地控制治疗工作的分配。该计划共划分出三个护理等级：一是筛查，由护士和全科医生负责；二是轻度和中度抑郁症的治疗；三是采用"高强度"干预和/或药物治疗有自杀倾向的住院患者。针对抑郁症患者，该计划准备组建一支新的工作队伍，其中"福祉实践者"（WBP）将"在维护国家健康方面发挥核心作用"，帮助患有常见疾病的个人重返工作岗位。在基于验证数据的良好实践指南的监督下，"福祉实践者"的干预动用多种多样的技术，包括耐心倾听、自我引导支持、计算机辅助认知行为疗法以及心理教育团体活动、行为激活或简短的心理咨询干预等。

---

[1] Garnoussi N., « Le Mindfulness ou la méditation pour la guérison et la croissance personnelle: des bricolages psychospirituels dans la médecine mentale », Sociologie [En ligne], n°3, 2011, Vol. 2.

结 语

在过去的 50 年里，福祉研究获得了充分的重视。这些转变包括三个主要层面，它们之间相互渗透，尽管不同介入者的利益和动机仍然存有差异。例如，来自公民社会的要求不能与公共政策的功用主义方法相混淆，尽管它们使用诸如精神障碍患者去污名化或人人均享有幸福权利等共同表征。第一个层面是社会习俗层面：福祉的理想不再是从前形成并流行至 20 世纪 80 年代的进步和绩效模式，而是辅以对由社会变化引起的精神痛苦现象的思考。第二个层面是自我完善方法：这些方法十分多元化，因为健康产品市场倾向于将治疗方法划分为不同的技术，并在实践中允许灵活的组合，与此同时，各类治疗方法也必须经受和屈从基于专业和科学合法性标准的更强有力的监管。第三个层面是政策转型：虽然在公民社会中，对福祉的追求以多元方式表达，但它同时促进了公共政策架构的重组，延伸到对美好生活的管理，在满足个人愿望的同时，还需具有经济和社会效用，能满足新自由主义者对生产力的期望。这是福祉所代表的一个强有力的理由，它不仅是一个简单的社会理想，也代表着一种张力关系：一方面要打破阻碍个人自我实现的桎梏；另一方面，又要以改善个人和集体生活条件为名，扩大定义"全面"健康的标准范围。

推荐书目

CHAUVEL L., «Les raisons de la peur: Les classes moyennes sontelles protégées de la crise ?», OFCE, note n°18, 2012, p. 1-16.

GARNOUSSI N., «De nouvelles propositions de sens dans le domaine de l'existentiel: étude sociologique de la nébuleuse psycho-philospirituelle», Thèse, Paris, EPHE, décembre 2007.

TRONTO J. C., *Moral Boundaries. A Political Argument for an Ethic of Care*, New York, Routledge, 1993.

精神分析：一个法国特例？

玛雅·梵斯坦（Maïa Fansten）

精神分析是建立在对无意识探索之上的一种研究方法和心理治疗手法，广义而言，也是一门学科和一种思想流派。

精神分析与其他形式的心理治疗方法的不同之处，在于它对无意识和性欲所赋予的重要性[1]以及对移情的解释，即在精神分析关系框架内，病人的无意识欲望重复性地转移到治疗师身上的情形。因此，精神分析的特性体现在它接受和解释移情的方式上，并将移情置于精神分析治疗和康复过程的核心。

19、20世纪之交，西格蒙德·弗洛伊德（Sigmund Freud）于维也纳发明了精神分析，1910年国际精神分析协会（IPA）在纽伦堡大会上成立，精神分析随之很快走向国际化和制度化。弗洛伊德称："我认为有必要建立一个官方学会，因为我担心精神分析一旦流行起来，就会被人们滥用。应该有一个指挥中心，他们的任务就是宣称：所有这一派胡言都和精神分析无关，这些都不是精神分析。各方组织的学会（这些组织结合在一起将组成国际学会）应该对如何进行精神分析以及如何训练医生给予指导，地方组织的活动将因此而受到某种保护。"[2]

---

[1] 1922年，弗洛伊德在一篇题为《精神分析与性欲理论》的文章中指出，精神分析的理论支柱是无意识、俄狄浦斯情结、抵抗、压抑和性欲，"不接受他们就不应算作精神分析学家"。见 ROUDINESCO E., PLON M., *Dictionnaire de la psychanalyse*, Paris, Fayard, 2006, p. 839。

[2] FREUD S., «Contribution à l'histoire du mouvement psychanalytique», *Cinq leçons sur la psychanalyse*, Paris, Payot, 1992［1914］, p. 122.

第一批地方协会于 1908 年分别在维也纳和柏林成立。1911 年美国精神分析协会诞生，继而是伦敦协会和布达佩斯协会（1913 年）。从那时起，国际精神分析协会（IPA）一直是汇集世界各地精神分析学会的组织，制定了所有成员协会在从属关系、培训和实践方面必须遵守的"最低标准"（"国际精神分析总会系统"）。全球精神分析运动由隶属于国际精神分析协会（IPA）的机构以及未加入 IPA 的拉康学派协会（见下文）组成。

法国精神分析，特性何在？

以拉康主义为特征的支离破碎的运动

在法国，第一个精神分析师协会——巴黎精神分析学会（SPP）创建于 1926 年。法国精神分析在历史上曾经历过连续不断的分裂，法国精神分析群体因而逐渐变得四分五裂。其中最明显的是从 1964 年开始，所谓的正统派别（获国际精神分析协会承认）和自主独立的拉康派别之间的分裂，是法国精神分析制度和理论景观的一大特征。

在法国，从精神分析组织建立的最初阶段开始，就在职业培训和体制组织问题上产生了分歧，人们对精神分析自主独立的不同形式的认识各不相同，这种分歧在医学监护方面尤为突出[1]。在法国和其他国家，这些分歧在精神分析的历史中屡屡出现，全球各国在引入和建立精神分析时，通常是在这些分歧的基础上构建起不同制度和/或文化模式。有些人认为，精神分析是在医学的指导下获得了自主权，医学既赋予其实践的合法权威，又提供了专业组织的范式[2]。其他人则反对纯粹从有医学背景的人士中招募成员，并主张捍

---

[1] FANSTEN M., *Le divan insoumis. La formation du psychanalyste : enjeux et idéologies*, Paris, Hermann, 2006.

[2] 这便是美国选择的模式：从业精神分析师必须是医生。

卫"非专业分析"[①]。

因此，1953年发生的重大分裂表现为下列三个派别的针锋相对：一是以医学为模型的精神分析师培训机构的支持者，二是主张不受医学监督的纯高校学术模式的支持者，三是提倡更趋医学性质但向非医生开放的学院的支持者。这种对垒局面促进了法国精神分析学会于1954年成立，其中最有影响力的人物是雅克·拉康（Jacques Lacan）（见本文后附"延伸阅读"《从拉康到拉康主义》）。

第二次分裂是围绕雅克·拉康发生的，拉康后来被国际精神分析学会开除。拉康随后于1964年建立了一所新学校，即巴黎弗洛伊德学院（EFP），与此同时，法国精神分析协会（APF）创立，也是衍生自巴黎精神分析学会，后重新加入国际精神分析学会，主张域外的"法式"培训模式[②]。从这时开始，"拉康派别"便建立了自身的体制，并另辟蹊径，与精神分析界其他派别所遵循的路径泾渭分明。拉康派别偏居一隅，远离正统的国际精神分析学会，但同时又因其影响力而吸引诸多人士加盟。此后，隶属于国际精神分析学会的组织再未经历新的分裂，但拉康派别却经历了无数次群雄割据的局面，此一情况在巴黎弗洛伊德学院解散和1981年拉康死后更甚。

如今，法国精神分析仍带有这些分歧的痕迹。尽管各派的鸿沟现已不像从前那样无法逾越，而且许多团体都倡导彼此进行对话，但"正统的弗洛伊德派"（巴黎精神分析学会和法国精神分析协会）与"拉康派"之间的对立仍继续存在，其制度和理论结构及治疗实

[①] 《非专业分析的问题》(La question de l'analyse profane) 是弗洛伊德于1927年发表的一篇文章，恰逢精神分析学家西奥多·莱克（T. Reik）因非法行医而受到刑事起诉。弗洛伊德在文中主张非专业分析（Laienanalyse），反对只有医生才能进行精神分析的立场。他强调说，医生并不能保证精神分析治疗的正确行为："恕我给出'庸医'这个词应有的含义，而非它的法律意义。对于法律而言，庸医是医治病人却不能证明他拥有国家医学文凭的人。我更倾向于另一个定义：所谓庸医是指在不拥有必要的知识和能力的情况下进行治疗的人。基于这个定义，我冒昧地断言，医生为精神分析提供最大的骗子队伍，而这却并非仅限于欧洲国家。"见 FREUD S., *La question de l'analyse profane*, Paris, Gallimard, 1985［1927］, p. 105-106。

[②] FANSTEN M., 2006, *op. cit.*

践仍受其左右。

因此，法国精神分析的特点是群雄割据，存在诸多精神分析协会，其中有些协会获得了国际精神分析学会（IPA）的承认，有些则独立于IPA，拉康派别占据重要地位。

据估计，目前法国大约共有30来个精神分析协会或学校，其数目之多，乃"拉康星云"分裂的结果。有很大一部分的精神分析家是在体制外从业的。

激进的理论和体制

之所以可以谈论"法国式"精神分析，是因为正统派和拉康派尽管存在分歧和对立，但在理论和实践层面则具有共通性，二者均基于精神分析的治外法权（extraterritorialité）。这种特殊性，甚至这种"法国例外"的特点，乃表现在精神分析培训及其社会地位方面，其所持的立场很激进且颇具理想主义色彩。其话语和职业意象的核心观念是，精神分析是绝无仅有的例外，是一门与其他职业截然不同的学科、实践和专业。这种意象滋生了一种特殊的自命不凡的情绪，从业者自称因为这种特殊性而享有治外法权，并据此宣称精神分析不应受到规训其他实践的逻辑、规范和局限的限制。法国精神分析学派认为存在一种纯粹、理想的精神分析程序，但它往往被无意识逻辑之外的利益所扭曲，而无意识逻辑本身是自由的、无任何私心杂念的。这种治外法权的主张可从其闻所未闻的制度实践中看到，例如，法国精神分析协会拒绝任何外部干涉，并在法国的培训模式中，摒弃国际精神分析学会模式，拒绝采用标准化的遴选、评估和资格授予标准。法国精神分析学派对官方制度报以十分激进的批评，对精神分析前景则充满理想主义情怀。相对于其他国家，法国精神分析学会不愿承担保证其成员资格能力的责任。例如，拉康曾说过这句著名的格言："精神分析师是自行授予资格的。"[1] 若将法

---

[1] 与其他人一样，拉康提出了为获得分析师资格而接受精神分析与精神分析需要杜绝所有目标和规范框架影响的性质之间的矛盾。因此，他捍卫精神分析师必须自主自我授权的想法，而不是将这种授权资格交由官方机构处理。

国精神分析的立场与其他国家的现实进行比较，可以发现法国比其他地方更为激进：不仅因为法国精神分析师群起拒绝任何标准化的尝试，也因为事实上，与其他欧洲国家相比，法国精神分析越来越构成一种例外。它似乎在治外法权中得以留存，而在大多数欧洲国家，精神分析已或多或少地以标准化的方式受到管制。在法国，精神分析是一种"不受管制的辅助医疗专业"。也就是说，没有任何法律文本可用以规范超越精神分析学会本身限定和监控的行为。

艾柯耶修正案（amendement Accoyer）和规范心理治疗从业的法律草案是最近的一个基于治外法权主张的激进主义的例证。这项由国民议会于 2003 年底通过的修正案旨在规范心理治疗行业的运作，并规定只有医生或心理学家才能从事心理治疗工作。该法案出台的背景，是治疗领域尤其是与精神分析形成竞争的市场面临重新洗牌，竞争对手包括各种心理治疗手法（认知行为疗法、系统疗法、人文疗法、身体疗法……）。另一个背景是，社会以保护患者利益为名，施加了越来越大的压力来规范治疗实践，以避免发生类似意大利曾经出现过的庸医横行或行业偏离正轨的危险[①]。

这种立法"威胁"重新激励精神分析机构积极动员起来，反对修正案及其意识形态基础，力争使精神分析不受该法律的限制。一如其历史上的其他关键时刻，法国精神分析界再次动员起来反对官方对其自身行业的监管[②]，拒绝来自外部的干扰。在对立话语中，治外法权的主题已充分发挥作用，主要基于下述论点：宁愿容忍一定的紊乱和庸医的存在，也不愿将精神分析纳入正常化并受到第三方的监管。精神分析师最终会获胜：精神分析是唯一职业资格头衔和

[①] 1989 年 2 月 18 日，法律规定并规范了心理学家的职业和心理治疗师的业务。若想从事心理治疗工作，须在结束医学或心理学学业之后，在专业机构进行至少 4 年的培训。因此，各国精神分析协会为了遵守相关规定，推出了国家认可的心理治疗培训课程。荷兰和德国也对心理治疗和精神分析职业进行了管制。

[②] 即便对来自内部的监管，他们也持反对态度。勒克莱（Serge Leclaire）曾在 20 世纪 80 年代试图实施行业内部审核监管项目，但由于大部分精神分析师的强烈反对，最终被迫放弃。

执业执照均不受法律监控的"职业"，而在欧洲其他国家，受监管是大势所趋[1]。

正如我们所看到的，关于治外法权的论述不仅反映了精神分析的构想和专业表征，而且也产生了一定的影响。它加强了精神分析师的合法性和自主权，从某种意义上帮助他们摆脱了其他规范制度，即三个规训和监管机构，亦即上文所提到的立法机构，以及大学和社会保障机构。作为人类科学领域的学科，法国精神分析学也拒绝接受学术标准体系的制约。因为鉴于精神分析及其培训本身所具有的特殊性，培训不能在大学里进行，而应在特设机构中进行[2]。精神分析师不希望加入高校体系，以防止精神分析逻辑被与其无关的局限所左右，并改变其性质。精神分析因而得以保持独立，免受任何母学科（精神病学或心理学）的蚕食[3]。

最后，作为一种治疗业务，精神分析拒绝被社会保障机构体系标准化，这与其他国家截然不同[4]。这个问题类似于监管问题，但它也涉及金钱的内部争议及其在治疗中的作用。在这一点上，我们找到了一种经济上的治外法权的动机，精神分析师声称自己是唯一可以合法地管理和控制其金钱问题的人[5]。拒绝获得报销从某种意义上是拒绝外来干涉。与高校体制一样，社会保障机构是制定监控标准和监控程序的机构，如适应证范围、治疗时间长短、每周诊断次数等，而这正是精神分析师群体力图摆脱的束缚。即使在客户要求以

---

[1] 参见 FANSTEN M., *La demande d'extraterritorialité de la psychanalyse française: fondements, enjeux, problèmes*, Thése de doctorat de Sociologie, Université Paris 5, 2004 et CHAMPION F.(dir.), *Psychothérapie et société*, Paris, Armand Colin, 2008。

[2] FANSTEN M., 2006, *op. cit.*

[3] 法国高等院校中教授的精神分析课程，一般设在心理学系。但高校不是精神分析培训和颁发毕业证书的场所。

[4] 在荷兰，国家可对某些疗法（包括精神分析）提供报销，每年可报销30次诊费。因此精神分析不得不接受国家制定的标准。但在2010年，精神分析却被从可获得报销的医疗清单中删除了。在德国，精神分析师与医疗报销机构签订合同，后者根据精神分析师的报告（包括诊断和预后）准许报销治疗（会诊数量有限）。

[5] FANSTEN M., 2006, *op. cit.*

及治疗方案发生变化的压力下，精神分析的实际医疗实践已经发生了改变（更频繁的报销，低成本甚至免费治疗）。但对这些情况，精神分析仍然羞于启齿，传统的学说仍然是该领域的参考学说。需指出的是，笔者在此勾勒的是法国精神分析最主要和最明显的特征，所依据的是私人实践的概念和构成精神分析职业的核心特征。当然，长期以来，各种派别的群体都为弱势群体提供免费治疗。还有必要区分私人诊所内的精神分析实践和公共机构的精神分析实践，同时也要将精神病学实践或借鉴精神分析方法的心理治疗实践区分开来。

精神分析的黄金时代

深入渗透到知识界和文化界中

20世纪60~80年代，精神分析在法国迎来了黄金时代，成为占据舞台前沿的文化生力军[1]。在此，让我们回顾一下20世纪70年代弗朗索瓦兹·多尔多（Françoise Dolto）广播节目取得的非凡成就：这位儿童精神分析师将儿童从年幼开始就视作一个主体，并因此观念而闻名，她主持了一个名为"当孩子出现的时候"的节目，在节目中回复听众的来信。节目深受欢迎，多尔多借此名声大噪，其教育思想也随之深入人心，以至于人们将20世纪70年代出生并按照这些新价值观进行教育的孩子称为"多尔多一代"。罗伯特·卡斯特（Robert Castel）认为，精神分析曾是决定性文化转型的驱动力，这使得精神分析成为文化的重要组成元素，标志着社会进入了大众"新心理文化"时期[2]。

许多研究者都强调了拉康主义为精神分析在法国社会主流领域

---

[1] Moscovici S., *La psychanalyse, son image et son public*, Paris, PUF, 1961. Castel R., Le Cerf J.-F., «Le phénomène "psy" et la société française. Vers une nouvelle culture psychologique», *Le Débat*, Vol. 1, n°1, 1980, p. 32-45.

[2] Castel R., Le Cerf J.-F., «Le phénomène "psy" et la société française. Vers une nouvelle culture psychologique», *art. cit.*

传播所发挥的决定性作用[1]。拉康作品深得法国知识界以及广大公众的青睐，只需回顾1961年出版的《拉康文集》的惊人成功便可引以为证。《拉康文集》在短短15天内便售出了5000册。正常版本销量超过50000册，袖珍版销量则近80000册。20世纪60年代，拉康的讲习班移师巴黎高等师范学院，面向知识青年和哲学青年开放。因此，"法国精神分析是从拉康主义成功之后才真正有所突破，从内行人和专家的小圈子中解脱出来的"。

从那时开始，精神分析便可以遵循一条在知识界传播的路径，并很快成为上流社会的标志，将拉康精神分析诠释升格为优先参照方法，不仅用于诠释心灵，而且还用于诠释文化创作、文学文本、艺术品、民族学研究等，例如：拉康－阿尔杜塞，拉康－列维－斯特劳斯，拉康－福柯[2]。

我们认为有必要强调，拉康主义不同传播中心之间的共同点是拉康思想特有的颠覆精神。换言之，拉康拒绝随波逐流、因循守旧的反叛思想，影响了大批文化青年和知识青年、年轻的精神科医生、女权主义者或左派活动家。许多人都曾想对拉康的学说进行革命性解读，这与他所领导的反美主义运动或许不无联系。拉康的精神分析吸引了不同的受众，而这些受众的动机往往是相互矛盾的。拉康的精神分析善于围绕其不屈不挠的特性和激进的风格，彰显出一种共识，或许这恰好是其成功的缘由所在。历史学家和精神分析学家伊丽莎白·鲁迪内斯科（Elisabeth Roudinesco）在下列评论中，十分中肯地揭示了拉康主义的这种表现形式，指出所有这一切都得益于其革命性的理想。

> 在长达一百年的时间里，法国是世界上唯一在所有文化生

---

[1] 参见 SMIRNOFF V., «De Vienne à Paris», *Nouvelle revue de psychanalyse*, n°20, 1979, p. 13-58; CASTEL R., LE CERF J.-F., *art. cit*; TURKLE S., *La France freudienne*, Paris, Grasset, 1982。

[2] CASTEL R., LE CERF J.-F., «Le phénomène "psy" et la société française. L'après-psychanalyse (fin)», *Le Débat*, Vol. 3, n°3, 1980, p.22-30, p. 23.

活领域（无论是通过知识途径还是医学途径）拥有大规模植入精神分析所需的条件的国家。为此，拉康主义是这种例外的表现，因为它在全意识中构建出一种颠覆性的叛逆精神，因此而成为抗辩质疑的理想继承人，一方面是颠覆法国大革命的既定秩序，另一方面又是德雷福斯主义的斗争的继承人。[1]

精神分析凭借其"权威"，强烈影响了知识和文化领域[2]，同时也极大地影响了法国精神病学和心理健康领域。我们必须将二战后精神分析的扩张时期与20世纪70~90年代它对精神病学的真实主宰时期[3]区别开来。精神分析的拓展主要体现在年青一代精神科医生身上，他们从二战后便开始接受精神分析培训，据维洛谢（Widlöcher）教授称，当时百分之五十的精神病学实习生均接受了精神分析培训[4]。这些精神科医生日后也成了培训师，他们将通过精神科医生-精神分析师的形象，为随后几十年精神分析在精神病学的立足做出贡献。

精神分析对社区精神病学、体制心理治疗和儿童精神病学所产生的决定性影响

要理解精神分析学在精神科医生群体中的强烈渗透现象，必须将其放在影响精神病学的变化背景下去分析，它与精神病学的去机构化运动密切相关[5]。在社区精神病学以及与神经学分离的社区精神病学[6]的构想中，精神分析的贡献是相当大的[7]。

---

[1] ROUDINESCO E., *Jacques Lacan*, Paris, Fayard, 1993, p. 556.

[2] LÉZÉ S., *L'autorité des psychanalystes*, Paris, PUF, 2010.

[3] WIDLÖCHER D., «Psychanalyse et psychiatrie française. 50 ans d'histoire», *Topique*, Vol. 88, n°3, 2004, p. 7-16.

[4] *Ibid.*

[5] 参见本书中汉克斯（N. Henckes）的文章。

[6] 在20世纪60年代精神病学的批评运动中，社区精神病学寻求通过支持院外模式（特别是基于家庭治疗）来避免禁闭，患者在其中充分参与治疗工作。社区精神病学主要依托融入城市设施的当地机构。

[7] LAZAROVICI R., «La psychanalyse: extraterritorialité maintenue ou dilution en psychiatrie de secteur?», *Topique*, Vol. 88., n°3, 2004, p. 133-144.

精神分析的影响首先是将个人心理治疗引入精神病学。虽说由于患者数量众多，精神分析在医院较难操作，但社区群体和医院墙外的精神病学的活力却有助于促进将心理治疗融合到治疗方案中。建立于20世纪50年代中期的巴黎13区精神健康协会便是其中一个典型的例子。该协会由精神科医生菲利普·波梅勒（Philippe Paumelle）和几位精神分析师［保罗－克洛德·拉卡米耶（Paul-Claude Racamier）、塞尔盖·莱博维奇（Serge Lebovici）和勒内·迪亚特金（René Diatkine）］共同创立，其做法是将这一治疗关系或这一"在各种情况下面对任何患者的新治疗形式"[1]融入核心目标中。因为正如波梅勒所写的那样，"社区精神病学所特别感兴趣的是精神分析的关系模式本身"［拉扎罗维奇（Lazarovici）引述[2]］。因此，精神分析模式体现在下列几个方面：个性化护理、亲切友好的中立态度、将痊愈视为走上个人之路径而非适应环境的观念、激励团队开发创造力，并为此开发了一些基于精神分析方法和移情维度的心理治疗工具，但不沿用分析机制（如心理悲剧元素）。简而言之，借用精神分析师拉卡米耶1970年出版的一本书的标题，这是一种"无沙发"的精神分析[3]，这也是医疗制度中的精神分析的命运[4]。

正是这种模式为体制心理治疗及其不同经历打上了强烈的烙印。一如罗伯特·卡斯特所写的那样，精神分析在"精神健康职业中最具现代性的和最边缘的区域"中广泛传播开来[5]。体制分析心理治疗便是这样发展起来的：弗朗索瓦·托斯奎尔斯（François Tosquelles）于20世纪40年代后期在圣阿尔班精神病医院首开先河引入精神分

---

[1] *Ibid*, p. 137.

[2] *Ibid*, p. 137.

[3] RACAMIER P.-C., *Le psychanalyste sans divan : la psychanalyse et les institutions de soins psychiatriques*, Paris, Payot, 1970.

[4] 将精神分析引入制度治疗中并非一帆风顺：免费治疗以及财会入账均涉及体制与体外法权之间的兼容性问题，即存在着改变分析机制"纯粹度"的风险，这都构成了原则上的两难困境。参见 LAZAROVICI R., *art. cit*, p. 138。

[5] CASTEL R., LE CEVF J.-F., «Le phénomène "psy" et la société française. L'après-psychanalyse (fin)», *art. cit*, p. 23.

析治疗，继而由拉康讲习班培训的年轻精神科医生发扬光大，精神分析由此在心理治疗机构中获得了发展。拉波德精神病院于1953年在让·欧利（Jean Oury）和菲利克斯·加塔利（Félix Guattari）的推动下开业，其他机构也在接下来的几年里陆续成立[①]。

由于传统精神病院被认为有"异化"效应，通过这些实验，可思考另一种治疗精神疾病的方法，探索构建一种可以替代精神病医院的机构，患者在其中重新积极参与日常生活活动的管理[②]，类似于托斯盖勒（Tosquelles）构想的"治疗俱乐部"。米歇尔·莫罗·理高（Michelle Moreau Ricaud）强调"精神分析理论仍然是这一小群捍卫者的指南针"[③]。莫罗·理高通过将制度移情和反移情现象予以理论化归纳，开创出治疗精神病患者的方法（根据"医治医者"的公式，即治疗患者和医者，将其从精神病院"让人发疯"的"集中营逻辑"中解放出来）。从那以后，体制心理治疗的精神渗透到各种机构中，这些机构继续捍卫为精神病患者提供长期护理的理念[④]。

最后，我们必须重申儿童精神分析的重要性，它是促使精神分析渗透到心理健康概念和实践中的一个关键因素。正如丹尼尔·维德洛赫（Daniel Widlöcher）所回忆的那样[⑤]，在法国，精神病学和精

---

① 克劳德·让吉拉尔（Claude Jeangirard）和拉雪斯奈（La Chesnaie）诊所，保罗·西瓦东（Paul Sivadon）和位于拉韦里耶尔（La Verrière）的马塞尔·里维埃（Marcel Rivière）学院。

② 治疗俱乐部通常由护理人员和患者组成，甚至仅由患者组成，由协会组织的医院委员会管理，其宗旨是帮助患者恢复独立能力，一反医院的家长制作风。参见 TOSQUELLES F., *Le travail thérapeutique en psychiatrie*, Toulouse, Erès, 2009 [1967]。

③ MOREAU-RICAUD M., «Une "utopie" à la croisée de la psychiatrie et de la psychanalyse: la psychothérapie institutionnelle», *Topique*, Vol. 88, n°3, 2004, p.95-108, p. 101.

④ 精神病的概念由精神病学引入，弗洛伊德将其与神经症、精神病和变态区分开来。各种精神病（偏执狂、精神分裂症、躁狂抑郁症精神病）之间的共同点是与现实的关系受到破坏，从其表现出来的症状（如妄想）便可证明。弗洛伊德精神分析专注于神经症的治疗，因为弗洛伊德认为精神病往往是无法治愈的，在他看来，移情是无法影响到精神病患者的。但此论点被美国和德国专攻精神分裂症的精神分析机构运动全盘否认。

⑤ WIDLÖCHER D., *op. cit.*, p. 11.

神分析在二战后围绕着儿童而相遇：儿童精神病学最初是在儿童精神分析的基础上发展起来的，借鉴精神分析灵感的儿童精神病学在数十年间一直占主流。儿童和青少年精神病学与社区精神病学和体制心理治疗的理想一脉相承，为这种"联系精神病学"提供了一方良田，将家庭与这些机构的交流置于其实践的核心位置[1]，同时也非常注重心理治疗方法[2]。

从黄金时代转向衰落？

对精神分析的质疑

精神分析自 19 世纪末问世以来，不断遭受各式各样的批评。这些批评除了质疑精神分析的有效性或科学性[3]之外，还通常会指责精神分析运动的教条、宗派性质或治疗本身，认为其疗程太长甚至无穷无尽，太昂贵，太精英主义[4]，助长了病人对分析师的情感依赖等。其他批评则聚焦于精神分析师的形象，抨击其专制权力和滥用职权。在此，我们不妨回顾《带录音机的男人》的片段。这是从前一

---

[1] ROOS-WEIL F., «CMP infanto-juvéniles: modèles, contraintes, malaise et vitalité», *L'information psychiatrique*, Vol. 92, n°7, 2016, p. 519-526.

[2] SCHMIT G., EUTROPE J., AUER J., «La dimension psychothérapique de la pédopsychiatrie», *Perspectives Psy*, Vol. 51, n°4, 2012, p. 325-330.

[3] 人们对弗洛伊德或弗洛伊德主义提出了质疑：女权主义批评弗洛伊德的父权制偏见，指责弗洛伊德隐瞒患者所遭受的性虐待，以及在美国 20 世纪 90 年代的"弗洛伊德战争"中英美"弗洛伊德学者"揭露的弗洛伊德历史神话"传说"[杰弗里·马松（Jeffrey Masson）、米克尔－博尔赫·雅克布森（Mikkel Borch-Jacobsen）、索努·沙姆达萨尼（Sonu Shamdasani）等]。在法国则出版了《弗洛伊德批评——精神分析黑皮书》（*Le Livre noir de la psychanalyse*）和米歇尔·翁弗雷（Michel Onfay）备受争议的《一个偶像的黄昏：弗洛伊德的谎言》（*Le Crépuscule d'une idole, affabulation freudienne*，Paris, Grasset, 2010）。

[4] 对精神分析的批评往往也针对其对客户的挑选和分析师放弃最困难病例等方面。这种批评与 20 世纪 60 年代美国作家所谓的"Yavis 综合征"相呼应，指的是精神分析中"年轻（young）、有吸引力（attractive）、善于表达（vigorous）、富有（rich）、聪明（intelligent）、成功（successful）"的患者。

位分析师让-雅克·亚伯拉罕（Jean-Jacques Abrahams）的故事，他于 1967 年决定记录他与其前任精神分析师会谈的内容。他曾接受这位精神分析师的分析治疗长达 14 年（其间曾几次中断），并于 3 年前在分析师反对的情况下完全终止。这段录音记载了病人对其分析师的反抗。这场暴力而私密的"精神分析对话"于 1969 年由萨特在《现代时报》上发表，曾一度引起强烈反响，被许多人认为是反对精神分析的合法武器[①]。

金钱也常常是人们抨击精神分析的主题。私人诊所中的现金支付和因故不来会诊须照付诊费的做法常招致批评。精神分析学家因分析移情关系所固有的权力，加之经济权力，更有庸医骗子之嫌：现金支付的仪式将转化为非常直截了当的优势，特别是在税务问题上[②]。

这些批评恰好发生在精神分析大获成功以及精神分析和精神分析学家形象的权威盛极一时的背景之下。从 20 世纪 90 年代末开始，这种背景发生了变化，精神分析的文化权威受到了挑战，即便在精神分析长期独霸一方的心理健康领域也面临同样的问题。争论的焦点主要集中在下列三个方面：关于心理治疗的辩论，随着认知行为疗法的风生水起，精神分析权威受到质疑；神经科学的兴起[③]以及《精神障碍诊断与统计手册》（DSM）的霸权地位；家庭协会对精神分析提出质疑。

关于第一点，有两个事件标志着精神分析走向衰落：一是上文提到的规范心理疗法行业的法律草案以及法国国家健康与医学研究院（INSERM）2004 年出版的题为《心理治疗：评估三个方法》的报告。该报告对短期性家庭心理疗法、认知行为疗法和精神分析疗法进行了比较，在其所研究的 16 种疾病中，承认精神分析治疗只对其中 1 种疾病（人格障碍）具有治疗效果，而认知行为疗法被评估

[①] 为此，萨特等人将其视为精神分析极权主义威力的印证。虽然萨特不反对精神分析，却以此为契机谴责他在精神分析机制中所观察到的过度和暴力。参见 SARTRE J.-P., «L'homme au magnétophone», *Les Temps Modernes*, n° 274, 1969, p. 1816。

[②] 关于精神分析中金钱规则学说的论据分析，参见 FANSTEN M., 2006, *op. cit.*

[③] 参见本书中穆窦（B. MOUTAUD）的文章。

为对15种疾病具有疗效。这份报告虽备受争议，却似乎标明了认知行为疗法相对精神分析在治疗方面的优越性[1]。该报告出版数个月后，《弗洛伊德批评——精神分析黑皮书》[2]随之面世。该书由一系列批评性文章组成，其中不乏言辞犀利者，主要由专家或心理健康专业人士撰写。《弗洛伊德批评——精神分析黑皮书》取得了巨大的商业成功，并在媒体和知识界引起了强烈争议。

第二个争论的焦点是精神分析和神经科学之间的对峙，它重新激活了"说话主体"的捍卫者和"大脑主体"的捍卫者之间的"主体战争"。埃亨伯格（Ehrenberg）指出，这在精神病学中并非新鲜事[3]。大脑成像技术的进步，以及神经科学研究范围拓展至对情感以及新的心理健康的研究，预示着精神分析行将过时，神经科学独霸一方的时代即将来临。争论的焦点主要集中在美国精神医学学会出版的精神障碍分类参考手册——《精神障碍诊断与统计手册》（DSM）的影响上，主张要脱离精神分析方法的经验观点，通过症状进行非理论性鉴定。在国际上，越来越多的临床医生使用《精神障碍诊断与统计手册》（DSM），保险公司、制药行业、研究人员和公共机构也不例外。DSM象征着精神分析理论与临床实践的急剧溃退，广而言之，是精神分析的威信在社会层面的丧失。

第三个抗议呼声来自民间社会，即一些家庭协会。在法国，精神分析在精神卫生机构中，如在某些医学心理教育中心（CMPP）或医学心理中心（CMP）机构中[4]，仍占据着较高的地位。但近年来，对精神分析的批评已带有敌意色彩，精神分析被指责让人产生负罪

---

[1] 2005年法国卫生部部长决定撤销该报告并将其从卫生部网站上删除。

[2] MEYER C. (dir.), *Le livre noir de la psychanalyse* (*Vivre, penser et aller mieux sans Freud*), Paris, Les Arènes, 2005.

[3] EHRENBERG A., «Introduction», *Esprit*, n°309, 2004, p. 74-85.

[4] 法国的医学心理中心（CMP）是在分区政策框架下进行咨询和门诊治疗的公共结构，咨询和会诊工作有时可在家中进行。医学心理中心隶属于医院的儿童精神科。医学心理教育中心（CMPP）则通常由协会负责管理。精神分析方法是医学心理教育中心（CMPP）的基础，在许多医学心理中心（CMP）中也被较多地采用。这些机构揭示了精神分析在儿童和青少年精神病学中的历史地位。

感,效率低下,甚至对人有害。因此,精神分析成为一些自闭症患者家长协会攻击的主要目标,他们正在据理力争,要求不再允许采用精神分析来治疗自闭症[1]。而这往往也是精神障碍儿童患者的家庭,尤其是一些母亲所表达的感受,因为在这类精神障碍疾病的治疗机构中,精神分析方法仍占主导地位。

走向衰落

人们习惯上认为,除法国和南美之外,精神分析已身败名裂。难道法国是阿斯特里克斯(Asterix)式的抵抗阵营,精神分析在其中依然绽放光芒?

和其他地方一样,在法国,精神分析已经呈现萎缩趋势:其原有的文化权威已被日渐销蚀,在心理治疗中也丧失了主权地位;在精神卫生领域,精神分析在精神病学中已明显退缩,完全从培训课程中消失,与行为疗法和循证医学形成竞争局面。所有这些因素都佐证了预言中的精神分析的"危机"或"衰落"趋势。然而,在精神病学中,精神分析在治疗机构和治疗实践中仍然占据重要位置,尤其是在儿童精神病学中,精神分析思想继续在"心理冲突、婴儿性行为、无意识的"[2]层面发挥其作用。精神分析继续维持其在心理学研究中的地位,在临床心理学中仍具有很大的影响力。

现今阶段,仍然有利于精神分析和心理治疗方法的某些方面存在:心理健康中的精神痛苦范式[3],自我叙事和倾听空间的重要性,精神健康范围的延伸以及社会生活各个领域(学校、工作、社交性)中人们对多种障碍的关注,凡此种种,均有利于源自精神分析的思想和实践的持续存在。其表现形式虽然源于精神分析,却是多元化且形态繁多的,有时也会偏离其基本原则,这主要是因为治疗工作

---

[1] 参见本书中莎玛克(B. CHAMAK)的文章。

[2] LAZAROVICI R., *art. cit.*, p. 141.

[3] EHRENBERG, A., «Les changements de la relation. À propos de la souffrance psychique et de la santé mentale», *Esprit*, mai, n°304, 2004, p. 133-156。

和追求幸福之间具有相互渗透性[①]。精神分析在文化界继续产生影响，特别是在媒体领域。精神分析在20世纪90年代后期的公民团结互助协议[②]（PACS）和21世纪头10年的"婚姻平权"[③]等社会辩论中，仍起着举足轻重的作用。精神分析继续声称自己有别于当下的教条思想，甚至拒绝屈服于这种教条思想。这种态度，对某些捍卫保守主义立场而走红的心理分析学家而言，是十分矛盾的。这种法国精神分析的激进性，可被看作它在法国文化土壤中牢固扎根的表现，也起着强化和维护其权威的作用。

[①] 参见本书中卡尔努斯（N. GARNOUSSI）的文章。

[②] 关于公民团结互助协议（PACS），参见 MEHLD., *La bonne parole. Quand les psys plaident dans les médias*, Paris, La Martinière, 2003。

[③] 关于"婚姻平权"，参见 BOURSEUL V., «Les normes sexuelles, la psychanalyse et le "mariage pour tous"», *Cahiers de psychologie clinique*, Vol.45, n° 2, 2015, p. 95-109。

从拉康到拉康主义

玛雅·梵斯坦（Maïa Fansten）

雅克·拉康（1901~1981）是法国精神分析学的重要人物，他的影响不仅远远超出了法国国界，也远远超出了学科界限。

拉康的专业背景是精神病学家和精神分析师，他于1932年加入巴黎精神分析学会（SPP）并参与了1953年的分裂运动，创立了新的法国精神分析学会（1954）。离开巴黎精神分析学会（SPP）的人均认为这是一个十分官僚的机构，在培训方面保守而死板，而全新的巴黎精神分析学会（SFP）则在继续遵守国际标准规范的同时，展现出新锐、开放、大胆的面貌。然而国际机构对全新的巴黎精神分析学会（SFP）的认可并没有像预期的那么顺利，需要历经10年时间以及新一轮的分裂之后才得以实现。国际精神分析学会（IPA）之所以对其抱有敌意，主要原因在于拉康（还有弗朗索瓦兹·多尔多）"离经叛道"的行为。应当指出的是，当时崛起的一代新秀都到拉康诊所接受分析，因此他对巴黎精神分析学会体制的未来"骨干"影响相当大，正是这种影响造成了问题。拉康因其所谓的弹性分析时间而备受批评。拉康确实采用了一种特殊的方法：会谈不再是按照现行标准规定的45分钟固定不变的时间，其时间长短根据拉康决定的中断或"频率节奏"而有所不同，这主要是为了突出患者话语的基本要素。原则上，会谈比传统持续时间更长或更短，但事实上，会话时间通常是更短而非更长。有些人认为这是为了增加患者数目并面向培训分析师建立一种霸权地位。因此，拉康虽然作为一名理论家而受到尊重，但作为教学者，却被认为是离经叛道的，而国际精神分析学会（IPA）绝对不能容忍候选人接受这种异端实践的训练。国际精神分析学会以遵守精神分析教学标准的名义（候选人为了接受精神分析训练而进行的分析），要求将拉康驱逐出教师队伍。拉康于1963年被开除，进而导致了第二次大分裂：巴黎精神分析学会（SFP）于1964年改为法国精神分析协会（APF）并重新归入国际精神分析学会（IPA），而拉康则自立门户，独自创立了巴黎弗洛伊德学院（EFP）。使用"学院"一词并非偶然，它表明了拉康希望建立一种新的精神分析制度形式。学院既非协会，也非学会。他希望建立一种前所未有的组织形式，在实质和形式上均异于国际精神分析学会模式，体现了拉康主义的创新和开放精神。与之前的机构相比，拉康创立的学院体现了两个重大变化：它灵活放宽了培训规则，并面向非精神分析学家开放。巴黎弗洛伊德学院的大部分成员是从高校的哲学和人文科学教师及研究员中招募的，它启动了一项卓有成效的扩张主义政策，虽然在开始时，学校只有100多名成员，但在1980年解散时，成员人数已高达600多名。然而，拉康兼有学院领导和思想大师的双重身份，以至于他在自己的学院里拥有过高的权力，最终也重蹈其所批评的其他精神分析机构的覆辙，与它们出现了同样的问题。紧张局势在20世纪70年代出现白热化，并导致与敌对潮流的暴力冲突。1980年，拉康决定解散其一手创建的学院，随之而来的便是一场深刻的危机：拉康流派分解成支离破碎的新团体，围绕着师父的继承问题展开了持久的恩怨之争。

在理论层面上，拉康的思想自称是建立在弗洛伊德的基础之上的，主张回归弗洛伊德文本，他将自己定义为诠释者，强烈反对美国精神分析和自我心理学（Ego psychology），批评其适应性理论。拉康刷新了对精神病（偏执狂和精神分裂症）以及早期母子关系理论（尤其是镜像阶段理论）的理解。他的作品也深受哲学（黑格尔、海德格尔）、数学以及结构语言学和列维-斯特劳斯的影响（拉康"无意的结构类似语言"）。拉康体现了20世纪60年代和70年代伟大的法国知识分子的形象,他先后在圣安妮医院、巴黎高等师范学院和索邦大学举办的研讨班及《拉康文集》的成功便证明了这一点,其影响力远及世界各地。在美国,他是影响艺术、文学和行动主义的法国理论代表人物之一。作为一个有争议的人物,拉康在很大程度上塑造了一种"法式"精神分析,其影响力如今在法国和国外(特别是拉丁美洲、比利时、意大利)仍丝毫不减。

第三部分

"苦痛者"的视角:实证调查一瞥

序　言

将本部分命名为"'苦痛者'的视角",旨在指明在精神卫生领域接受干预的对象可能是病人也可能是家属,更广泛而言,指所有表现出一种潜在不适感的人,无论他们是否受到治疗,包括精神药物服用者、职场痛苦者、被监禁的精神病人、颠沛流离的移民、越轨青少年"行为障碍"者、自闭症儿童家长协会成员等。其中,社会环境、性别、族裔、年龄对痛苦及其表达方式的影响如何?我们探索的范围十分宽泛,而"医疗消费者"的概念过于狭隘,难以涵盖我们希望研究的所有问题。

然而,我们在本部分标题中提到的"苦痛"或"疾苦"这个词,语义并非中立。"疾苦"或"苦痛"等字眼20世纪90年代就出现在公共政策的词语中,与"倾听"互为表里。在某些作者看来,疾苦类别构成了社会关系去政治化的一部分,其所指定和聚焦的人口隶属于社会底层群体,关注和聆听这些个人疾苦,可以取代普遍高涨的政治呼声和对统治的控诉[1]。然而,某些情况则与先前的假设相反,心理-社会痛苦成为工会等组织呼吁改善生活或工作条件的借口[2]。不过我们还是决定使用这个词语,但加上了引号,将其作为政治和社会问题对象的疾苦类别,并与之拉开一定的距离。

我们之所以用整个第三部分来讨论"苦痛者"的问题,是因为从多种角度看来,心理痛苦已成为精神卫生领域的核心问题。与整

---

[1] FASSIN D., *Des maux indicibles. Sociologie des lieux d'écoute*, Paris, La découverte, 2004.

[2] 参见 DODIER N., RABEHARISOA V. (dir), «Expérience et critique du monde psy», *Politix*, n°73, 2006。

个卫生领域一样，在精神卫生领域中，患者的形象地位在急剧提升，立法框架和伦理反思均对此予以越来越多的关注。出于经济和道德原因，患者及其家属已成为十足的合作伙伴（至少在文件中是这样宣称的），应提高其独立自主权，这是自由社会的基本价值。人们十分关注"照顾者"和机构外病人的情况。因此，在制定公共政策时，也会将患者和家庭作为施压集团予以考虑。对精神疾病予以全新分类之后，较易于识别相关症状，从而可进行自我诊断，并可通过互联网和社交网络传播信息，这有助于围绕这些新身份组成个人团体，产生拉比诺（Rabinow）所说的"生物社会性"，并能促使精神健康领域的集体发声①。并非所有患者都能拥有这样发声的话语权，有时是因为病理类型的不同，有时则因为他们自身的社会和文化资本分量不同，这对精神卫生领域中不同学科之间的权力抗衡产生了深远影响。

---

① 参见 LIGNIER W., *La petite noblesse de l'intelligence. Une sociologie des enfants surdoués*, Paris, La découverte, 2012。亦可参见本书中穆窦（B. MOUTAUD）和莎玛克（B. CHAMAK）的文章。

家长协会：参与性民主还是游说集团？
——自闭症案例试析

布丽奇特·莎玛克（Brigitte Chamak）

玛丽·兰甘（Mary Langan）[①]是一位自闭症患儿的母亲，在一篇发表于 2011 年的文章中，她认为，对自闭症的认识过程可分为下列三个时期：第一个时期是从 20 世纪 60 年代到 80 年代，当时自闭症被视为一种罕见而神秘的疾病；第二个时期是 20 世纪 90 年代，其特点是公众对自闭症的认识有所提高，自闭症患者家长掀起对主流科学和医学论说提出质疑的运动；第三个时期始于 21 世纪初，随着自闭症家长行动力量的增强，疾病模式发生变化，人们开始转向接受自闭症模式的多样性，并与研究人员积极合作。上述变化发生在英美国家背景之下，在 21 世纪初，抵制麻疹、腮腺炎和风疹三联疫苗的浪潮声势浩大。当时，许多家长以安德鲁·韦克菲尔德（Andrew Wakefield）等[②]的一篇文章为依据，纷纷行动起来口诛笔伐该三联疫苗，认为孩子是注射疫苗后才患上了自闭症[③]。虽然数个科学小组曾挺身而出，证明自闭症与疫苗之间并无联系，但一些家长

[①] LANGAN M., «Parental voices and controversies in autism», *Disability and Society*, n° 26, 2011, p. 193–205.

[②] WAKEFIELD A. *et al.*, «Ileal lymphoid nodular hyperplasia, non-specific colitis, and pervasive developmental disorder in children», *Lancet*, n°351, 1998, p. 637–641.

[③] CASIDAY R.E., «Children's health and the social theory of risk: insights from the British measles, mumps and rubella (MMR) controversy», *Social Science & Medicine*, n° 65, 2007, p. 1059-1070.

却拒绝相信他们的言说。即便后来韦克菲尔德因在研究中因行为不当而受到严重处分,被吊销英国注册医生的资格,但家长们仍然积极动员起来为他辩护,并支持他的"阴谋论说"[1]。

许多家长都对包括疫苗在内的环境毒素会引起自闭症流行的说法深信不疑,他们从20世纪90年代中期便开始寻求非正统的生物医学治疗方法,包括无麸质和无酪蛋白饮食,或服用一种肠道激素(促胰液素),这类治疗方法并未获得占主导地位的医疗体制的认可。英国退休药学教授保罗·沙托克(Paul Shattock)是一名成年自闭症患者的父亲,他对推动该潮流发挥了中坚作用[2]。在美国,则是伯纳德·里曼德(Bernard Rimland)扮演了促进生物医学治疗方法领路人的角色。他是一名心理学家,也是一名自闭症患儿的父亲,是美国激进运动的重要人物,坚决反对孩子罹患自闭症原因在于父母的论说。里曼德致力于寻找生物病因,并于1964年提出了自闭症的神经理论[3]。1965年,他积极投入美国自闭症协会(ASA)的创建工作[4],并自1967年起担任自闭症研究所(ARI)的院长,直至2006年去世。该研究所的目的是寻找生物医学治疗方法,反对注射疫苗,是创立于1995年的DAN(Defeat Autism Now!"现在战胜自闭症!")项目的发起组织。该项目旨在质疑现行权威科学论说,鼓励研究并提倡替代疗法(维生素、螯合疗法、无麸质饮食等)[5]。在法国,这

---

[1] Deer B., «How the case against the MMR vaccine was fixed», *British Medical Journal*, n°342, 2011, p. 77-82.

[2] Langan M., *art. cit.*

[3] Rimland B., *The syndrome and its implication for a neural theory of behaviour*, New York, Appleton, 1964.

[4] 1965年,该协会被命名为美国自闭症儿童协会,鲁思·沙利文(Ruth Sullivan)为第一任主席。她四处游说呼吁制定残疾儿童教育法(公共法第94-142号,现名为《残疾人教育法案》,见 Donvan J., Zucker C., *In a different key: the story of autism*, New York, Crown Publishers, 2016。

[5] Caruso D., «Autism in the US: Social Movement and Legal Change», *American Journal of Law and Medicine*, n°36, 2010, p. 483-539; Silverman C., *Understanding autism: parents, doctors, and the history of a disorder*, Princeton, NJ, Princeton University Press, 2011.

种寻求非正统生物医学治疗方法的潮流则经过较长的时间才深入人心。在疫苗争议问题上，尽管患者家长持反对立场，但态度却不那么咄咄逼人[①]。

本文旨在分析法国自闭症儿童家长协会的作用，以及其为疏远精神病学和精神卫生服务网络所推行的策略。研究自闭症患者协会和家长协会的运动流变，有助于分析这些群体内部和外部（媒体、公众舆论、政界、专业人士）政治工作的性质。创建协会，对于患者及其家庭而言，是借助获得公共当局、其他协会以及科学和医疗机构承认的机构调解人的身份，表达意见、采取行动和进行干预的一种手段[②]。我们将首先考察法国自闭症儿童家长协会的历史动态及其诉求的演变；继而再进行国际比较，考察新协会的成立情况，尤其是自闭症患者协会，其诉求有所不同；最后我们将分析家长协会的游说活动，这些活动旨在对政治当局施加影响，以制定自闭症新标准。

历代协会简介及其目标演变

在法国，长期缺乏面向儿童、青少年和成人的服务机构，直至1963年第一个相关协会才得以成立，该协会名为ASITP（人格障碍者服务协会），后于1990年改为"自闭症芝麻开门协会"。协会的第一项举措是建立日间医院，以使儿童不必与父母分离。20世纪80年代中期，源于人格障碍者服务协会的第二代协会一方面把重点放在研究上[③]，另一方面则建立利用Teacch教育方法的专门机构[④]（Pro

---

① 2008年12月9日，加拿大电视报道《疫苗沉默》(Silence on vaccine)在法国5台转播，受到广泛关注。自闭症儿童家长雅虎论坛(autisme@yahoogroupes.fr)于2008年12月7日星期日通知其成员观看。

② BARRAL C., PATERSON F., STIKER H.-J., CHAUVIÈRE M. (dir.), L'Institution du handicap: le rôle des associations XIXe-XXe siècel, Rennes, Presses Universitaires de Rennes, 2000.

③ ARAPI为自闭症和儿童精神病研究协会，协会成员包括家长和专业人士。1995年该协会更名为自闭症研究和预防失能协会。

④ Treatment and Education of Autistic and related Communication Handicapped Children.

Aid Autisme 和 AIDERA）。第三代协会于 1989 年出现，如法国自闭症协会，是 ASITP 分裂解散后成立的协会。ASITP 协会当时分为两个派别：一个派别希望继续与精神科医生合作；另一个派别希望摒弃自闭症的精神分析治疗方法，反对精神科医生的统治地位[1]。

事实上，从 20 世纪 50 年代开始，大多数精神分析师就试图在自闭症障碍与家庭行为，特别是与母亲的行为之间建立因果联系（心理遗传假设）[2]。通过进行精神分析，有研究者发现自闭症儿童在象征形成方面出现困难，而在精神分析师看来，象征形成对自我发展尤为重要[3]。采用精神分析方法，有助于描述下列不同的特征：对自我局限缺乏明确认识；借助大人的手作为自身的延伸；缺乏对他人本身的辨识；受能刺激感官功能的物品吸引。经分析，行为刻板和兴趣狭隘是强烈焦虑的外在表现。法国自闭症协会从一开始就反对精神分析方法，毫不考虑其对自闭症和精神科医生演变认识所带来的积极作用，当时的精神科医生正逐渐远离心理遗传假设学说。

1995 年，法国自闭症协会披露了法国存在的诸多问题：自闭症难以获得早期诊断、使用法国分类而非国际分类、采用灵感来自精神分析的治疗方法而非提供"专门的机能康复训练"、对自闭症的器质性致因一无所知。法国自闭症协会将相关情况上呈法国国家伦理咨询委员会，该委员会于 1996 年 1 月 10 日发布了一份支持法国自闭症协会呼声的通知[4]。迫于这些协会的压力，公共机构积极行动起来，于 1995 年发布"韦伊计划"，确定了一项改善自闭症治疗的行动计划，并自 2005 年起推行自闭症计划。

---

[1] CHAMAK B., «Autism and Social Movements : French Parents' Asso- ciations and International Autistic Individuals' Organizations », *Sociology of Health and Illness*, n° 30, 2008a, p. 76-96 ; «Les associations de parents d'enfants autistes : De nouvelles orientations», *Médecine/Sciences*, n° 24, 2008b, p. 768-770.

[2] APPLETON W.S., «Mistreatment of patients' families by psychiatrists», *American Journal of Psychiatry*, n°131, 1974, p. 655-657.

[3] KLEIN, M., «L'importance de la formation du symbole dans le développement du Moi», dans *Essais de Psychanalyse*, trad. M. Derrida, Paris, Payot, 1968.

[4] CHAMAK B., 2008a, 2008b, *art. cit.*

这些协会的另一个目标是促使社会将自闭症归类为残障，"Chossy法案"于1996年将这一点列入了法律条文。此一诉求目的在于促进自闭症远离精神病学领域，以便能享受《残疾法》框架下的资金援助。该法案于2005年得以修订[①]，确立了让残障儿童就近入学的原则，从而更好地满足家长协会的要求，让自闭症儿童融入普通的学校中。

自2000年初以来，还有其他协会成立，这些协会的诉求更多，在社会上的曝光度也更高，其中包括2001年成立的Léa pour Samy协会（2010年改名为"战胜自闭症"）和2004年成立的"无国界自闭症协会"。这些协会的特点是对精神分析持敌意态度，并提倡采用密集教育和行为训练方法，要求所有自闭症儿童都接受教育，强调自闭症的器质性致因。无国界自闭症协会资助并宣传索菲·罗伯特（Sophie Robert）于2011年制作的反对精神分析的纪录片《墙》。"战胜自闭症"协会聘请了一名传媒专家，专门负责联系记者，宣传其创建的"Futuroschool"学校，并采用密集行为疗法。

这些协会提倡融合教育，即将自闭症儿童融入学校中，反对建立专门机构（而首批协会则赞成与专业人士合作创建专门机构）。但这些协会的诉求有时也会与家长利益相矛盾，患病子女因被普通学校拒之门外使家长临诸多困难[②]，鉴于这些机构在法国的数量有限，在找不到合适的接待机构的情况下，家长只好把孩子留在家中，或将孩子送往比利时。

家长协会的运动日渐声势浩大。他们通过互联网获取医疗和科学信息，积累了相关的专业知识，从而改变了与医学界的关系，质疑非平等的模式。过去甘心接受医学界所施加的决定和限制条件的家长，现在却拒绝被置于局外，要求有权利为孩子选择干预措施、

[①] 2005年2月11日法律《残疾人机会均等、参与和公民权法》。
[②] 由于融入困难太大或教师面对与集体教学不相容的行为（哭泣、自残等）无能为力，儿童可能会遭到学校的拒绝。

陪伴方式和治疗方法[1]，并援引有利于其诉求的科学出版物。这种以科学作为行动依据的方法，有助于赢得人们对科学论据的普遍赞同[2]，即便那些受非正统生物医学方法（无麸质和无酪蛋白饮食、服用维生素等）所吸引的父母（或协会）也会援引科学论据。事实上，他们中一些人也是科学家。协会代表援引学术界认可的科学出版物，从而为自身立场提供依据，并为遗传学和大脑成像研究提供资金援助。他们从两个合法化的角度切入，即科学和政治行动[3]。

国际比较：神经多样性概念的进展

家长协会在法国遵循的方向与20年前美国协会或英国协会的方向一致，即拒绝精神分析理论，要求采用教育和行为训练方法。但玛丽·兰甘所描述的是21世纪初最后一个时期[4]的情况，即对自闭症认识从纯疾病模式转向接受自闭症多样性的情况，在法国并没有发展起来。但法国的家长力量不断壮大，而且由于生物医学观点在法国占主导地位，与神经科学、认知科学和遗传学研究人员的合作在法国十分活跃。

在美国和英国，由自闭症患者参与的运动[5]早在20世纪90年

---

[1] 这种情况可见于自闭症儿童家长的雅虎论坛 (autisme@yahoogroupes.fr)。参见 Méadel C., «Le spectre "psy" réordonné par des parents d'enfant autiste. L'étude d'un cercle de discussion électronique», *Politix*, n°19, 2006, p. 57-82。

[2] Lascoumes P., *L'éco-pouvoir*, Paris, La Découverte, 1994; Lochard Y., Simonet M., «Les experts associatifs, entre savoir profanes, militants et professionnels», dans Demazière D. et Gadea C., *Sociologie des groupes professionnels: acquis récents et nouveaux defies*, Paris, La Découverte, 2009.

[3] Ollitraut S., «Science et militantisme: les transformations d'un échange circulaire. Le cas de l'écologie française», *Politix*, n°36, 1996, p. 141-162.

[4] Lagan M., *art. cit.*

[5] 创建第一个自闭症患者协会的人士强调他们偏爱"自闭症人士"一词，而不是"自闭症患者"，认为自闭症是他们人格中不可或缺的一部分。参见 Sinclair J., *Autism network international: the development of a community and its culture*, 2005, http://www.autreat.com/History_of_ANI.html。

代就反对自闭症的生物医学概念，并提出了神经多样性概念，呼吁人们更好地接受那些以不同方式思考的人群[1]。这种思潮与下列因素密切相关。一是美国在 1987 年实施的疾病分类中，拓宽了自闭症诊断标准，创造了一个新类别——未特定广泛性发育障碍。二是在 20 世纪 90 年代初，引入了阿斯伯格综合征类别，这是一种无智力障碍、无语言功能滞后的自闭症类别[2]。有沟通、社交障碍和对事物兴趣索然的人在此自闭症新定义中找到了自己的影子，并开始自我表达。坦普·格兰丁（Temple Grandin）[3]和自闭症作家唐娜·威廉姆斯（Donna Williams）[4]的现身说法，在很大程度上促进了自闭症政策的构建[5]。1991 年，第一个国际自闭症患者协会——自闭症国际网络（ANI）正式成立，协会的宗旨并不是要找到自闭症的原因，亦不是为了治疗自闭症或使自闭症患者变得"正常"，而是训练自闭症患者，使他们能够自我保护，组成社区，减少歧视。这一运动围绕着身份和文化认同而展开，自闭症患者的身份是在抵制将自闭症定义为疾病或残障的框架内建立起来的。发明和宣传"神经多样性"一词，正是为了正面看待与众不同的人和非典型运作模式。而政治意识则是根据艾塞尔·克莱因（Ethel Klein）描述的三步骤模型而形成[6]：（1）隶属关系（小组、共同利益）；（2）拒绝传统定义；（3）个人问题转化为政治诉求。自闭症甚至成为引以为傲的理由，2005 年 6 月为庆祝神经多样性而设立的自闭症自豪日（Autistic Pride Day）便是绝佳例证。

最近，一些家长赞成接受和尊重自闭症的差异，但许多家长仍

---

[1] CHAMAK B., «Autisme, handicap et mouvements sociaux neurodiversity », Alter, European Journal of Disability research, n°4, 2010, p. 103-115 ; ORTEGA F., «The cerebral subject and the challenge of neurodiversity», Biosocieties, Vol. 4, n°4, 2009, p. 425-445; SINCLAIR J., op. cit.

[2] CHAMAK B., 2008a, art. cit.

[3] GRANDIN T., Emergence - Labeled Autistic, Chicago, Arena Press, 1986.

[4] WILLIAMS D., Nobody Nowhere, New York, Times Books, 1992.

[5] CHAMAK B., 2008a, 2010, art. cit.

[6] KLEIN E., Gender Politics: from Consciousness to Mass Politics, Cambridge, Harvard University Press, 1984.

在继续让孩子接受被神经多样化活动人士拒绝的治疗[1]。在法国，质疑生物医学论说，在父母、自闭症患者或家长协会的代表中[2]尚未得到积极响应[3]。我们只需比较自闭症患者家长协会和自闭症患者协会关于神经多样性的说法，便可发现两者之间存在着明显分歧。在国际层面，自闭症患者协会认为残障是社会构建的理念，并谴责一味讲求治疗特别是密集行为训练疗法；而家长协会则要求实施治疗，他们批评"自闭症之声"（Autism Speaks）等协会，谴责其赋予自闭症一种"悲惨形象并四处筹集资金以找寻发病原因及治疗自闭症的灵丹妙药"[4]。自 2000 年以来，越来越多的家长放弃了"治愈"自闭症的想法，而更多地接受孩子的特殊性。然而，即使协会代表越来越少使用"消除自闭症"的说法，法国仍加强了支持密集行为训练方法的力度。此一做法本身十分矛盾，因为有些国家几十年来就一直采用这一方法，却意识到所取得的成果与期望并不相符[5]。

参与性民主还是游说集团？

社会运动日益促进公共行动[6]，而利益集团在国家和国际层面也发挥着越来越重要的作用。由于他们是标准的创建者，因而需要对其运作和活动进行分析[7]。游说，指的是"一项干预活动，目的在于直接

---

[1] CASCIO A., «Neurodiversity: autism pride among mothers of children with autism spectrum disorders», *Intellectual and Development Disabilities*, n°50, 2012, p.273–283.

[2] CHAMAK B., 2010, *art. cit.*

[3] 或只获得极少数人的认同。

[4] 可参见 2010 年 6 月 10 日在 Wired 上对自闭症自我宣传网络（ASAN）创始人、全国残疾问题委员会成员 Ari Ne'eman 的访谈，http://www.wired.com/2010/10/exclusive-ari-neeman-qa/。

[5] CHAMAK B., «Interventions en autisme: évaluations et questionnement», *Neuropsychiatrie de l'Enfance et de l'Adolescence*, n°63 (4), 2015, p.297–301.

[6] HASSENTEUFEL P., *Sociologie politique: l'action publique*, Paris, Armand Colin, 2008.

[7] GROSSMAN E., SAURUGGER S., *Les groupes d'intérêt. Action collective et stratégies de représentation*, Paris, Armand Colin, 2012.

或间接影响立法措施、规范、条例的制定、实施、诠释，以及更广泛而言，政府的干预或决定"①。这是经济利益群体的特权，如今也为包括诸多协会和社会运动人士在内的多方所利用。

公共问题的构建意味着需要集体动员起来，将其确立为正当合理的关注议题。这也是自闭症儿童家长协会所做的工作。1995年，法国自闭症协会通过揭露现存问题，促使政府改变对自闭症的认识并确定政策方向。自闭症流行病的概念将自闭症重新定义为公共卫生问题。法国自闭症协会前主席伊夫琳·弗里德尔（Évelyne Friedel）②是巴黎律师协会律师，也是一名自闭症患儿的母亲。她于2002年促使欧洲自闭症协会提请欧洲社会权利委员会，向法国提出集体投诉。2004年初，欧洲社会权利委员会谴责法国没有履行对自闭症患者应尽的义务。法国尽管有5项自闭症计划，但仍先后四次（2007年、2008年、2012年、2014年）受到欧盟的批评。

一些协会的主导人物拥有特定的社会文化和知识资本，他们施行高压，意在改变业界的专业实践③并强行实施密集行为训练方法。伊夫琳·弗里德尔和她的配偶安德烈·马森（André Masin）于2005年成立了一个管理机构，在其管理的单位中施行密集行为训练疗法。弗里德尔是欧洲法律专家，她在欧洲层面积极活动，对自闭症的决策选择进行游说。法国自闭症协会前主席弗洛伦·莎贝尔（Florent Chapel）积极介入，促使政府将2012年定为全国自闭症年，获得了公共资金资助，这笔资助交由他主管的传媒公司负责运作全国自闭症年的宣传活动。宣传主旨在于批评精神病学方法，鼓励推广行为

---

① FARNEL F. J., *Le lobbying : stratégies et techniques d'intervention*, Paris, Éditions d'organisation, 1994.

② 伊夫琳·弗里德尔（Évelyne Friedel）自2003年起是欧洲自闭症协会执行委员会成员，2004年至2006年担任法国自闭症协会主席，2008年至2011年担任欧洲自闭症协会主席，目前为该协会的副主席。下文提到的投诉书由她主笔。伊夫琳·弗里德尔是商法和竞争法专家及合同法专家，她以律师身份，在泰乐信律师事务所（Taylor Wessing）巴黎办事处担任竞争、商业和欧洲法律部以及制药与生命科学部经理。

③ 其中，精神分析方法尤为众矢之的。

训练方法。迫于欧洲委员会的谴责、公众舆论的介入以及各方对公共当局施加的压力，法国政府做出了相应决策，削弱了专业人员的势力，使之不得不采取多元化做法。

正如艾里克·内维（Érik Neveu）所重申的那样，"社会运动也可能把问题简单化，使之脱离实际"[1]。在将问题简化并将之局限为能治疗自闭症的方法应用的同时，这些协会忽视了自闭症的异质性及其中一些症状的严重程度[2]。这种定向并不利于促进开发更善解人意的新型方法，而这些新型方法具有更适合每个被确诊患有自闭症的患者的独特功能[3]。阿里尔·卡斯西奥（Ariel Cascio）[4]在他关于意大利自闭症专业人员的话语研究中，指出人们常常用"刻板"二字来形容自闭症患者的特征，而采用某一种特定方法的专业人士也往往十分"刻板"。

一些协会代表总是根据自身兴趣选择并援引科学出版物，想方设法赢得公共当局更多的信任。他们的言论属于主流言论，分量较重，而反对其立场的家长所提出的批评，则难以获得媒体的关注。一些家长协会反对推广密集行为治疗方法，他们于2014年9月决定联合起来，组成人文多元自闭症（RAAHP）联合组织[5]，但他们受到了诋毁攻击。"协会专家"所采取的对政治决定施加压力的立场与许多父母每天日常面对的情况之间的鸿沟越来越大。而寻找合适的专门机构的家长则一筹莫展，往往被迫独自照顾孩子或将他们送往比

---

[1] NEVEU É., «Médias, mouvements sociaux, espace publics», *Réseaux*, vol,17, n°98, 1999, p.17–85

[2] 一些自闭症患者伴有下列症状：癫痫、自残、饮食失调、强迫症，以及其他神经或精神疾病。有些人会说话，有些人即使到了成年也不会说话。大多数患者都非常焦虑，有时甚至很忧郁。

[3] 如在魁北克由自闭症人士 Brigitte Harrisson 与 Lise St-Charles 女士合作创建的 SACCADE 机构。

[4] CASCIO A., «Rigid therapies, rigid minds: Italian professionals'perspectives on autisme interventions», *Culture, Medecine, and Psychiatry*, n°39, 2015, p. 235-253.

[5] http://blogs.mediapart.fr/blog/patrick-sadoun/251014/le-rassemblement-pour-une-approche-des-autismes-humaniste-et-plurielle-raahp.

利时。区域一级的协会有时更注重为家庭提供具体的帮助，并因此设想了一些机构项目，但地区保健机构的提案招标程序则受到越来越多的限制，因而强烈建议求助于专业管理机构。

自闭症案例与协会行动[1]营造的田园诗般的参与性民主形象相反，表明这种协会游说集团并没有考虑到家庭面临的整体问题，而是一味强加单一的方法[2]。某些协会代表在国家层面做出的选择，影响了新一代的父母，并左右着政治决策的方向，而这往往是以压力集团的逻辑为重，却牺牲了大多数人的利益。自闭症市场、某些研究人员（遗传学家、认知科学研究者、神经科学家）和行为心理学家各自所抱的兴趣也助长了这一趋势，因为培训市场十分有利可图。

在法国，自闭症患者家长协会的大力游说实例与巴西情况相仿。早在2012年底，巴西便颁布了一项联邦法律，承认自闭症是一种残疾。根据 Clarice Rios 和 Barbara Costa Andrada[3] 的分析，这是一种由家长协会采用的政治谋略，目的是远离精神卫生服务网络，因为他们与精神健康领域的专业人员意见相左，而精神分析对后者具有非常重要的理论影响。将自闭症重新定义为器质性障碍是遏制精神分析假设的一项重要策略[4]。家长协会还着重批评精神病院和专业机构侵犯患者权利的行为。非机构化进程引发了精神病学领域的深刻变化[5]，但自闭症协会代表对此却视而不见，他们游说公共当局，对其施加压力，力图使自闭症远离精神病学领域，以摆脱精神疾病的污名化影响。新创协会不同于早期成立的协会，不再要求专业机构接

---

[1] AKRICH M., RABEHARISOA V., «L'expertise profane dans les associations de patients, un outil de démocratie sanitaire», *Santé publique*, n°24, 2012, p. 69-74.

[2] CHAMAK B., BONNIAU B., «Trajectories, long-term outcomes and family experiences of 76 adults with autism spectrum disorder», *Journal of Autism and Developmental Disorder*, n°46, 2016, p. 1084-1095.

[3] RIOS C., ANDRADA B. C., «The changing face of autism in Brazil», *Culture, Medicine, and Psychiatry*, n°39, 2015, p. 213-234.

[4] CHAMAK B. 2008a, *op. cit.*; EYAL G., HART B., ONCULER E., OREN N., ROSSI N., *The Autism Matrix: The Social Origins of the Autism Epidemic*, Cambridge, Polity, 2010.

[5] EHRENBERG A. Lovell A. (dir.), *La maladie mentale en mutation*, Paris, Odile Jacob, 2001.

待其子女，而是提出了融合教育的建议。这符合政府从经济角度出发，制定出旨在减少专业机构数量的总体政策的方向。虽然人们认为需要找到合适的专业结构，但政府当局往往更注重培训"亲近照护者"，这意味着要鼓励父母成为照料自闭症子女的专业人员。由于协会的建议与政府的政治方针走向一致，因而更有可能被采纳，但当低收入的父母必须支付每小时30欧元的私人服务费时[1]，他们为照料孩子所能支付的小时数就非常有限了。

某些家长协会的影响可以在不同的层面上被观察到，这些影响有助于左右公共政策的制定[2]，并在动员媒体介入、改变人们对自闭症的认知、研究经费方向的确定以及促进专业人员采用协会倡导的指导方针方面，发挥着核心作用[3]。上述协会采用注重自闭症的遗传和神经生物学起源的生物医学观点，同时也致力于将自闭症从精神病学领域中抽离出来（尽管自闭症诊断仍交由精神科医生完成，服用药物是常见的治疗手法）。呼吁随班就读而非前往日间医院诊治的做法，与其他情况下经常描述的医疗化现象背道而驰[4]。

一些国民议员也转达了这些诉求。协会代表出席了各种自闭症工作委员会会议，包括研究机构以及慈善基金会和卫生健康高级权力机关（HAS）等部门的工作会议。协会提出的倡议有时会催生卓绝的成果，对帮助家庭起到了积极的作用。然而，各协会的背景环境各不相同，并会在知名度、资金和政治影响力方面相互角逐。有些协会可能会营造一种参与性民主的氛围，但在自闭症实例中，却很明显是属于协会游说压力集团。当一个群体将一个问题简化并从中获利（资金、网络或声望），进而使其他不同意其取向的群体失去威信时，这便构成了游说集团的操纵特征。萨比娜·索鲁格

---

[1] 巴黎郊区塞纳–圣德尼（Seine-Saint-Denis）家庭的证词，他们每周需要为数小时由协会推荐提供的服务付费。

[2] MARTIN C., «Family interest groups and their role in shaping European policy», *Family Observer*, n°2, 2000, p. 14–21.

[3] CHAMAK B., 2000a, 2000b, *art. cit.*

[4] 参见本书中顾丹（I. COUTANT）的文章。

(Sabine Saurugger)[①]提醒我们:"在多元化理想模式中,所有不同利益之间的竞争均有助于构建均衡的代表机制,然而实际上情况远非如此,在群体系统中,往往是最强势的私人利益占上风,而那些因经济或社会资源不足而无从代表自身利益的群体则受到压制。"

推荐书目

BARTHÉLÉMY M., *Associations: un nouvel âge de la participation ?* Paris, Presses de Sciences Politiques, 2000.

BROWN P., ZAVESTOSKI S., «Social movements in health: an introduction», *Sociology of Health and Illness*, n° 26 (6), 2004, p. 679-694.

PATERSON F., BARRAL C., «L'Association Française contre les Myopathies : trajectoire d'une association d'usagers et construction associative d'une maladie», *Sciences Sociales et Santé*, n°12, 1994, p. 79-111.

RABEHARISOA V., «From representation to mediation : The shaping of collective mobilization on muscular dystrophy in France», *Social Science & Medicine*, n°62, 2006, p.564-576.

---

① SAURUGGER S., «Les groupes d'intérêts entre démocratie associative et mécanismes de contrôle», *Raisons politiques*, n°10, 2003, p. 151-169.

精神卫生领域中家庭与专业人士关系初探

奥德·贝利雅（Aude Béliard）
让-塞巴斯蒂安·埃德利蔓（Jean-Sébastien Eideliman）

将家庭与专业人士对立看待在社会学中很常见，但这种对立并非显而易见。若想澄清"家庭"和"专业人士"等术语，则会出现两大困难：一是要界定何谓"家庭"，二是有没有可能将家庭与专业人士按二分法严格地区分开来。关于第一点，社会学和人类学的研究表明，界定家庭的性质和划定家庭的界线颇为棘手，家庭因不同社会和不同时期而异，由一系列物质、法律、道德和象征等不同维度层层叠叠交织而成[1]。关于第二点，许多情况令家庭和专业人士之间的区分变得难以确定，不仅因为家庭和专业人士有时往往混而为一（有些家庭成员本身可能也是专业人士，甚至也是相关领域的专业人士）；专业人士也有家庭生活，甚至会亲身经历与他们一起工作的家庭同样的困难，况且专业能力和合法性的构建"是极为复杂的过程，并非仅仅拥有一个职业头衔那么简单"。换言之，若用弗莱德森（E. Freidson）[2]选择的术语——"外行人"来形容家庭，所谓"外行"其实也只是相对而言，因为他们可能在相关领域投入了很多的精力，而往往以准专业人士或者专家自居。同时，专业人士也可能或多或少被视为名正言顺的专家，这既取决于与其职业有关的象

---

[1] SCHNEIDER D.M., *A Critique of the Study of Kinship*, Michigan, Ann Arbor: University of Michigan Press, 1984 et WEBER F., *Le Sang, le Nom, le Quotidien. Une sociologie de la parenté pratique*, Paris, Aux lieux d'être, 2005.

[2] FREIDSON E, *Profession of Medicine. A Study of the Sociology of applied Knowledge*, Chicago, The Chicago University Press, 1970.

征性资本的重要性，也取决于他们自身的特点。

这些关系在精神卫生领域如何呈现出来？精神卫生领域乃由各式各样的专业人士和机构组成，并因不同学派（专业、学科、理论）之间的权力关系而存在着激烈的纷争。当一名儿童接受精神卫生系统的照护时，其家人会接触不同的专业人士——精神科医生、精神分析师、心理学家、运动治疗师、语言矫治专家、心理运动治疗师、教育工作者、社会工作助理者、专业教师、中央或权力下放的行政机构成员、协会成员（志愿者或雇员）等。当一位老年人无法自行料理自己的日常生活时，主治医生会予以跟踪治疗，但也会让他接触各种专家，如老年病学家、神经科医生或精神科医生。在家中，他也会接触到家政人员、家庭助理员、护士、社会工作者、运动理疗师、老年学护理助理，以及来自市政机构、协会或私人诊所的心理运动治疗师等专业人士。在所有情况下，面对来自卫生、医疗 - 社会、学校、社会或行政领域的专业人士，患者家庭都必须根据每个专业领域的具体情况去看待问题，同时尚需考虑到私人问题（特别是个人和家庭问题）。在此，我们建议对"家庭关系"予以明确定义，强调家庭特定地位的影响，因为家庭恰好处于来自学校或专业部门（如行政、医疗界）以及家庭关系的问题和指令的交汇处。反之，我们并没有因为家庭是"外行人"而将其观点视为不如其所接触的专业人士那么知情、专业、高水平。由于精神障碍往往在很长时间内难以诊断或描述，家庭因此而拥有较大的回旋余地去予以定义。

本文旨在根据对不同人群（弱智儿童、"焦躁不安"儿童、深受精神障碍之苦的青少年、患有阿尔茨海默病的老年人）进行的实地调查，分析家庭与精神卫生领域专业人员之间的关系。我们将首先重新审视近期使家庭成为专业人员不可或缺的合作伙伴的社会演变情况；继而再研究专业人士与家庭合作的模式，分析在多个问题的交汇处，家庭所构建的观点。

家庭，医疗人员必不可少的合作伙伴

自20世纪中期以来，家庭在卫生领域的地位发生了很大变化。正如莎哈·缪热尔（Sarra Mougel）[1]所阐述的那样，在研究医院中家长参与的情况时，人们发现家庭在卫生领域的介入程度有所增加，一方面或许是因为家庭的重要性获得了承认，另一方面可能是医院在节省预算的背景下，授予了家庭某些护理工作的权力。除了医院情况之外，在卫生领域中，协会的维权运动力量也在上升[2]，特别是在残疾人领域[3]和自闭症领域[4]，其重要后果是催生了一些新的法律条文，在医护方面为患者及其家庭争取了更大的空间。例如，2002年1月2日关于社会和医疗－社会行动改革的法律将患者及其代表置于医疗－社会机构运作的核心位置，保障其权利（信息获取、保护和尊重家庭关系、独立自主），并通过提供社会生活建议在决策过程中获取一席之地。更广泛而言，20世纪80年代通过"重新发现家庭的团结协作"[5]，得以将国家的部分治疗投入转移到家庭身上。这主要通过实施针对老年人和残疾人的鼓励病人居家治疗的政策。在此，尊重个人喜好和改革开销庞大的福利国家，二者相辅相成。

这些演变在精神健康领域较为明显。在精神病学领域，这些变化具体表现在提倡居家治疗和优先考虑门诊治疗方面而非住院治疗方面。经过漫长的演变，家庭在精神病学中的地位发生了变化。家庭不再被一概视为精神疾病的主要成因，也不再被排除在治疗框架

---

[1] MOUGEL S., *Au Chevet de l'enfant malade. Parents/professionnels, un modèle de partenariat?*, Paris, Armand Colin, 2009.

[2] AKRICH M., MÉADEL C. et RABEHARISOA V., *Se mobiliser pour la santé. Des associations de patients témoignent*, Paris, Presses des Mines, 2009.

[3] BARRAL C., PATERSON F., STIKER H.-J. et CHAUVIERE M., *L'Institution du handicap. Le rôle des associations. XIXe-XXe siècles*, Rennes, Presses universitaires de Rennes, 2000.

[4] CHAMAK B., «Autism and social movements: French parents' associations and international autistic individuals' organisations», *Sociology of Health & Illness*, Vol. 30, n°1, 2008, p. 76-96.

[5] DEBORDEAUX D. et STROBEL P., *Solidarités familiales en questions. Entraide et transmission*, Paris, LGDJ, 2002.

之外[1]。2005年2月11日《残疾人权利与机会均等、参与和公民权》法令将残疾的行政定义扩大到"精神变异"引起的残障后果，也有助于改变精神健康领域的一些做法。尽管卫生和医学社会专业人员对此法令褒贬不一，但许多精神病患者现在可以使得自己罹患的疾病列入残障范围，从而可以享受从前自己被排除在外的医疗-社会服务。2005年的法令也将患者及其代表置于政策措施的核心地位。一方面，与残疾有关的权利必须得到残疾人委员会（残疾人权利与自助委员会，CDAPH）的承认，并要根据患者及其代表的个人要求，尤其是对他们撰写的"生活计划"予以承认，不再是仅仅基于他们各自的特点；另一方面，任何权力定向或权利授予的决定都需要征得患者或其法定代表的同意。

在老年人护理方面，近期的公共行动主要针对阿尔茨海默病的防治。该领域也倾向于强调家属的作用，家属在公共政策文件中和专业实践中被视为起协助作用的"护理员"。相关机构鼓励照料者尽早寻求诊断，以便建立医疗跟踪和采取适当的治疗措施，并采取各种其他措施支持护理员的照料工作，监测患者的健康状况，为其提供相关疾病的专业培训[2]。

上述演变是近期公共政策改革走向的结果：政府鼓励患者和家庭"独立自主"，这既包括承认个人和家属做出决定的能力，也包括鼓励他们积极进取、主动维权，在疾病管理中发挥核心作用。这些演变加深了专业人士与家庭之间、协作与授权之间、权力移交与加强控制之间关系的矛盾。因此，公共政策认为家庭与专业人士之间的伙伴关系越来越不可或缺，然而其表现形式却是多种多样的；虽然按正常的标准，专业人士应与家庭一起工作，但实际上却发生了

---

[1] CARPENTIER N., «Le long voyage des familles : la relation entre la psychiatrie et la famille au cours du XXe siècle » , *Sciences sociales et santé*, Vol. 19, n°1, 2001, p. 79-106.

[2] BÉLIARD A. et SIFER-RIVIERE L., «Aider 'les aidants familiaux' : l'autre façon d'encadrer l'accompagnement à domicile», dans C. LE GALES, M. BUNGENER et le group Capabilités, *Alzheimer: préserver ce qui importe. Les «capabilités» dans l'accompagnement à domicile*, Rennes, Presses universitaires de Rennes, 2015, p. 327-348.

各种各样的情况，或是与家庭对着干，或是让家庭自行解决，或是对家庭置之不理，或者一切为了家庭。合作伙伴关系采取的形式因下列诸多特点而异：治疗领域的特点（医疗化程度、冲突性程度、由权威专业或新兴专业主导的程度）、家庭背景情况（家庭的社会资源、介入程度、有否亲近的家属、是否腾得出时间）和患者的背景情况（疾病类型、性别、社会地位、年龄和其在亲属关系中所处的地位等）。

我们的调查囊括了这些合作形式的多样性。下面我们将提出两个贯穿各领域的问题：合作关系的构建以及这种构建对家庭护理安排的影响。

在需求上做文章

需求是了解家庭与治疗机构之间的伙伴关系构建的核心概念。家庭被越来越多地视为提出请求的主体，有关机构必须努力满足其所提出的请求。根据治疗的构想和治疗机构的历史，这种请求可以采用不同的方式：一是直接表达需求，治疗工作必须满足这些需求；二是间接表达请求，这类请求隐藏着某种更高的期望，需予以巧妙破译和解读，以便做好护理工作。各个家庭表述需求的方式可能因其社会特征、在某一特定时间的状况及与特定机构的关系而差异甚大。

因此，在我们进行长期调查的几个公共精神病学团队中，相关专业人士在试图与其所接待儿童的家庭建立真正的合作关系时，遇到了很大的困难。这些专业团队位于社会多元化的巴黎街区，所接待的儿童大部分来自贫民阶层。原因是其面向的受众一般为被确定为焦躁不安、扰乱学校秩序的儿童。这些儿童一般来自社会底层家庭，而富裕家庭的子女若出现同样问题，家长通常会选择前往私人诊所或专门服务机构（如神经学机构）就诊。这些专业团队由于接待大量来自贫民阶层的儿童，产生了某种恶性循环，家境好的家庭不太愿意把孩子送去，担心孩子会受到"传染"，这种传染不仅是在教养方面，还包括谈吐、礼貌等方面。就底层家庭而言，往往是学校建议他们把孩子送往这些机构，而并非出于自愿。相关的专业人士此时会面临一种两难境地：要么他们"让"孩子的家人来找他们，让孩子的家人表达照管孩子的愿望，但他们可能会白白等待，眼睁睁看到这些家庭很快就撒手不管；要么他们会主动去"找"这些家庭，但风险在于，在家庭的眼中，他们会被视为一个代表权威的、带有教育甚至是警察性质的机构，从而堵死了要做好工作时不可或缺的"治疗联盟"可能性。在我们研究过的一所机构中，他们明确地做出了第二种选择：机构主动去找家庭配合，摈弃了专业环境中的某些规则。因此，护理人员经常陪同儿童往来于护理地点与其家庭或学校之间，出席在学校举行的会议，在界限定义不清的情况下，尽可能恪守职业保密原则；他们向家庭强调护理的重要性，即使家庭质疑其必要性，家庭只在为了保护孩子免受学校开除的情况下才继续接受护理。这样，家庭显然不再是合作伙伴，更非"共同治疗师"。我们透过观察发现，在许多方面，我们面临的情况是必须继续面向家庭进行工作（而不是与家庭一起工作）。这并非因为专业人员拒绝将部分权力下放给家庭，而是因为专业人士与家庭之间结盟的条件还没有成熟。此时，专业人士工作的重要部分是要回应家庭的要求，但并非聆听或处理，而是促使其提出要求，即使护理已经开展起来。

做家庭的工作

当家庭与专业人士之间的关系充分建立起来，可以真正开展护理工作时，专业干预措施的效应便会超越严格的治疗框架。我们从调查中发现了两种主要效应。一种是家庭关系的社会化效应和重新配置效应。说到社会化效应，我们想强调的是，专业人员的干预也是借机让家庭去观察一些具体的做法和想法，观察专业人员如何照料患者、与他们交谈、管理扰乱行为等，这些想法和做法可能与家庭自发采取的措施相差甚远。家庭对此做出反应，并将其融会贯通，或予以批评，或拉开距离去观察思考，或者往往二者同时进行，重拾其中某些方面，消化之后化为己有，以不同的方式加以利用。第二种效应，即重新配置效应，指的是专业人员努力适应并融入周遭现存的个人家庭关系，在其中占有一席之地，并帮助他们不断发展。专业人员区分和分析家庭关系，辨识出其中一些可能的合作者，找出一些能改变关系、进行空间和权力重新分配的关键问题。

让我们首先以儿童照料机构为例。精神卫生领域由经过长期培训而拥有专业知识的专业人员组成，但在合法文化领域，他们也掌握了一系列更普遍的知识，属于布尔迪厄称为文化资本的范畴[①]。在这个专业领域中，文学渗透的程度比在其他医学领域更深，反思和语言被视为工作工具，需要从普通文化知识中去汲取养分。特别是在以心理动力方法（精神分析、体制心理治疗法）为主的机构，尤为注重建立在语言基础之上的疗法，对被视为过于"科学"的方法则报以不信任的态度，从而形成特定的文化和政治定位。这些机构富有人文情怀，憧憬自由理想（就政治上而非经济意义上而言），在鼓励文化投资和注重语言表达与反思的教育实践的同时，赋予儿童很大的自由度。让我们再次以一个致力于接待行为焦躁不安儿童的公共卫生中心为例。拥有上述文化背景的专业人员与普遍处于社会底层的家庭之间的对抗十分尖锐。在该中心工作的大多数专业人士为白人女性，而机构的受众多为第一代或第二代非洲裔移民的男孩，两者之间形成鲜明对比，更加深了社会不平等鸿沟。根据不同年龄，孩子们按游戏活动（建筑游戏、配有人物的象征性游戏、童话故事等）被分为不同治疗小组。游戏活动的目的主要是促进护理人员与儿童之间的沟通和讨论，而非纯粹意义上的治疗。在此过程中，护理人员根据自身的专业知识及社会和文化偏好与习惯，为孩

[①] BOURDIEU P., *La Distinction. Critique sociale du jugement*, Paris, Éditions de Minuit, 1979.

子们提供一个象征性和话语性的世界。家庭不一定能理解他们所建议的护理工作的治疗性质。许多父母在社会和文化上均与护理人员差距甚远，他们期望获得康复方法和教育方面的建议，因此，面对护理人员的工作，他们往往感到不知所措甚至很失望。这种体系融合了临床上的亲密无间（护理人员花很多时间与孩子在一起，并经常与他们建立很深的联系）和较大的社会距离，因而能产生较强的社会化效果，使孩子们接触到令其耳目一新的言行举止和思维方式。一些人从中找到了调整社会轨迹的方法，开始与原生家庭的运作模式保持距离[1]，另一些人则对此持谨慎或反对态度。

现在让我们再举一个例子，涉及一个专门为生活在家中的阿尔茨海默病患者提供诊断和治疗的服务机构。我们通过调查，得以观察实地医疗实践，接触到患者及其亲属。透过对护理人员和患者家人之间互动的观察，可发现家庭被赋予的角色的矛盾性：他们既是聆听和监测的对象，又是协助、培训、评估和重新定义的对象。在此情况下，患者亲属是专业人士不可或缺的合作伙伴，借助他们，专业人士可获得有助于诊断的信息，了解患者在家中日常发生的事情，从而确保提供适当的照护服务。在会诊期间，专业人士赋予亲属重要的位置：倾听、鼓励并支持亲属，也与他们交谈，向他们提供建议，指导他们的做法。专业人士向亲属传授解读和应对疾病的"良好"方法。例如，医生向妻子解释说，她丈夫的粗暴行为是疾病的症状，而不是故意为之，"以牙还牙"可能会使情况恶化，她必须灵活予以适应，比如接受丈夫洗澡次数比以前少。这些互动有助于亲属改变生活方式，重新诠释与病人的关系，越来越多地将其视为"病人"，并将自己视为"照料者"。

与此同时，专业人士也力求确保亲属的"可靠性"，评估他们

---

[1] 这种情况更多会发生在女孩子身上。参见顾丹（I. COUTANT）在其文章中所阐述的内容。她的分析借鉴了之前的研究成果（参见 COUTANT I. et EIDELIMAN J.-S., « "These days, it's hell to have boys in France!": Emotion management in a French adolescent center», *Etnográfica*, Vol. 19, n°2, 2015, p.229-246）。另可参考本书中王思萌的文章中关于中国移民后代的医疗和向上社会流动内容。

与患者关系的质量。亲属有时被认为是"不可靠的",其原因多种多样:或因为他们不是每天都在家,或因为他们不了解亲人的疾病,或因为他们本身也患有同样的疾病。比如说,就老人而言,医生认为,如果陪同父亲就诊的儿子"否认"父亲的病,那么若想了解其日常生活或施行治疗,最好求助于"女邻居"或联系患者的女儿。另外,还要对家庭关系本身进行评估,以查明是否可能存在虐待患者的风险,并要复述不同家庭成员的言论。例如,如果儿子与母亲维系着一种如胶似漆的病态关系,儿子认为母亲只是有点"小小的记忆问题",而医疗小组发现她"情况很严重"的时候,让他与其母亲睡在同一个房间里是不太理智的。因此,医学团队的眼光也可能对一些亲属的评价不利,会改变家庭关系的平衡,转移权力。

  这些家庭关系重组的影响十分显著,因为家庭和健康领域人员之间的互动阶段(就诊、住院时)往往是做出决策的重要时刻:此时会讨论到疾病及其预后情况、专业照护建议、住房设施的设置、送进医疗机构治疗的必要性和紧急性等问题。这些与医生的对话时刻往往会加强亲属中已经存在的权利不平衡关系。它会加强社会的阶级关系,因为在亲属成员中占据社会主导地位的人也往往会拥有与医生交流的资源,即"医疗能力",向他们提出意见并利用医生建议使他们的观点合法化[1]。与医生的接触还重新配置了家庭中的亲属关系,特别是那些尽管无法律亲缘关系却时常在场并参与照料的"日常"亲属与法定亲属之间的关系[2]。当然,专业人员往往先与每天在场的亲属建立联盟,即医生可以指望了解情况的亲属(如未婚伴侣、经常前来探望的邻居)。但是,当需要做出决策时,在疾病恶化或紧急情况下,其他亲属可能会参与医疗后续行动,医生往往会更多地同他们认为是合法的对话者进行对话,即那些在需要做出决定时可以信赖的人,尤其是已婚配偶和子女,此时他们将权力转移到

---

[1] BOLTANSKI L., «Les usages sociaux du corps», *Annales. Histoire, Sciences Sociales*, Vol. 26, n°1, 1971, p. 205-233.

[2] WEBER F., *le sang le nom, le quotidien, op.cit.*

了亲属关系的法律层面上。

所有这些观察都表明，专业人士的工作并不完全针对一个人、一个患者、一个病人，他们面对的是一种由纯粹亲属关系驱动的亲属配置格局，对此我们将在下文予以探讨。

疾病的意义

长期以来，家庭问题在就医行为中的重要性一直被社会科学所低估。然而，社会学或健康人类学的研究已证明了其力量和分量，这尤其体现在相关人士面对健康问题时进行思考和行动的方式上[1]。这些利害关系相对健康问题有其自身的逻辑和自主权，因此，若纯粹从医学角度来看待这些问题，它们对行为的影响后果会显得十分非理性[2]。然而，我们可以转移目光，研究病人及其亲属对健康问题所赋予的意义以及他们应对健康问题的方式，并假设他们观点相异于专业人士的观点（包括被简单化或被误解的观点），也相异于所有"非科学"的观点。面对健康问题时，我们处于一个特殊的位置，从这个角度出发，我们看问题的方式会有所不同。随着人们对正在发生的事情和由于将要做出的决定而可能发生的事情进行思考，关于疾病和健康的表征与利害关系问题（家庭、学校、专业、社会），便会以一种新的方式体现出来。我们试图用诊断理论的概念来予以描述，诊断理论的目的旨在展现遇到健康问题时，有关人员针对具体情况所作出的定义、定性、诠释甚至解释的努力[3]。在精神健康领域，医疗不确定性甚高，不同医疗方法之间的争议尤为尖锐，诊断理论的形式多种多样，有时会明显偏离健康专业人员所使用的类别。

---

[1] CARDIA-VONECHE L. et BASTARD B., «Préoccupations de santé et fonctionnement familial», *Sciences sociales et santé*, Vol. 13, n°1, 1995, p. 65-80.

[2] FAINZANG S., «Les stratégies paradoxales, Réflexions sur la question de l'incohérence des conduites des malades», *Sciences sociales et santé*, Vol. 15, n°3, 1997, p. 5-23.

[3] BÉLIARD, A. et EIDELIMAN, J.-S., «Mots pour maux. Théories diagnostiques et problèmes de santé», *Revue française de sociologie*, Vol. 55, n°3, 2014, p. 507-536.

让我们以埃莉诺拉为例,说明这个概念的意义[1]。这位年轻女孩出生于1990年,很早就在学习和行为上遇到了困难。她母亲玛丽娜是一名记者,父亲是一名专为大型酒店提供服务的公司经理;她有一个弟弟和一个妹妹。尽管玛丽娜做出了诸多努力,但多年来她女儿仍未获得准确的医学诊断,只好使用一位医生在没有确定的情况下提到的"自闭症倾向"一词来形容她女儿。直到2006年,她才得到一个真正让她信服的解释:基因研究显示X染色体突变,导致神经功能紊乱。她听到这一消息后的反应令人感到意外:"好啊,听着,这是16年来一个最好的消息,我觉得真的太棒了。"不过精神科医生马上接着说道:"是的,但这并不意味着她的病能治愈了!"她说:"那又怎么样?我之所以高兴,不是因为我女儿的病治愈了,我高兴,是因为我终于知道她生了什么病!而且我在想,这一次,我终于可以没有负罪感了。"我们可以从中掂量到,在当今社会中,基因学说对消除负罪感所具有的极大分量。玛丽娜的婆婆随之改变了态度,更乐意提供帮助,不再怀疑是因为玛丽娜家教不严而导致埃莉诺拉性格乖僻、喜欢操纵人。然而,诊断来得太晚了,无法避免2005年夏天在玛丽娜亲友之间爆发的冲突:辛西娅(玛丽娜的密友)和凯瑟琳(她的嫂子)长期以来一直是玛丽娜的重要支持者,但她们在夏天带小孩一起去度假之后就断绝了关系。埃莉诺拉态度骄横,咄咄逼人,让人无法忍受。面对埃莉诺拉的暴力及其表兄妹对孩子的影响,她们只好开辟自己的诊断理论,这有别于玛丽娜当时捍卫的理论。正如她们在采访中解释的那样,她们两人都将埃莉诺拉的精神障碍与她的行为障碍区分开来,认为后者在很大程度上与她所接受的过于纵容的教育有关。因此,不同当事人所建立的诊断理论与他们对某些方法所报以的信任度密不可分。例如,玛丽娜更容易信奉行为主义的论说,而不是精神分析论说,因为它们更符

---

[1] Béliard, A. et Eideliman, J.-S., «Aux frontières du handicap psychique: genèse et usages des catégories médico-administratives», *Revue française des affaires sociales*, n°1, 2009, p. 99-117.

合她所经历的社会阶层的主导价值（经济资本的重要性大于文化资本）。但诊断理论的建立，也与一些决定密不可分。在治疗方面，考虑情况的每一种方式都必须和谐一致，在家庭安排方面亦如此，如和一个与众不同的孩子一起度假或分担相关的物质和精神负担。

因此，面对专业人士，深受疾病之苦的当事人会处于特殊的情况和地位，这导致他们分析疾病类别时，会考虑到疾病的道德评价因素[1]：它们与具体照料或安排（在家中照料或到专门机构住院、是否求助于外界援助和照料者）的一致性，以及对其行政状况的影响（是否可能获得官方行政机构的承认）、经济影响（有没有可能获得补贴、报销）、学校或职业（有没有可能享受特殊场所或设施）。除了这些微型社会问题之外，还有更为普遍的演变影响，这些演变改变了特定时间和地点中疾病类别的含义，这使得我们必须考虑到每个医疗或医疗社会部门特有的管理配置和疾病的社会与道德构建[2]。如今，神经病学在许多医院机构中替代了老年医学，被诊断为阿尔茨海默病的病人，其社会体验与50年前的情况迥然不同，当时疾病的预后、治疗和表现方式均与今天相差甚远。

语言的力量

当我们进入家庭逻辑的复杂性时，会意识到亲属之间很少会异口同声。针对同一个患者，其不同亲属对他所患的疾病、需要采取的有效治疗和帮助措施可能都会有截然不同的看法。这些观点的分歧往往暴露了亲属群体内部和两个家庭之间甚至一对夫妇或兄弟姐妹之间的分歧、冲突或分裂，同时还会涉及祖父母的问题。对研究

---

[1] SMITH A. P., «Negotiating the moral status of trouble: the experiences of forgetful individuals diagnosed with no dementia», in L. COHEN et A. LEIBING, *Thinking about Dementia. Culture, Loss and the Anthropology of Senility*, New Brunswick (NJ), Rutgers University Press, 2006, p. 64-79.

[2] BÉLIARD, A. et EIDELIMAN, J.-S., 2014. *art. cit.*

人员和专业人士来说，并不是所有亲属的观点都是平等的，因为并非所有亲属都有同样的权威、都能让别人听取自己的意见。在家庭调查中，一些人会拒绝与调查人员见面，而另一些人则拒绝将调查者介绍给其他人。因此，对调查员思路进行严谨反思对了解这些亲属群体中的语言和观点合法性的构建至关重要[1]。因此，调查者的思路可以揭示亲属关系的分歧，这要么是因为他鼓励各方表述各自的观点或呈现各自的意见分歧，要么是因为信息流通有限，他只能接触到调查现场的主导版本。在某些情况下，遇到障碍的原因是多方面且错综复杂的，比如一名阿尔茨海默病患者的妻子拒绝调查人员去了解其子女的意见，担心会"打扰他们"，因为她不希望被他们视作一种负担。她希望维持他们是一对独立自主的夫妻的形象，而子女则可能会给出相反的说法。针对具体情况，不让亲属发表正当的言论，也可能是为了保护亲属。

　　给予疾病相关者发言权往往是一个重要和特殊的问题：调查人员能否与相关人员见面？他是否会令对方不耐烦或者觉得自己受到贬低？他能否自如地表达自己的意见？这些问题和答案是亲属群体集体构建的结果。亲属可以认为当事人的观点是正当的且具备条件而让他发言；但也可以让他发言，从而让他失信，就像这位母亲多年来一直努力让家人承认女儿是弱智（而不仅仅是因为家里没有"敦促"她而使其在学业上受挫），她坚持让我们到她女儿居住的机构去见她，让我们亲自去了解她的真实状态[2]。

　　这种针对不同声音的反思，对调查所创造的"齐唱"或"复调"类型的反思，对于理解专业人员对家属的看法非常有借鉴意义。而且专业人员也并没有能聆听到所有的观点。即使他们考虑到复杂的家庭关系，有时会与几个人进行对话，但由于工作时间的限制，他

---

[1] EIDELIMAN J.-S., «Familles à l'épreuve», *Ethnologie française*, Vol. 39, n°3, 2009, p. 435-442 et BÉLIARD A., BILLAUD S., PERRIN-HEREDIA A. et WEBER F., «Circulation de l'enquêteur, relations familiales et aide informelle», *Post-enquête qualitative sur les situations de handicap, la santé et l'aide aux personnes en situation de handicap*, DREES-CNSA, 2012.

[2] BÉLIARD A., BILLAUD S., PERRIN-HEREDIA A. et WEBER F., *op. cit.*

们往往只能专注于一位主要对话者。这些服务的运作、与家庭接触的习惯会促使他们倾向于选定单一的家庭协调人，继续使用同质化的"家庭"或"主要照料者"名称。然而，当专业人员看到存在分歧、冲突，但必须选择考虑其中一种观点时，则可能会感到左右为难。此时他们会试图通过解读家庭关系、衡量每个人的态度和行为来调整定位。他们也会依据所积累的家庭运作经验以及自身的家庭关系标准和道德取向来做出选择。由于医学领域是一个敏感领域，一些人可能会在其中寻求支持和合法化，为家庭关系寻求抗衡势力，因此深入了解医生、患者、家庭之间的互动关系至关重要。考察专业人员对亲属的看法，以及家庭不同成员对医学的关注或漠视的方式，都将有助于对上述问题进行明确的分析。

青春期行为障碍管理,挑战何在?

伊莎贝尔·顾丹(Isabelle Coutant)

20世纪80年代末以来,青少年的"苦痛"在政治议程中占据着越来越重要的位置[①]。政府频频颁发部门决议,强调所有部门都必须面向青少年制定出"新办法"和"特定待遇"(建立专门面向青少年的接待窗口)。其目的是解决各个社会阶层中青少年自杀率相对上升以及贫民区出现城市暴力的问题——这些暴力被视为青少年无所适从情绪的外在表现。

精神分析师和精神科医生则开始关注"新病理学"以及"郊区精神病理学"[②]提到的问题。关于青春期问题,不同的领域有不同的说法。在教育部门中,人们将其称为"边缘型人格"(border line)青年,"越来越无组织"的青年;一些受精神分析影响的儿童精神科医生使用"行为病理"(pathologie de l'agir)的字眼来描述冲动行为倾向,另一些精神科医生则指出因"教育缺陷"而造成的"行为障碍"有所增加[③]。法国国家健康与医学研究院(Inserm)则在其2005年的一份报告中呼吁要及早查诊青少年"行为障碍"(trouble des conduites)[④]。美国《精神障碍诊断与统计手册》(DSM)第四版将行

---

① RECHTMAN R., «Le miroir social des souffrances adolescentes: entre maladie du symbolique et aveu généralisé», *L'Évolution psychiatrique*, n°69 (1), 2004, p. 131-139; FASSIN D., *Des maux indicibles. Sociologie des lieux d'écoute*, Paris, La Découvete, 2004.

② RASSIAL J.-J. (dir.), *Y a-t-il une psychopathologie des banlieues?*, Ramonville, Editions Erès, 1998.

③ DELAROCHE P., *Psychanalyse de l'adolescent*, Paris, Armand Colin, 2005.

④ Inserm, *Troubles des conduites chez l'enfant et l'adolescent*, Paris, Editions Inserm, 2005.

为障碍定义为:"行为障碍囊括一系列行为,包括儿童的愤怒发作和经常性不听话的行为以及严重侵犯他人的行为,如强奸、殴打伤人和偷窃等一系列行为。其主要特点是侵犯他人的权利和不遵守社会规范。"行为障碍主要涉及13~18岁的青少年,他们中3%~9%有行为障碍表现,其中大多数是男孩。在女孩当中,行为障碍主要表现为在性方面自我招致危险。

这些类别带有明显的模糊性和可变性,其原因是行为障碍难以分类,而其护理治疗模式也不甚明晰。相关行为一般是在校内环境中会被辨识出有问题。但它们一定是病态的行为吗?应采取什么类型的管治措施?用"心理疗法"诊治意味着什么?其影响如何?

"他究竟生什么病了?他只不过是在学校不用功嘛!"

拉蒂夫是一名15岁的男孩,被他的社会教育指导员带到巴黎郊区一家医院的儿童精神病科就诊。该科室创建于20世纪90年代末,是专为有"行为障碍"的青少年而设立的,位于社会环境较差的区域。创建人是一位精神科医生,他认为行为障碍"在郊区极为普遍,而其他比较传统的疾病,如厌食症,则很少见"。他将之归因于困窘的生活条件、家庭破裂以及童年时遭受的创伤等。以下是拉蒂夫个案的片段,摘自2000年代末在该科室进行的为期九个月的田野调查[①]。第一次诊疗时,男孩的父母(来自马里的移民)没有出席——母亲要照顾年幼的孩子,父亲工作在身,均不能陪伴男孩前来就诊。指导员向精神科医生讲述了她的担忧,因为她无法与拉蒂夫建立起一种关系,以便能够帮助他。他刚刚因行为障碍、辱骂

[①] COUTANT I., *Troubles en psychiatrie*, Paris, La dispute, 2012. ISABELLE COUTANT, «The psychiatric treatment of "behavioural problems" in adolescence: Between coercion and socialisation», *Anthropology & Medicine*, vol.23, 2016, p. 259-274. ISABELLE COUTANT, «Pediatric Psychiatric Power: An Ethnographic Approach», https://www.politika.io/en/notice/ pediatric-psychiatric-power-an-ethnographic-approach.

和威胁他人而先后被两所不同的中学开除，最近还因为向一辆汽车扔石头而被拘留。这项措施是法官在学校警告后做出的决定。在整个访谈过程中，拉蒂夫一言不发，一直低着头。精神科医生在档案里这样写道："态度被动敌对"，"答复含糊其辞"，"拒绝就医"，最后下结论说："没有什么治疗解决方案。或许可考虑与学校挂钩的医院日间中心。"一个月后，他父亲参与了第二次诊疗，他坚持要将拉蒂夫送到日间中心照护，希望儿子的情况能好转。他身着非洲传统服装，法语表达困难，对治疗机构表示信任，不理解儿子为何与其他孩子不同，给他带来这么多问题。

为了证明治疗合情合理，精神科医生填写了一份医护协议，做出了下列诊断以为治疗要求提供理由："有转化为严重人格障碍的危险。"作为临床论据，他还补充道："在学校和街头动用暴力。数次被学校开除，曾被拘留过一次。无真正的功利动机，而更多的是抑郁性愤怒。除了采取教育措施之外，或许可考虑治疗的可能性。"社会保险机构的医生同意确诊为"人格障碍"。日间中心小组确定的目标如下："支持就学，参加专业择向项目、评估其心理状态，并促使其有意愿积极配合治疗。"拉蒂夫每周去日间中心三个半天。医护人员注意到他在中学的行为有所改善，尽管他在学习上仍存在困难。拉蒂夫一直说他想工作，他在找实习单位方面非常积极，很独立自主，这让日间中心的成年人惊讶不已：他自己在餐馆找到了一个实习机会。随后经持续观察，决定将他送往融治疗和学业为一体的机构。

考虑到精神科医生最初对跟踪治疗的必要性并不十分确定，因此将其定性为疾病，证明治疗的合理性，这是十分令人惊讶的。该单位的儿科医生在一次团队会议上这样问道："他究竟生什么病了？他只不过是在学校不用功嘛！"跟踪他的心理医生回答说："边缘型人格障碍。"一年后，我询问拉蒂夫的情况，得知他拒绝了老师给他建议的择向；他如愿以偿地在学徒中心注册了，因为他的老板已经同意他半工半读。儿科医生的反应"他究竟生什么病了？他只不过是在学校不用功嘛"点出了这类治疗的症结所在。是否有必要将反对学校框架和社会规范的态度当成病理行为？这些行为如何成为病理或痛苦的表现？

青春期异端行为病理化和社会秩序维持

米歇尔·福柯曾指出青少年的异端行为被精神病化，亦即将其当作精神病来治疗，而不仅仅是从司法的角度去予以处理，这一做法可追溯至 19 世纪。在旧制度下，精神疾病被归类为疯狂、精神错乱的表现，与现实失去了联系。但自大革命后建立以理性为基础的新的刑事制度后，要求对罪犯的理性进行规范，以调整对犯罪的制裁。法官现在需要精神科医生协助，以评估罪犯的精神心理状况。因此，凡是扰乱社会或家庭秩序的"不安"行为，即便无任何谵妄症状，也可能被视为精神病去处理[1]。

自 19 世纪末实施义务教育法之后，大量平民阶层的儿童进入学校学习，青少年异端行为的病理化现象继续存在。由于自身的社会文化水平与学校的期待存有距离，行为与学校规范相去甚远的儿童便被确定为不正常（不稳定或智力发育迟缓，或患有性格障碍）[2]。自 20 世纪 60 年代起，在精神分析的影响下，这些"障碍"被解释为痛苦症状，其起源需到家庭中去寻找，患病儿童也要被送往附近的医学心理教学中心[3]进行诊疗。

1990~2000 年，政府制定了专门针对青少年的政策，如建立了青年心声聆听热线、青少年之家、处于社会工作和精神健康交汇处的机构等。公共当局对青少年自杀率上升现象表示关注，注重预防

---

[1] Foucault M., *Les anormaux: Cours au Collège de France, 1974–1975*, Paris, Gallimard, 1999.

[2] Muel F., «L'école obligatoire et l'invention de l'enfance anormale», *Actes de la recherche en sciences sociales*, n°1, 1975, p. 60-74.

[3] Pinell P. et Zafiropoulos M., «La médicalisation de l'échec scolaire», *Actes de la Recherche en Sciences Sociales*, Vol. 24, n°1, 1978, p. 23-49.

在贫民街区出现新的暴力事件，认为聆听青少年心声，将有助于年轻人挣脱其所面临的困难，使他们不再通过暴力和犯罪来宣泄自己的不幸。因此，一些作者再次将这类政策解释为社会问题的过度医学化：在他们看来，社会困难被重新诠释为心理困难，只是满足于提供个性化的回应，而非致力于推出消除社会和空间不平等的整体性政策[1]。

因此，所谓的"行为障碍"恰好是青少年街头文化中所推崇并被视为"正常"的行为，在他们看来，"侵略者"总比"受害者"强，因此拒绝服从公众利益，致力捍卫自己的荣誉和名声，必要时哪怕通过身体暴力也在所不惜[2]。"反学校文化"是社会底层年轻人抵制学校统治的一种方式。长期以来，它甚至具有为工厂生活做好准备的功能，反学校文化与车间文化是一脉相承的[3]。过渡班级（classes-relais）将这种逆反态度归结为病理症状，可能会使驱逐出标准学校框架（从学校开除）的做法合法化。平民阶层家庭相比中上阶层家庭，在学校提供的择向建议前，尤其是在涉及会受到歧视的择向前，更会感到无所适从，而同意将孩子送到过渡班级[4]。教育与教学治疗研究所（ITEP）[5]如今主要接待来自平民阶层的孩子。研究表明，当中上阶层的父母面临这样的困难时，会寻求更准确的诊断，确定是属

---

[1] Fassin D., *Des maux indicibles*, *op. cit.*; Sicot F., «La psychologisation rampante de la question sociale», in Beaud S. *et al.* (dir.), *La France invisible*, Paris, La Découverte, 2006, p. 618-631.

[2] Lepoutre D., *Cœur de banlieue*, Paris, Editions Odile Jacob, 1997. Isabelle Coutant, From street to job: Integrating juvenile delinquents, *Etnografica*, volume 14, 2010, p. 71-95.

[3] Willis P., «L'école des ouvriers», *Actes de la Recherche en Sciences Sociales* n°24, 1978, p. 50-61.

[4] Millet M., Thin D., «L'ambivalence des parents de classes populaires à l'égard des institutions de remédiation scolaire. L'exemple des dispositifs relais », *Sociétés contemporaines*, Vol. 2, n°86, 2012, p. 59-83.

[5] Dupont H., *Ni fou ni gogol ! Orientation et vie en ITEP*, Grenoble, Presses universitaires de Grenoble, 2016.

于多动症[①]、早熟[②]还是诵读困难、书写困难、计算困难[③]等问题，进而要求调整孩子的"正常"教育，让教育团队对孩子更为宽容。

将青少年异端行为重新定性为行为障碍或品行障碍，是将问题转为社会控制（即维持社会秩序）功能，而社会控制功能本应归属于精神病学。如此一来，对专业实践的分析和对医护者、家庭与青少年之间关系的观察，却使对体制干预设施进行的分析变得复杂。一方面，是因为专业人士并非简单的国家辅助人员，他们拥有一定的回旋余地，能够对问题提出反思；另一方面，因为平民阶层家庭也可以利用部分体制干预措施，从中寻找到相应的社会、物质、象征资源。

专业人员对社会控制的抵触

我们对青少年越轨行为的"心理"干预措施进行批判性分析时，往往会低估心理专业人员从社会控制角度出发对其工具化趋势[④]的抵抗能力。

我们在上述青少年精神病服务机构进行的调查表明，专业人员对其干预的合法性或非合法性，提出了诸多疑问。该机构的精神科医生受到精神分析和机构精神病学[⑤]的影响，他们经常说，他们的本职工作不是"防止年轻人焚烧汽车或受到攻击"，这是警方和司法机构的分内工作。当教育工作者将"困难"青少年送来精神病治

[①] JUPILLE J., «De "coupables" à "victimes actives". Enjeux pour les familles d'un diagnostic de TDA/H», *Socio-logos* [en ligne] n°9, 2014, URL : http://socio-logos.revues.org/2835.

[②] LIGNIER W., *La petite noblesse de l'intelligence. Une sociologie des enfants surdoués*, Paris, La découverte, 2012.

[③] MOREL S., *La médicalisation de l'échec scolaire*, Paris, La dispute, 2014.

[④] ROSE N., *Governing the Soul. The Shaping of the Private Self*, London, Routledge, 1989 ; RHODES L., *Emptying Beds. The Work of an Emergency Psychiatric Unit*, Berkeley, University of California Press, 1991.

[⑤] 关于机构精神病学，请参见本书中汉克斯（N. HENCKES）的文章。

疗机构时，精神科医生由于不肯定这种选择是否合情合理，因而会同教育工作者进行长时间的讨论。他们意识到自己在同时医治"贫民区的困境"和其他负责收治青少年的机构的困境，认为如果教养中心"条件更好"，许多情况都无须在精神病院住院便可获得妥善处理。

杰西卡的情况便属此例。这位 14 岁的女孩由一位教养中心主任陪同前来。中心主任描述这位少女态度"乖戾粗暴"，无故旷课，曾有试图自杀、殴斗、逃学、违抗等"前科"行为。他还谈到其家庭背景——因继父行为暴力而被安置到别的家庭中、被母亲抛弃，并评论说："杰西卡迷失了方向，无所适从。"他甚至认为她的亲属关系对她有不好的影响，并提出了相应的医治路径。精神科医生问他："您凭什么认为我们会比你们做得更好？"中心主任解释说，他没有"处理危机的空间"，并承认自己"也招架不住了"。随后，精神科医生与女孩单独进行了交谈，她拒绝住院，并承诺将要"循规蹈矩"，告诉医生她准备去一个马术中心实习。她说在那儿她感觉很好，周围都是成年人，让她"能够理解很多事情"。鉴于她不愿住院，精神科医生决定稍后再决定。杰西卡后来就没有住院。

2000 年底，我们在巴黎郊区另一个贫困街区的青少年之家进行另一项调查时，发现专业人员也持有相同的立场[1]。这些专业人士认为，由教育机构转送过来的初中生，其行为问题的诱因可能来自他们的生活环境，也可能来自其所在学校的内在运作问题（如教师队伍频繁更换的问题）。青少年之家的工作人员意识到，自己所在的

---

[1] Isabelle Coutant and Jean-Sébastien Eideliman, "Listening to Suffering. The Treatment of Mental Fragility at a Home for Adolescents", in *At the Heart of the State. The Moral World of Institutions*, Didier Fassin et alii, Pluto Press, 2015. Isabelle Coutant and Jean-Sébastien Eideliman, "These days, it's hell to have boys in France!": emotion management in a French adolescent center, *Etnografica*, 19(2), 2015, p. 229–246. Isabelle Coutant and Jean-Sébastien Eideliman, The Moral Economy of Contemporary Working-Class Adolescence. Managing Symbolic Capital in a French public "Adolescent Centre", *British Journal of Sociology*, 2013, 64 (2), p. 248–266.

机构已成为其他困难青少年收留所的出气"阀门",因为相关青少年的生活状况越来越不稳定。他们往往担心,同意建立个人治疗跟踪方案,会使被送进来的青少年背上污名,受到歧视。因此,是否应该收治这些青少年,便成为小组频繁讨论的议题,他们经常对收治的正当性提出疑问。

青少年自身:自我反省

在精神病院和青少年之家进行的这两项调查,凸显了精神病机构的社会化维度,证明这些机构已经超越了强制约束功能的范围。在这些机构中,青少年会接触到不同的专业人员(如精神科医生、心理医生、护士、照护员、教育工作者、社会工作者),这些专业人员伴随他们接洽其他机构,并为他们提供其他资源。接受照护和治疗的年轻人也可以向专业人员学习,认清与自己的关系,掌握新的调整情绪的方式,特别是通过言语调整,相当于一种"自我反省"[1]或"自我修养"[2]。例如,一个年轻女孩解释说,青少年之家是"她的空间",她在那儿学会了"自我思考",学会了"管理自己的压力"。对于她来说,这些机构具有文化适应(acculturation)的功能,帮助她适应她结束学业后希望跻身中产阶级以远离她的原生家庭的生活,同时也帮助她逐渐与家庭拉开距离。住院的年轻人在表达禁闭痛苦的同时,也分享了几周来与自己关系的内在变化。一名 14 岁的女孩在失控时用手砸墙,她说,入院后,她"学会了放开,让自己冷静下来"。一名 13 岁的男孩因焦躁不安扰乱了学校秩序,白天从医院到教育与教学治疗研究所(ITEP)上课,他说,现在当自己急躁不安时,他就要求出去走几分钟。其他文化层次略高、年龄较大的女孩则表示,她们学会了独处,会写日记或阅读能够帮助自我反思的

---

[1] DARMON M., *Devenir anorexique. Une approche sociologique*, Paris, La découverte, 2003.
[2] MATZA T. A., «Moscow's Echo: Technologies of the Self, Publics and Politics on the Russian Talk Show», *Cultural Anthropology*, 24 (3), 2009, pp. 489-522.

书籍。

专业人员注意到，当这些青少年能够表达自己的感受时，就会有"进步"。一位心理医生在评论其中一位青少年时这样说道："他能够说，他再次见到自己的母亲时，高兴又焦虑，他为此很感动。"她说听到他"使用了这些词语"，表达了他的矛盾心理和不安，这让她感到很高兴。专业人员正是采用了"反思性教学法"[①]，即指明假定的情感并承认其合理性、在事件过后进行自我分析、使用隐喻来描述心理运作、划定私密范围等，激励年轻人学会把自己的感受"说出来"。同时还教授他们处理自己情感的方法。从这个意义上说，精神病院可以成为获得"互动技能""交流资本"的场所[②]。

但从我们所接触的专业人士角度来看，这项工作只有与其后的轨迹相联系才有意义。他们关心的是"下游工作"，致力于"促进融入"。这意味着需将家庭与决策联系起来，因此，所谓"好父母"，是那些可以成为"伙伴""盟友"的家长。当青少年获得儿童社会福利机构资助时，教育工作者便会与寄养家庭开展合作。融入的另一方面也涉及学校教育：在此，无论是在教育部门还是在医疗－社会领域和卫生领域都设有专门的机构与机制。在实地研究中，我们发现存在一些实验性的措施、非正式的合作以及多年来发展起来的机构网络（如与某学校校长或学校的社会工作者所建立的关系）。

然而，面对住院的青年，精神科医生却面临着一些两难的困境。对一些患者来说，由于在医院下游缺乏适当的机构和令人满意的安置办法，住院时间超过了必要的医护时间。特别是对享受儿童福利机构援助的年轻人来说，入住精神病院接受治疗后可能会更受歧视，

---

① COUTANT I., *Troubles en psychiatrie, op.cit.* ISABELLE COUTANT, «The psychiatric treatment of "behavioural problems" in adolescence: Between coercion and socialisation», *Anthropology & Medicine*, vol.23, 2016, p. 259-274. ISABELLE COUTANT, «Pediatric Psychiatric Power: An Ethnographic Approach», https://www.politika.io/en/notice/ pediatric-psychiatric-power-an-ethnographic-approach.

② SCHWARTZ O., *La notion de classes populaires,* hablitation à diriger das recherches, Université de Versailles– Saint Quentin, 1998.

使融入工作变得更为复杂。因此，这会诱发长期恶化的风险并重新激活对精神病院的恐惧。在我们所研究的 30 例住院青年中，有 3 名青少年住院时长近一年，尽管精神科医生认为他们几个月后便可"出院"。有时也会出现年轻患者希望重新入院的情况，因为医院已经成了他们的"第二家园"。精神科医生一般不太愿意满足他们的愿望，因为担心这样会增加年轻患者对机构的依赖。但有时，他们也会同意住院，"让他们能有栖息之所"。

相比其他社会阶层，平民阶层鉴于其与主流标准的差距，这些机构在他们眼中更像是一个社会化的场所。精神病院也不例外。身无分文的人被强制收治后，最初的抵抗一旦化解，就可获得栖息之所。但对于工作团队来说，这是成功的代价，他们的要求折射出他们在医院外的生活状况：并非所有人都有能力在没有社会基根的情况下作为"主体"继续生存[1]。

父母需要做"家庭关系工作"

如果从家庭的角度来研究这些机构的作用，我们会发现对于那些教育水平远远低于社会预期规范的父母来说，这些机构也起到了桥梁作用。在我们实地研究中，这些父母属于最无保障的贫民阶层和/或移民阶层，大部分居住在巴黎北郊地区。这种桥梁作用可在两个层面上反映出来，一是在父母和机构（特别是社会教育机构和学校）之间，二是在父母和子女之间，尤其是在进行"联盟工作"之后的"家庭关系调解"时。

例如，艾莉森是一名 13 岁的少女，她因严重的行为障碍而入院接受治疗。通过"家庭关系调解"，母女均接受"寄养"的想法。艾莉森到达医院时，她十分不情愿，黑沉着脸，寡言寡语。母亲是一个有固定住处的吉普赛人，经济拮据，文化水平很低。她酗酒，靠

---

[1] CASTEL R., *Les métamorphoses de la question sociale*, Paris, Fayard, 1995.

社会救助金生活；她的所有孩子都是儿童福利教育工作者的跟踪对象。但她很关照艾莉森，每次都来参加开会，关心她在教育与教学治疗研究所（ITEP）的学业，为她"写得一笔好字"而感到骄傲，还会检查她的书包和教材。虽然母女俩希望出院后回家住，但几次回家短住都以大吵大闹告终，后经与精神科医生商量，她们同意寻求寄养家庭。但专业人员仍要求教育工作者维护母女之间的关系，因为她们彼此都非常依恋。

就移民家庭而言，明晰彼此之间的期望，即父母与机构之间、父母与子女之间的期望非常重要。在这些家庭中，孩子出现越轨行为会被认为是一件悲惨的事情，因为人们会马上想到孩子会进监狱，留下犯罪记录，成为家庭的耻辱，从而深深玷污父母的名誉[1]。早在20世纪70年代，萨亚德曾对阿尔及利亚移民进行研究，指出他们难以在法国出生的子女身上找到自己的影子，他们将自己的儿女称为"法国的孩子""不正当的孩子"[2]。在我们所研究的许多情况中，无论是在医院还是在青少年之家，均可遇到这种情况。例如，莲安是一名年轻女孩，她被集体强奸后继续"危害自己"，后应其父母要求而住院。她的父亲非常沮丧。他不理解自己的女儿，她给他造成了这么多问题，而在柬埔寨出生的长女却很乖巧。莲安因与家人缺乏沟通并受到歧视而痛苦不已，她觉得自己是个"丑小鸭"；她说她曾听到父亲在电话里告诉她叔叔"她不是我女儿，她很糟糕"。莲安住院前，医疗心理中心的精神科医生认为这个家庭中存在着"裂痕"："有严重的家庭纽带问题，家庭内部存在着某种精神病理问题。一边是柬埔寨人，一边是法国人。在柬埔寨出生的两个女孩会说柬埔寨语，她们被认为是外国人。对于父母来说，两个女儿所遇到的困难不是自己造成的，而是法国造成的。"医护者的工作旨在让莲安和她父母之间重新建立沟通。

---

[1] COUTANT I., *Délit de jeunesse. La justice face aux quartiers*, Paris, La découverte, 2005. ISABELLE COUTANT and JEAN-SÉBASTIEN EIDELIMAN, « "These days, it's hell to have boys in France!": emotion management in a French adolescent center», *Etnografica*, 19(2), 2015, p. 229-246.

[2] 关于萨亚德这篇文章的介绍，参见本书中米埃尔－德雷富斯（F. MUEL-DREYFUS）的文章以及下一篇王思萌文章。

在第一次家庭访谈中，工作人员看到父女之间连招呼都不打。父亲用柬埔寨语表达他难以与女儿交谈，并对此感到担忧。一名医院护士负责翻译。起初，莲安一言不发，低着头，但听着。后来，她开始说话，说的是法语。她谈到了与父亲沟通的问题，解释说感觉自己在家里"是透明的"。她首先"否认自己危害自己"——总之，负责访谈的教育工作者在档案中这样解释了她的态度。但莲安的态度后来在访谈中有所改变，承认自己以后有女儿也绝不会让她们随意出门。她终于明白了父亲的观点。访谈结束时，她用柬埔寨语跟他交谈。父亲拥抱着女儿，眼里噙满泪水。在随后的日子里，莲安说，她正在意识到教育的文化差异。心理学家指出："莲安在反思自己，反思自己与父母和自己的关系"；"她终于意识到自己很伤心"。

在青少年之家观察到的另一种情况如下。一位来自几内亚的父亲，其儿子哈米都因行为障碍而被收治，父亲承认不理解自己的儿子。他说道："在法国生男孩，那简直是地狱！"他被中学多次召唤，开完班级纪律委员会后感到无比耻辱，情绪失去了控制。他威胁要把儿子送回几内亚，生怕看到他走上"错误的道路"。负责这个案例的精神科医生决定启动家庭咨询，而不是只对儿子进行简单的个人治疗跟踪，以免加剧他已经背负的污名。医生启动了一项提升父亲形象的工作，因为他的形象在学校里受到了影响；同时也力图让他对儿子有更多的了解，和他一起比较非洲和法国儿童的教育方式，指出了"青春期危机"问题，让他不要把青少年的越轨行为看得太过严重。他对父亲说："孩子做错事，其实是给我们启蒙，教育我们怎么去做父母。"第二次家庭咨询结束后，父亲同意推迟把儿子送回几内亚的计划，并同意让儿子每周见一次心理医生。干预几个月后，根据学校社会工作者的反应，哈米在中学的"麻烦"似乎有所减少；哈米都还告诉他说，他对青少年之家的医治很满意，他找到了一个说话的空间，因为他并非所有的事情都会告诉家人。

父亲则可以这样评论儿子说："他是个制造麻烦的人，但他不是罪犯"，而且他记住了精神科医生说的话，他把儿子过激行为与

"他需要存在"和"青春期危机"联系起来。不过，他虽然为自己没有受到"评判"而感到欣慰（他们既不偏向法国一边也不偏向非洲一边），但他希望得到更多的教育建议和支持。他感到有点不知所措，他把青少年之家比作"一本没有信息的大白皮书"。更为正面地看待儿子，无形中也令父亲无所适从，"家庭关系分析"往往类似于在家庭内部重新分配象征性资本，孩子为了恢复地位，可能会一时顶撞父母。有些孩子也无法忍受看见父母在家庭咨询中被暴露无遗，表现出脆弱；其中一位少年在精神科医生询问他母亲的梦境时，愤怒地夺门而去。家长有时也表示如此暴露无遗，感到无所适从，甚至耻辱，感到自己仍然是评判对象。在这些案件中，"心理"机构会加重当事人此前与其他机构（学校，有时也是警察局和司法机构）接触时所经受的羞辱。

行为障碍生物化？

本文所研究的机构特点是，无论是属于受精神分析滋养的精神病学医院，还是跨文化的精神病学青少年之家，都是隶属于心理健康领域的"心理动力"层面。在这两种情况下，人们均认为青少年出现心理问题，与其家庭和社会环境有密切联系。"行为障碍"或"品行障碍"被认为是与青少年过往有关的痛苦症状表现。这些关系并不妨碍各种形式的"权宜"之计，可在借鉴行为心理治疗的同时，辅以处方药物（抗精神病药物、利他林）。但这些治疗干预都赋予话语重要的地位。

由于神经科学的兴起，精神健康领域的权力关系发生了变化，这在一定程度上改变了人们对行为障碍的认知，以及人们所设想的治疗方向。认为疾病有生物学甚至遗传学诱因的观点，对心理动力学方法中提倡的环境诱因提出了挑战。它会导致人们弱化社会变量在疾病发生中的作用，而推崇更注重药物的疗法而不是语言的干预措施。

这便是我们在引言中提到的 2005 年法国国家健康与医学研究院（Inserm）的报告发表时所引起的担心。根据国际文献的综合内容，报告的作者指出了几个危险因素：行为障碍家族史、家庭犯罪、非常年轻的母亲、怀孕期间服用精神药物。他们主张尽早确定"高危家庭"，提倡为家庭提供陪伴服务，原则上药物治疗只作为二线方案。

然而，这份报告引起了拥护精神分析的专业人士的强烈抗议：他们发起了一个呼吁（不能给三岁孩子的品行打零分），很快便收集到了近20万个签名。他们特别反对报告中对行为障碍所作出的生物和遗传解读。他们的文件这样写道："法国国家健康与医学研究院（Inserm）的专业鉴定过度地将教育、心理和社会现象医学化，在社会不适感和心理苦痛甚至遗传疾病之间造成了混淆。"签名人士还对由于缺乏人力资源而倾向于单纯开药的现象深感忧虑。国家健康与医学研究院伦理委员会主席和国家伦理咨询委员会主席也共同撰写了一篇文章，支持这一观点。不久之后，社会科学专家也参与到这场争论[1]中来，甚至一些神经生物学家也强调了环境对行为障碍所起的诱因作用，以及其在消除社会不平等政策中的重要性[2]。这些忧虑也反映了人们对法国政治领域以安全考量为第一的普遍关注。

结　语

在巴黎大区贫民街区利用公共精神病学机制管治青少年越轨行为，反映了在弱势群体生活动荡不定的背景下，教师、社会工作者和治安法官面对因缺乏资源和合适的机构而无从管理的局面一筹莫展的无奈心境。从这个意义上说，精神病学是其他青少年教育机构

---

[1] EHRENBERG A., «Malaise dans l'évaluation de la santé mentale», *Esprit*, mai 2006, p.89-102; CHAMAK B., «Troubles des conduits », *L'information psychiatrique*, 2011/5, Vol. 87, p.383-386.

[2] GONON F., «L'hypothèse dopaminergique du TDAH: faits, interprétations, conséquences», in Le collectif 0 de conduite, *Enfants turbulents: l'enfer est-il pavé de bonnes préventions?*, Paris, Eres, 2008, p.131-155.

的阀门。遵守保护儿童强制令，可能会促使对四处游荡的青少年进行监禁。对于贫民阶层的年轻人来说，至少对于那些有"行为障碍"表现的青少年来说，这个问题事关公共秩序问题，这与米歇尔·福柯强调的逻辑一脉相承，在职业领域引起不少争议，同时在精神科的日常工作中也引发了诸多疑问：干预的合法性何在？应干预到何种程度？此外，面向弱势群体的精神病干预，其所针对的病理在疾病分类中往往不甚明晰，这种情况在较高的社会阶层中则不存在。

与青少年达成一定的"联盟"之后的目标就是要提高他们的自我监管能力。这项工作必须建立在自我完善的基础之上，所谓自我，指的是联结"我"和"我们"的型构：需要通过对情感和沟通资本进行反思与传输的教学来加强自我，并将其与家庭和社会层面的我们相联结。专业人员试图传授"说话的能力"，这是精神科能力的一个组成部分，其宗旨也是在可能的情况下与青少年和父母进行共同构建。

在此，精神科医院权利行使的方式，是人口治理转型的普遍化运动的一部分[1]。在重视自治和个人解放的社会中，无论是出于道德原因还是出于经济原因（费用从国家转移到家庭），许多机构工作人员都必须采用合作的方式来工作[2]。涉及平民阶层时，这一情况也许更为明显，因为他们的规范与主流规范相去甚远，必须通过具体的教育工作来缩小距离，在其中话语占据了重要的位置。然而，这并非把惩戒分明的过去与宽松开明的现在对立起来。

现在依然注重惩戒纪律，只是与过去有所不同。一方面，是因为惩戒纪律和仁慈博爱总是贯穿于国家的"统治主导"工作中[3]。另一方面，是因为在当代干预形式中，即使是以其他方式进行，也总是纪律为上：语言表述在其中起着重要作用，因为它是围绕着道德规范和以人为本的观念，位于道德问题与新自由主义诉求的交汇之处。

---

[1] ROSE N., *Governing the Soul*, op. cit.

[2] ASTIER I., *Les nouvelles règles du social*, Paris, PUF, 2007.

[3] BOURDIEU P., *Sur l'Etat, Cours au Collège de France (1989-1992)*, Paris, Seuil, 2012.

研究国际移民之苦痛

——以在法国的中国移民为例

王思萌

颠沛流离的生活与精神疾病之间存在着一定的关系，围绕芝加哥学派形成的美国社会学早在创建之初就特别强调了这一点。例如，丹汉姆（Dunham）和法黎斯（Faris）[1]于20世纪20年代和30年代在芝加哥进行了一项研究，发现贫困街区居民罹患精神疾病的比例最高。移民当时以贫穷街区居民的身份接受调查：他们除了生活动荡不安之外，还遭受因脱离原籍国而产生的社会心理"解组"之苦[2]。随后，社会学家们对移民的精神疾病就医行为以及不同社会群体的治疗模式间的差异进行了研究[3]。研究者发现，出身富裕阶层的医护者和来自贫困阶层的患者之间的行为规范相差甚远。他们也探讨了社会流动（移民只是其中的一种形式）对个体心理的影响。"致病性社会流动"的主题研究在20世纪50年代和60年代盛况空前，往往是从社会流动中个人所遭受的"社会和心理代价"的角度来进行考

---

[1] DUNHAM H.W., FARIS R., *Mental disorders in urban areas: an ecological study of schizophrenia and other psychoses*, Chicago, University of Chicago Press, 1939.

[2] THOMAS W.I., ZNANIECKI F., *Le paysan polonais en Europe et en Amérique : récit de vie d'un migrant*, Paris, Nathan, 1998[1919].

[3] RIESMAN D. *et al.*, *The Lonely Crowd*, Yale University Press, 1950. HOLLINGSHEAD A.B., REDLICH F.C., *Social class and mental illness: a community study*, New York, Wiley, 1958.

察分析[1]。而在法国，尽管社会学的创始人对这些主题很感兴趣，而且巴斯蒂德（Bastide）从1965年开始便重新开设了精神疾病社会学研究计划[2]，但法国社会学家们只是从20世纪80年代初才重新关注个人的心理状态与其社会地位之间的关系[3]。在所有这些研究中，移民很少被作为专门的研究对象。

移民、精神健康与社会地位

在法国，针对移民心理健康的研究主要从贫困和生活的不稳定性角度来切入，研究对象主要为来自非洲尤其是北非马格里布地区的移民[4]和印度支那移民[5]，这无疑与法国殖民和后殖民历史密切相关[6]，而无后殖民背景的移民群体则基本无人问津。20世纪70年代，萨亚德（Abdelmalek Sayad）对与父母格格不入甚至断绝关系的阿尔及利亚移民后代尤为关注，父母称这些移民后代为"不正当的孩子"

---

[1] LIPSET S.M., BENDIX R., *Social Mobility in Industrial Society Berkeley* et Los Angeles, Oakland, University of California Press, 1959; HOGGART R., *La culture du pauvre*, Paris, Minuit, 1970.

[2] 参见前言和本书第一部分。

[3] MUEL-DREYFUS F., *Le métier d'éducateur. Les instituteurs de 1900, les éducateurs spécialisés de 1968*, Paris, Minuit, 1983; DE GAULEJAC V., *La névrose de classe: trajectoire sociale et conflits d'identité*, Paris, Hommes et groupes, 1987; BOURDIEU P., *Raisons pratiques. Sur la théorie de l'action*, Paris, Seuil, 1994; SAYAD A., *La double absence. Des illusions de l'émigré aux souffrances de l'immigré*, Paris, Seuil, 1999; DARMON M., *Devenir anorexique: une approche sociologique*, Paris, La Découverte, 2003.

[4] SAYAD A., 1999, *op. cit.* p. 255-303.

[5] RECHTMAN R., WELSH G., «Approche transculturelle des patients non francophones originaires du Sud-est asiatique dans le dispositif psychia-trique du XIIIe arrondissement de Paris», *Santé mentale au Québec*, Vol. 18, n° 1, 1993, p. 143-161.

[6] NOIRIEL G., «Les jeunes d'origine immigrée n'existent pas », in LORREYTE B. (dir.), *Les Politiques d'intégration des jeunes issus de l'immigration*, Paris, L'Harmattan, 1989, p. 211-221.

(enfants illégitimes)[①]。他指出，这些代际冲突，往往以心理问题的形式被呈现出来，这更深刻地反映了不同代移民所持有的不同社会逻辑。由于移民的经历，一代移民作为父母和后代之间形成了两种独立却又不可分割的悲剧：父母因无从理解在法国出生的孩子而深感痛苦，而孩子则在法国和原籍国的文化之间感到无所适从，并因不被父母理解而无比痛苦[②]。更广泛而言，萨亚德的研究致力于揭露将移民看成"问题"的社会和政治构建方式，每次提到移民都用"问题"这个词眼来谈论，这更加深了移民及其子女的痛苦。由此看来，他既有别于医生的立场，又有异于早期社会科学研究的视野，这项研究往往将这种痛苦解读为移民未能适应东道国社会的后果。

法国近期关于国际移民精神健康的研究主要是针对某些类别的群体展开的，如寻求庇护者和难民[③]、生活在极度贫困状态中的移民[④]或者非法移民[⑤]。而高技术移民，或更广泛而言，中上层社会阶层移民的心理痛苦，却很少有人关注，至于他们选用什么样的精神健康治疗手段，这个问题也鲜有人研究。不论是从社会阶层角度来看，还是从性别、族裔、地域出身、移民代际角度来看，移民都具有多元特征，而在我们看来，正是此一多元性构成了丰富的分析视角，有助于深入探讨国际迁徙与精神健康之间的关系，这就是我们下文将要讨论的内容。但在此之前，我们将简要介绍社会科学研究

[①] SAYAD A., «Les enfants illégitimes (1re partie) », *Actes de la recherche en sciences sociales*, Vol. 25, n° 1, 1979a, p. 61-81; SAYAD A., «Les enfants illégitimes (2e partie) ». *Actes de la recherche en sciences sociales*, Vol. 26, n° 1, 1979b, p. 117-132.

[②] 参见本书中米埃尔-德雷富斯（F. MUEL-DREYFUS）的文章。

[③] D'HALLUIN E., «La santé mentale des demandeurs d'asile », *Hommes et migrations*, 1282, 2009 [en ligne], URL: https://hommesmigrations.revues.org/447; PESTRE É., *La vie psychique des réfugiés*, Paris, Payot et Rivages, 2010.

[④] CHAMBON N., COCHET P., LE GOFF G., « Soigner des migrants pré- caires en psychiatrie publique », Ecarts d'identité, 2013, [en ligne]. URL: https://halshs.archives-ouvertes.fr/halshs-00978254.

[⑤] WANG S., «Entre stratégie et moralité. Des migrants chinois en situation irrégulière face à la "clause de maladie" », *Politix*, 114, 2016a, p. 205-227.

移民精神健康的另一个视角,即从他性(altérité)和跨文化的角度对医患治疗关系进行分析。

移民、精神健康与文化

在精神健康和国际移民的交汇处,另一类实证研究者侧重于关注痛苦和精神障碍的文化表现。他们认为,个体的个性和心理与其所处社会的文化环境密切相关,即本尼迪克特的文化模式(patterns of culture)[①]观点,借鉴了哈佛大学教授、精神病学家和人类学家凯博文(Arthur Kleinman)所说的新跨文化精神病学(new cross-cultural psychiatry)[②]。这些研究从文化角度分析了疾病与疾病表述之间的根本区别。在此,我们不妨举亚瑟·克莱曼20世纪80年代对"神经衰弱"的研究为例,这种病症在亚洲的躯体化表现比在西方更明显。凯博文指出,在1977年后,中国精神科医生做出了很多神经衰弱症的诊断,这是文化因素所致,因为中国人对精神病抱有蔑视甚至歧视的态度[③]。这种"新跨文化精神病学"的支持者关注个人的社会生活,考察他们遵守所属主流社会文化规范的高低程度。因此疾病的诊断和表达与未成功遵守主流社会文化规范息息相关[④]。

在法国,乔治·德弗罗的学生,民族精神科医生托比·纳唐(Tobie Nathan)自20世纪70年代开始便遵循这一学派的主张[⑤]。不论是在理论上还是在临床上,他都主张文化诠释(与原族裔血统密切

[①] BENEDICT R., *Patterns of culture*, New York, Houghton Mifflin company, 1934.

[②] KLEINMAN A., «Depression, Somatization and the New Cross-cultural Psychiatry», *Social Science & Medicine*, Vol. 11, n° 1, 1977, p. 3-10.

[③] KLEINMAN A., *Social Origins of Distress and Disease: Depression, Neurasthenia, and Pain in Modern China*. New Haven, Yale University Press, 1986.

[④] SHEPER-HUGUES N., *Saints, Scholars, and Schizophrenics: Mental Illness in Rural Ireland* (Twentieth Anniversary Édition, Updated and Expanded), Berkeley, University of California Press, 2001.

[⑤] 参见雷希曼(R. RECHTMAN)在本书中的文章。

相关的文化诠释）在移民患者照护中的决定性作用[1]。他认为，接待外国病人的唯一良方是为他们提供一个尽可能接近其原生文化的治疗框架。针对托比·纳唐的观点，狄迪尔·法森（Didier Fassin）等学者指出，一味从"文化"角度来解释患者行为，会导致过度文化诠释，甚至将病人"种族化"[2]。似乎因为移民的他者面孔，专业人员遇到在他们看来似乎不寻常或不合逻辑的现象时[3]，便"理所当然"地质疑健康和医护方面的"文化障碍"并试图寻找"文化上的原因"。因此，单从"文化"角度思考医疗关系，可能会掩盖这些患者的生活条件和迁徙经历等一系列与疾病有关的政治、历史和社会因素。

对移民精神健康就医行为进行研究，也会促使我们思考医疗体制的重组和改革，例如，研究那些强调病人族裔背景的专业机构，如"跨文化精神病学"和"民族精神病学"导向机构[4]；或者探讨翻译人员所起的媒介作用和其文化协调实践[5]，尤其是那些已表述出来的，或尚未表述出来的话语，以及在多语言交流过程中可能出现的误解。在此，本文主要关注目前尚未得到充分研究的另一问题，即"移民"群体内部的社会多样性，"苦痛"社会表达与社会根源的多样性，以及就医逻辑与医疗不平等问题。

---

[1] NATHAN T., *La Folie des autres. Traité d'ethnopsychiatrie Clinique*, Paris, Dunod, 1986.

[2] FASSIN D., «Les politiques de l'ethnopsychiatrie. La psyché africaine, des colonies africaines aux banlieues parisiennes », *L'Homme*, n°153, 2000, p. 231-250.

[3] COGNET M., «Au nom de la culture : Réflexion sur un usage inflation- niste de la notion de culture dans la santé », in COGNET M. et MONTGMO-MERY C. (dir), *Éthique de l'Altérité*, Laval, Presses de l'Université, 2007, p. 39–63.

[4] LARCHANCHÉ S., «Anxiétés culturelles et régulation institutionnelle: santé mentale "spécialisée" et souffrance "immigrée" à Paris », Thèse, Paris, EHESS, 2010; BELKACEM L., «Quand la clinique fait l'ethnique ? Logi-ques performatives dans la médiation interculturelle pour familles migrantes », *Genèses*, Vol. 98, n°. 1, 2015, p. 47-68.

[5] WANG S., «"Aidez-nous à comprendre vos Chinois !" Conditions de possibilités de la légitimation du sociologue en milieu psychiatrique», Genèses, 105, 2016b, p. 141-156; WANG S., «Analyses sociologiques des pratiques de l'interprétariat-médiation en pédopsychiatrie: l'exemple des familles d'origine chinoise à Paris», *Enfances & Psy.*, n° 56, 2013, p. 136–145.

精神健康与心理苦痛：社会科学的研究对象

为此，本文将详细介绍 2010 年至 2014 年笔者对法国华人进行的人类学田野调查[①]。调查场所既包括公共精神健康系统（医疗心理中心、医院、医学心理教学中心等），也延伸到医疗场域之外，如中国移民的家庭、学校、协会、工作场所等。而另外一些调查对象是去私立精神健康系统（如私人诊所）就医的病人。这种调查方法与萨亚德对北非移民心理的反思研究一脉相承，但区别在于旅法华人不属于"后殖民"（postcolonial）背景下的移民。我们在此既关注患者的社会轨迹也关注其不断变化的家庭结构。事实上，国际移民经常肩负着来自家庭和亲属的经济、社会、物质、情感、象征等方面的多重期待，并对他们心存亏欠。从代际角度来看，这份亏欠是重新配置家庭关系甚至导致家庭冲突的根源[②]。这些冲突如何表现？如何从社会学的角度分析移民背景下的这些苦痛？

中国移民及其后代的苦痛：社会成因和就医行为

笔者在研究中，共接触了 180 名接受精神健康治疗（使用包括精神病治疗、心理咨询、心理治疗、精神分析等治疗手法）的受访者及其家属，其中既包括 20 世纪 80 年代来到法国的新移民，也有在法国出生的中国移民后裔。受访者可分为五大类：八九十年代来法国的知识分子移民、2000 年以后定居法国的年轻高技术移民、非法移民、在中国出生后以"家庭团聚"来法国的"1.5 代"移民，以及在法国出生的华人后代。这五类受访者苦痛的社会根源、选择治疗方法的社会逻辑及其与医疗机构的关系均因各种社会变量的不同而有差异。

---

① WANG S., *Illusions et souffrances: les migrants chinois à Paris*, Paris, Editions rue d'Ulm, 2017. 上面引述的访谈内容摘自该书。

② WANG S., «"Enfant abandonné en Chine puis domestique en France ? Qu'est-ce que je suis pour eux?!" Obligations familiales à rebours des enfants migrants d'origine chinoise à Paris ». *Enfances, Familles, Générations*. 20, 2014, p. 21-44.

背井离乡的苦痛

在我们接触的受访者中，20世纪八九十年代来法国的知识分子移民，大多选择到私立心理治疗师诊所就诊。访谈显示，他们的就医行为可被视为对那一代人社会记忆的再次呈现，从下面这段访谈摘录便可略见一斑。

> 我决定换心理咨询师（受访者使用的是英语术语），我不再去看他了（指他以前的心理治疗师），因为他不让我按照我想要的方式说话。我特别喜欢讲述我的青春岁月，可他总是打断我，然后让我讲我的童年！（诗人朱先生）

心理治疗为重建社会记忆提供了一个可能的社会框架。因此，患者往往诉诸心理治疗，因为他在心理医生那里能找到"倾诉的空间"，可以讲出自己希望讲的话：他更热衷于讲述"青春岁月"，而不希望讲述"童年"，后者往往是精神分析中对母婴关系的经典分析内容[①]。在倾诉过程中，这些受访者也表达了多年旅居海外所产生的"失根"感受。

这些接受心理治疗的知识分子，同时也觉得他们终于成了真正意义上的"主体"（subject）。因为他们成长的年代是20世纪50年代到80年代，那是服从组织利益和集体决定的时代。他们承认来到法国后，学会了"为自己着想"，而不是处处都从集体或他人的眼光出发，也学会了如何表达自己的个人需求和愿望。艺术家苏先生的一席话便是很好的例子。

> ……群体利益高于个人利益。在学校教育中，大家总是说：先"大我"后"小我"。在为别人着想之前，禁止为自己着想。而在西方，却找不到同样的观念来解释个人与群体之间的关系。

---

① 参见本书中梵斯坦（M. FANSTEN）的文章。

人们可以自由表达个人诉求。这对法国人或"90后"中国人来说，似乎最正常不过了，但对于我和我们这一代人来说，却并非自然而然的。

冲突中的婚姻规范

与这些老一辈知识分子一样，21世纪前10年来法国求学随后定居海外的年轻高技术移民，在心理出现纠结苦痛时，一般也是前往私人心理诊所就诊。婚姻失败和/或夫妻纠纷是他们所面临的心理困扰的核心内容。受访男性面对跨国背景下婚姻市场的失衡，难以找到愿意与他们未来去中国生活的女性。相比起来，受访女性则更多与外籍人士联姻，她们所倾诉的苦恼则与适应不同社会婚姻习俗的规范相关，比如与性、同居方式、家庭中经济管理等相关的问题。

关于男性，让我们先来看看39岁的李白的案例。他是一所商学院的硕士毕业生，在巴黎地区的一家日本公司担任高管。李白能说流利的法语和英语，日语达到中等水平。但谈到择偶标准时，他这样说道："最终，我还是希望找一个中国媳妇吧。"

> 我是个独生子，也是父母双方祖辈的长孙。这个"长子长孙"的地位给我很大压力。每次回中国，他们都会问我什么时候给他们生一个"小张"（张是李白的姓），问我什么时候彻底回中国。看到父母渐渐变老，我真的不知道该怎么办……为了将来简单起见，我更希望找一个有一天能和我一起回中国的人，所以最好找个中国对象。如果她是外国人，她必须准备好和我一起回去。这就不那么容易了！我不知道他们（父母）会怎么想，一个西方女人和一个混血宝宝，如果这种情况发生在我身上，他们可能会感到震惊（他笑了）。

亲属关系中"长子长孙"的地位意味着肩负"传宗接代"的担

子。考虑到自己未来要为父母养老送终因此总有一天要彻底回国，李白择偶的标准便因此不同。他因为孤身一人而感到痛苦，他说："晚上，当我自己一个人的时候，就会自问怎么混成这样，落到这个地步！如果当初我没有决定（从中国移民到法国），我就不会对自己要求那么高，就不会有那么多的疑问和纠结。我觉得自己被困在两个国家和两种思维方式的陷阱中。"

他所感受的孤独不仅仅因为他是单身，而且由于更深层的两难境地：一方面想遵从自己在中国文化和语境中作为"独生子女"和"长子长孙"的社会规范，另一方面情况又因跨国移民旅居法国的经历而变得不同，即内化了一些法国社会主流价值，并希望在法国社会情境中追求自我实现。

与中国男性同胞不同的是，中国女性高技术移民可能会感到更"自由"地与外国配偶联姻。因为她们不像男性高技术移民那样肩负着需要在中长期内"彻底归国返乡"照顾父母的义务。但进入跨国婚姻关系后，她们可能面临一系列婚姻和家庭规范冲突。例如，家庭生活的经济管理问题（"谁管账""谁来付钱""付什么钱"）可能会成为引发两人之间紧张关系的根源。一些年轻女性会对配偶各自开设个人银行账户感到不自在，正如一位受访者所解释的那样，在中国，通常的标准是"如果你爱你的妻子，你就得为她买单"。正如一位受访者所解释的那样。除了经济层面的因素，受访者还必须面对其他方面的价值与文化差异，如婚约方式（同居、民事伴侣契约 PACS、结婚）、生孩子或者配偶的年龄差距等[1]。

非法移民"法国梦"的幻灭

我们研究过的另一组新移民是非法移民。在法国法律中，存在一类"疾病条款"（clause de maladie）[2]：自己有病或是子女有病的非

---

[1] WANG S., «Des "soucis matrimoniaux" dans le contexte transnational: le cas des migrants et des migrantes chinois qualifiés à Paris». *Migrations Société*. 157, 2015, p. 149-166。

[2] 《外国人入境和居留和避难权法典》（CESEDA）第 L. 313-11 条第 11 款赋予省长出于医疗原因颁发临时居留许可的权力 (http://www.gisti.org/IMG/pdf/ceseda.pdf)。

法移民有权申请医疗用途的短期合法居留，但前提是主治医生必须开具具有法律效应的疾病医疗证明，声明患者原籍国在治疗该类疾病方面水平滞后，远远低于法国对该类疾病的治疗水平，因此出于医疗人道原则，患者需要以合法身份留在法国就诊。在我们的研究中，一些中国家庭由于无法提供他们在法国居住多年的证据，申请"家庭团聚"的合法居留失败。别无他法时，他们在亲友、熟人或者一些维权协会的建议下，会使用健康原因去尝试申请"疾病居留"（"病居"），借此将自己的身份转正。我们发现，在准备申请"病居"前，所有的受访者或他们的孩子都已经在接受精神疾病治疗。换言之，并没有非法移民因功利原因特意自己或者送孩子去看精神科医生，以期申请"病居"转正身份。同时，这些非法移民并非一去看病或带孩子看病就向医生提出开具疾病医疗证明的要求。治疗开展一段时间后，病人或者患病孩子的家长才慢慢接受"精神疾病"这一事实，在克服了重重心理矛盾后，他们才愿意以自己或孩子的精神疾病作为申请合法居留的法律资源。

　　面对精神疾病诊断时间长且往往诊断不明的现实，这些非法移民不仅在就医方面不知何去何从，就连在日常生活上也颠沛流离，不知是否该继续坚持移民初衷。一些受访者有时会改变他们的决定，放弃以病为由申请合法居留，而是为了自己或孩子的健康决定彻底回国，放弃非法移民之路。下列对洛尔母亲访谈的节选便是很好的例证。洛尔4岁，被诊断为自闭症，在儿童精神科接受治疗。2013年和2014年，洛尔一家先后以"家庭团聚""疾病原因"为由提出申请合法居留，但两度失败，此后他们开始考虑彻底返回中国。

　　　　8个月大的时候，她就开始说"爸爸""妈妈"。那是冬天，天气很冷，因为没有合法身份，我们不敢出门，怕被查，也不知能去哪里，所以那段时间我们几乎每天都待在家里。我们家只有12平方米。我在网上看到，自闭症的原因之一就是缺乏空间（叹息）。在这种环境下，洛尔不再牙牙学语了。她满 18 个月后，我们开始因为她说话少而担心，所以才开始寻医。现在我们知道了，拥有足够的空间对孩子的成长发育很重要。如果我们回国，空间是不缺的[①]（……）饮食也很重要。在这里，我们不能每顿都吃好的。肉、蛋和鱼都是只有周末才吃。我们可怜的女儿（她眼中含着泪水），她跟着我们在法国没过过好日子。我想，如果我们回到中国，她会生活得更好，至少日子会过得好些。……想到最终还是要回国，我们开始也不甘心，毕竟付出了那么多钱和其他代价。这放在以前，简直是不可想象的！但是现在女儿病了，我们的想法也变了。一开始，我们上网查找国内对自闭症的治疗信息，为的是证明国内医疗水平低，不如法国；但找着找着，我改变了主意。如果我们继续待在这里，非法打工，担惊受怕，孤独无援，我们的女儿就永远不会有一个良好的治愈环境。我们还没有做出最终决定，但我们已经开始认真考虑彻底回去的问题。

洛尔的母亲认为，空间狭窄和艰难的非法移民生活条件是导致孩子生病的最主要原因之一。一些家长跟她一样，承认如果孩子没有遇到成长发育的问题和困难，他们绝不会考虑彻底回国。正是在接受孩子患病的事实后，在查找中文相关病症和医疗水平介绍的资料（以证明中国对这种疾病的诊治仍然不足）过程中，这些家长才重新权衡非法移民生活的利弊，重新规划未来生活。为了孩子的未来，一些家长决定考虑彻底回国生活。因此，如果说主治医生们扮演着"国界看守人"的角色（因为他们是否开具疾病医疗证明是申请"病居"的第一步），那么这些非法移民自身也在不断调整他们与边界的关系：他们拿在法国的生活条件与自己在中国可能拥有的生活条件进行比较，并重新考虑彻底回到中国的计划。

---

① 洛尔的家人将与外祖父母住在一起，他们是浙江省瑞安市郊区的一家"当地小餐馆"（客容量约 20 人）的老板。

被遗弃的孩子，被牺牲的孩子

我们可以按出生地将中国移民后代区分两个不同群体：一是出生在中国，十多岁前移民到法国的孩子们，即所谓的"1.5代"移民[1]；二是那些出生在法国的华裔。受中国移民潮历史和移民情境下育龄对代际的影响等综合因素影响，目前在法国的中国移民后代大多来自浙江地区。他们祖辈来法的历史可以追溯到第一次世界大战之前，而且大部分都属于非技术类的经济移民[2]。

他们的父母，即便曾是非法移民，也大多成功完成了社会阶层的向上流动：经过多年打拼（体力劳动和资本原始积累），他们成功地获得了一张十年居留卡，从事餐饮、成衣皮包制作和进出口等商业活动。从家庭动力和代际关系的角度分析，我们发现，这些来自浙江尤其是温州的家庭普遍渴望孩子的社会地位继续提升。但两代人却往往给"社会向上流动"（ascension sociale）赋予截然不同的意义。对于家长而言，所谓提升社会地位，他们更注重的是获得行政资源和经济资源，而不是获得社会文化资源（掌握法语和汉语能力除外）。这些父母相信整个家庭的利益与未来高于每个家庭成员的个人利益，因此这些家长在孩子有了一定法语水平后，会以"为了整个家更好"来要求其子女给他们"帮忙"，提供各类语言文化、经济和行政服务。

我们将这一现象称为"家庭义务反哺"（obligations familiales à rebours），它在那些经历过"两步移民"的家庭中尤为明显：父母先移民法国，子女经过一定时间后再前来法国与父母团聚。两代人移民的时间可能相差数十年之久。受访的移民后代在表达内心苦痛时，常觉得在童年与父母的分离期间有一种"被遗弃"的感觉；等他们

---

[1] RUMBAUT R. G., «Migration, Adaptation, and Mental Health: The Experience of Southeast Asian Refugees in the United States », in ADELMAN H. (dir.), *Refugee policy: Canada and the United States,* York Lanes Press, 1991, p. 383-427.

[2] LIVE Y.-S., «Les Chinois de Paris depuis le début du siècle. Présence urbaine et activités économiques », *Revue européenne des migrations internationales*, Vol. 8, n°3,1992, p. 155-173.

来到巴黎与父母团聚后不仅没有找回家庭的亲密感,还往往应父母要求帮各种忙,因此反而有种"被利用"的感觉[1]。几位受访者在访谈中,眼中噙满泪水,向我们讲述了他们那段没有父母的童年。这种情感缺陷,他们无法理解,更令他们感到痛苦。

> 既然我的父母能放心把我丢在世界的另一头,甚至都不知道他们是否有一天能回来看我,那对他们来说我算是什么?我的生活对他们有意义吗?对我父母来说,除了挣钱,还有什么更重要的吗?(莱昂内尔,程序员、IT工程师)

"为什么要我来法国"和"我对他们来说是什么"是这些年轻人反复提到的两个问题。尤其是那些尚未拿到合法居留身份的家庭,父母移民身份的脆弱性和社会不稳定性加剧了孩子对移民计划的反思。

> 经过这些年(五年的分离),当我的父母要求我到巴黎来跟他们团聚时,我想象的是一个更富裕、更安逸的生活,这种生活值得我放弃当时在中国的生活。这是我的期待。即使在卡车上(移民路途中),我也认为(遭受这些旅行之苦)是值得的。不然的话,为什么要我来这里?来一起受苦?当我第一次走进家门时[2],我很震惊。当我知道父亲曾因非法身份两次被警察抓住时,更是震惊不已。(尼豪,高中生)

据这些年轻人说,他们抵达法国后,与父母的情感距离并没有因为地理距离的缩短而变小。大多数人平时很少见到父母,更难跟他们进行深层次交流。毕竟父母下班很晚,有时快午夜才回家;有的甚至要等父母周末休息时才能见得到父母,因为他们在全省打工,

---

[1] WANG S., 2014, *art. cit.*
[2] 这个家庭居住在巴黎13区一个租来的40平方米两居室公寓内。他的弟弟和父母住在一个房间里。另一间房转租给四个中国人,每人每月交150欧元房租。

周间都住在外省。在与父母团聚的短暂时光中，一些受访者意识到这种早年与父母分离的经历对自身心理造成的负面影响，并试图与父母谈论这些过往，却往往是白费功夫。

为了逃避父母强加的各类"反哺式家庭义务"，这些移民后代以各自特有的方式选择对策。来自最底层的年轻人往往求助于精神病治疗机构，即便是被强制住院，有些受访者也认为比继续住在家里好，因为治疗机构能提供"更舒适的物质条件"（比如拥有一张写字台和一间单人卧室），随着治疗时间的推移，他们能慢慢远离原生家庭环境[①]。而那些来自中产阶级的年轻人在试图逃脱这些"反哺式家庭义务"的同时，会尽量避免与原生家庭完全决裂：他们也希望通过社会向上流动与原生家庭拉开距离，而他们的社会向上流动一般是通过联姻或参与社会公益活动（比如创办协会）来完成。

社会流动与心理苦痛

我们发现，出生在法国的中国移民子女的心理苦痛往往与社会流动密切相连，因为社会流动会导致"惯习撕裂"（habitus déchirés）[②]。对大多数移民后代来说，他们的家庭生活和家庭范围以外的生活截然不同，甚至是"分裂"的。如何在两者间达到平衡，是很多受访者不断反思的问题，也是可能引发他们内心痛楚的隐患。自我剖析的工作能帮助他们寻找内心的"平衡"，"担当新的自我同时不再感到羞愧、内疚或痛苦"[③]。根据受访者社会构成、出生环境及对社会流动的意愿不同，他们对心理苦痛的表达与管理方式也各有不同。我们所接触到的来自底层的年轻人大多是在公共精神医疗机构中接受治疗，他们最终将自己的医疗实践视为远离原生家庭的一种方式。家庭生活窘迫的物质、情感及象征条件都成为他们追求向上社会流动的阻力。从第一次进入精神诊疗机构开始，他们就设法

---

① 在此可印证 I. COUTANT 和 J.-S. EIDELIMAN 在其他前提下观察到的情况［参见上一篇顾丹（I. COUTANT）的文章］。

② BOURDIEU P., *Esquisse pour une auto-analyse*, Paris, Raisons d'agir, 2004.

③ BOURDIEU P., *Le sens pratique*, Paris, Minuit, 1980, p. 42.

调动法国公共机构提供的各种资源，在医护场所、教养中心或寄养家庭中致力于改变自己未来的命运。

来自中产阶级的年轻人更倾向于求助私人精神健康医疗机构，他们往往在两个截然不同的世界中成长：一方面，他们的父母虽然靠多年打拼成为有产阶层，但过去出身于社会平民阶层导致文化资本较少；另一方面，他们成绩斐然，往往能进入巴黎最好的公立中学读书，而他们的同学或者朋辈群体多是来自法国精英阶层的孩子，这些孩子出身不凡，家族世代都是巴黎甚至拉丁区的各界翘楚。这些中国移民后代生活在迥异的两个世界之间，往往感到无所适从，甚至痛苦不堪。

> 这是一段非常累人的人生旅程，就好像你在渡一条河，明知道自己已经离开了此岸，想去彼岸生活。这个所谓的彼岸，你远看近看都觉得触手可及，但现实中，你永远都无法抵达。（米歇尔，二十岁，博客主）

> 每天早上，我离开美丽城，在街上会看到一些中国女人（性工作者），我为她们感到羞愧。但仅仅半个小时后，在拉丁区最文雅的地方（名校），我感到自己像是个文盲，文化上赤裸裸。我为自己感到羞愧。这种永远觉得自己是个局外人的感受，每天在我身上不知出现多少次！（德尔菲娜，28岁，服装设计师）

在中国精英移民的子女们身上，对于苦痛的表达又是另一番情形。很多孩子声称，父母为他们定下的"成功"目标，是在国际层面上的，也就是说，只成为在法国社会的精英已不再是社会向上流动的终点。父母要求孩子们一定要走上世界大舞台，必须拥有国际视野和国际资本（capital international），这才能算是完成了社会向上流动。面对父母严苛的要求，这些孩子必须同时符合在中国、法国甚至其他发达国家（如英美世界）中所谓"成功"的各种不同标准。在不同社会里，文化价值观不同，对"成功"的标准也不同，甚至有时相互矛盾。在我们访谈的青少年中，强迫自己去迎合父母的期待和标准，可能造成心理不适甚至失常。因为父母和孩子对于社会规范的理解是不同的。这种不同不仅涉及两种社会（西方社会和东方社会）普遍存在的社会规范体系，还涉及其父母作为精英/高技术移民自身向上社会流动的经验。后者的跨国移民经验和与原籍国有关的所有因素（中文、中国文化等）自从育儿初期（子女初级社会化过程）就都被视作资源充分调动起来。父母会主动教孩子中文、中国文化；并希望这些文化资本在未来能帮助子女成为"国际精英"。这种初级社会化过程与来自贫民阶层和中产阶级的孩子有明显的区别。

透过对精神健康社会根源和就医行为的分析，我们的人类学田野调查显示：从整体上看，一个人的医疗实践，在很大程度上，一方面深受他自己的社会轨迹（trajectoire sociale）或其核心家庭成员的社会轨迹影响；另一方面，这些医疗实践也可以被视为个体构建其移民/社会轨迹，并完成社会流动的战略。

以社会学的方法研究国际移民之苦痛

我们在医疗机构的观察与研究发现，移民的生活条件往往是晦暗的医疗死角，往往不受医疗人员关注，甚至被长期忽略。然而，这些被医疗人员"遗漏"的因素却有助于我们以另一种眼光来审视精神苦痛的社会性，及其移民情境下的医患关系。这既不同于医学视角，也不同于跨文化解释。

本研究表明，在跨族裔医患关系中，"文化"的地位不仅可以从民族精神病学或跨文化精神病学角度来诠释，还应该从社会学视野来进行剖析，这种全新的社会学视野应综合考虑各种不同的社会变量（社会阶层、性别、年龄、移民代际等）。换言之，除了考察疾病和苦痛的文化表达之外，我们还建议考虑社会日常生活对疾病和苦痛的影响，将所有与患者日常生活息息相关的社会关系都纳入分析之中。因为，引入不同社会变量，有助于我们超越文化的特殊性。我们接触到的大多数外籍医疗人员，正因为他们对中国文化了解甚少，更容易想当然地"过度文化诠释"（culturaliste）中国患者及家庭。让我们举一个以话语（parole）作为心理治疗工具的例子。那些去私立诊所接受心理治疗甚至精神分析的中国知识分子，与拥有文化资本并同样接受私立心理健康服务的法国人之间，不论是在社会构成上，还是在就诊逻辑上，差别都不是很大。但同样的这群中国知识分子，和那些被警方逮捕强行入住精神病院的中国非法移民之间，却相去甚远：后者更倾向于接受药物疗法，不理解话语为何能够帮助治疗。正如以下这名建筑工人所说："老是说话、说话，跟医生说话有什么用呢？不如给我吃药。"正是从这个意义上，我们这一研究承袭了萨亚德的既往研究，证实了在精神疾患的社会表达和管理中，除了不同地域、族裔和国家背景的特殊性外，也存在一些普适的社会变量作用，这尤其体现在社会阶层和移民代际上。有些中国裔患者的疾病表达，其社会根源与就医行为，与其他族裔患者甚至法国患者类似。

鉴于上述情况，我们觉得有可能借鉴人类学田野的方法，就心理健康问题开展富有成效的跨学科研究，促进社会科学界和医疗界研究人员的合作[①]。精神病学与社会科学间的合作将有助于文化摆脱文化主义的藩篱，并在研究移民苦痛时融会贯通多个分析维度：在微观社会分析层面研究移民的个体与社会轨迹；在中观社会分析层面研究不同族裔间和跨文化的医患关系；在宏观社会分析层面考察这些精神苦痛与苦难的社会性，关注其生成的历史、文化和政治背景。

---

① WANG S., 2016b, *art. cit.*

监狱，精神脆弱者之所[*]

狄迪尔·法森（Didier Fassin）

历史回顾

在 18 世纪末，法国同时进行了两项重大的道德改革——整治疯子和监禁罪犯。由此，精神病院和监狱几乎同时诞生。

在此之前，精神失常者如家人无力照顾，或被家人抛弃时，一般会被关禁起来：若是首都巴黎的居民，一般会被关进萨尔佩特里埃（Salpétrière）医院或比赛特（Bicêtre) 医院等大型医院中；若是外省居民，则会关在专门的监禁场所，如卡昂市的莎提莫纳塔（Tour Chatimoine）。他们在那儿与乞丐、妓女、残疾人和罪犯朝夕相处，环境条件往往十分恶劣[①]。轻罪和重罪犯人则根据其不法行为的严重程度、其本人及原告的社会地位，以及法官执法的严厉程度，处以罚款，或在极端情况下，处以死刑，有时在处决之前还会施以酷刑拷打。当时因禁的犯人很少，主要是那些等待判决或处决的囚犯。通常是将犯人关在小规模监狱中，巴黎等大城市的情况除外。在巴黎一般是关禁在古监狱（Conciergerie）和大夏特莱城堡（Grand Châtelet）中；或在极少例外的情况下，由王家下令，囚禁在武力监

---

[*] 本文曾发表于 2015 年 3 月至 4 月的《精神》（Esprit）杂志第 413 期，标题为《精神病院与监狱》（L'asile et la prison）。感谢编辑授权在此重载此文。

[①] 参见 QUETEL C. 和 MOREL P. 撰写的 Les Fous et leur médecins, de la Renaissance au XXe siècel（Paris, Hachette, 1979），该书出版年份虽已久远，但资料翔实，颇有参考价值。

狱中，其中最著名的便是巴士底狱。但在攻占巴士底狱时，里面只监禁了七名囚犯[①]。菲利普·皮内尔（Philippe Pinel）及其学生让－艾蒂安·埃斯基罗尔（Jean-Etienne Esquirol）认为，不应把精神失常者囚禁起来，而应将其隔离开来，不应给他们带上铐链，而应给他们提供治疗。约翰·霍华德（John Howard）及塞萨雷·贝卡里亚（Cesare Beccaria）则认为判决不应太严厉，应更公平、更有法可依，而监禁恰好是一种有分寸并可灵活调整的惩罚。然而，从道德关怀到具体实施，道路十分漫长，而且从旧制度中遗传下来的因循守旧惯习，对体制结构和人们的思想都起到了束缚作用[②]。但在当时，现代精神病院和现代监狱的基本原则已经奠定：将疯子和罪犯分开；承认两者都是人类大家庭中的一员；采取温和的管治手法，治愈前者，规训后者，而非流放贬谪、打入"冷宫"。

在几十年间，精神病院和监狱两个机构一直是平行地发展，大多数西方国家的情况也十分相似，其中美国堪为典范。1833年古斯塔夫·德·博蒙特（Gustave de Beaumont）和亚历克西斯·德·托克维尔（Alexis de Tocqueville）从美国返回后撰写的报告便是最佳佐证[③]。然而，从19世纪中叶开始，精神病院和监狱的人口情况便开始出现两极分化，其变化在下面两个阶段尤为显著。从1850年到1940年，精神病院人口膨胀，而监狱人口则出现萎缩；前者增加了五倍，而后者则减少了一半。第二次世界大战及其后续引发了短暂的剪切运动：战争期间精神病人遭到遗弃，导致相当高的死亡率；"二战"结束后，由于对法奸或被认为是法奸的人实施监禁，精神病院呈爆

---

① 参考 CARLIER C. 撰写的《法国监狱和监狱机构历史》（Histoire des prisons et de l'administration pénitentiaire française），http://criminocorpus.revues.org/246#tocto3n1, 2009。

② 关于19世纪初美国精神病院和监狱改革的比较分析，请参阅 ROTHMAN D. 的经典著作 The Discovery of the asylum. Social order and disorder in he New Republic, Boston, Little, Brown and Co, 1971。

③ 这份著名的报告重新出版，载入《托克维尔全集》第4卷（Œuvres complètes de TOCQUEV-ILLE A.）中：«Système pénitentiaire aux Etats–Unis et son application en France», Paris, Gallimard，1984, p. 81-450。

炸性增长。此一双重危机结束后，从20世纪50年代中期便开始出现一个新的趋势，与上述持续了近一个世纪的状况呈逆向运动：精神病院数量明显减少，精神病患者的禁闭率在五十年间减少了三倍，而监狱则进入扩张阶段，被监禁的囚犯数量在同一时期增加了两倍。精神病院数量锐减而监狱数量膨胀，二者形成鲜明对比，此一趋势在许多国家都存在。在这方面，美国仍然是一个例子：50年间，精神病院的病床数量降低了20倍，而监狱中的囚犯数量却增长了5倍。令人惊讶的是，竟然很少人将上文描述的双重运动放在同一框架内进行考察。

特别是，在过去的半个世纪中，根本无人关注精神病院数量减少和监狱人口增多的问题。然而，这两种现象虽说在很大程度上是相互独立的，但在一定程度上又是相互重叠的。精神病院数目减少的原因无疑在于下列几个特殊因素：一是精神药物的上市，为精神病患者的居家治疗提供了便利；二是发展了配套设施，使院外的标准化生活获得保障；三是更广泛而言，人们日益关注患者的主体性，精神病院日渐丧失威信。同样，监狱人口增多也是由于下列特殊原因：针对轻罪的立法和司法规定更为强硬；选择监禁以惩罚轻罪；延长刑期的平均期限；更广泛地说，允许司法机关针对平民社群，尤其是移民社群，采取惩罚性政策。然而，如果仅仅从这些逻辑角度看问题，我们就会忽视两个机构之间令人不安的彼此消长的现象。

一方面，人们对精神病患者报以更宽容的态度，而对犯罪者则态度越来越严厉。在社会和心理层面上都十分脆弱的人，由于服用麻醉品、酗酒后实施暴力或挑衅执法人员等行为，很容易被判处监禁。所有上述犯罪行为在过去几十年中，都被判以监禁，其数量之多，十分惊人。选择最脆弱群体下手并对其予以过度惩处的做法，在监狱机构内部也屡见不鲜，因为脆弱者最有可能成为其他囚犯的受害者，处于强势的囚犯会借机欺负弱者，而后者会因面对失望或受到不公平对待而无法自我控制，铤而走险，做出犯法行为。

在下文中，我们将考察这一双重维度。首先，我们将分析犯罪人口中精神疾病患者的比例及其含义，同时分析我们往往难以区分的问题：精神障碍是在进入监狱之前就存在，还是在入狱后才发作。随后，我们将研究监狱中造成心理脆弱或令其恶化的特殊条件，主要聚焦自杀风险问题，这已成为监狱管理部门十分关注的问题。本研究思路借鉴了类似民族志研究的经验，主要基于在一个短刑监狱中进行的长达四年多的观察和访谈工作[①]。这类短刑监狱人口分为两类，其中不到三分之一的人属于被审前拘留和等待审判者，其余三分之二的人一般是被判刑不足两年的人。该类监狱的主要任务是处理轻罪案件，有别于监禁因犯重罪或因严重违法行为被判处长期徒刑犯人的监狱。由于后者的数目不断下降，短刑监狱人口不断增加，人满为患。在我们目前调查的短刑监狱中，人口涨幅高达170%，这意味着几乎所有牢房都"加倍"囚禁犯人。由于缺乏资源，这些机构只提供有限的活动，很少提供劳动机会、实习或课程，很少以减轻处罚的形式为囚犯提供出狱准备。这些机构如何应对精神障碍患者的痛苦或者广义而言囚犯的心理脆弱性？这正是本文所致力回答的问题。

精神疾病之苦

精神障碍在监狱中尤为常见。十年前美国对被关押在监狱中的230万人进行的一项研究显示，一半以上的犯人均受精神疾病之苦[②]。值得注意的是，其中比例最高的为64%，主要涉及那些被关禁在当地监狱的囚犯，这些监狱大体相当于法国的短刑监狱，一般用以预防性拘留或关押被判处短期徒刑的犯人。这类监狱中往往人满

[①] 调查于2009~2013年进行，在短刑监狱蹲点持续了7个月。出于保护个人的原因，监狱地点匿名。该监狱位于法国一个大城市，犯罪率高于全国平均水平。我们根据该项调查撰写了一本书：*L'Ombre du monde. Une anthropologie de la condition carcérale*, Paris, Seuil, 2015。

[②] 这些问题可能在调查时或过去一年中就已出现：JAMES D., GLAZE L., *Mental health problems of prison and jail inmates*, Bureau of Justice Statistic, Special Report, septembre 2006。

为患，一间宿舍里摆放了几十张床位，囚犯拥挤不堪，而且监狱几乎无法提供有助于犯人重新融入社会的活动。相比之下，在关押长期徒刑囚犯的联邦监狱中，患精神病的囚犯比例则为45%。因此，往往是等待判决或因犯相对轻微罪行而受到惩罚的被拘留者会出现精神健康问题。他们当中，每两个人中就有一个人伴有躁狂症状，三分之一的人有严重的抑郁症状，四分之一的人伴有其他精神病症。此外，相对正常人，患有此类疾病的人无家可归的可能性高出两倍，过去曾遭受身体暴力或性暴力经历的比例高出两倍，成为吸毒者的可能性高出一半。其中四分之一的人以前被监禁过至少三次。总之，在这些机构中，囊括了所有类型的刑事罪犯，几乎都属于轻罪，三分之二的囚犯往往因个人经历混乱而受到严重的精神障碍影响。

或许我们可以聊以自慰，认为这项研究只是一个极端的例子，法国监狱不同于这种情况。然而，几乎是同一时间，一个研究小组也做了类似的流行病学调查，只是规模要小得多，调查对象为1000名被拘留者，其中包括来自20个监狱机构的800名男囚。调查辅以一种预设的方法程序，由心理医生和精神科医生各自单独会诊，随后再对两种诊断结果进行比较[1]。根据作者的术语，男性囚犯中，近30%被认为属于正常或处于正常极限，35%被认为患有轻微或中度精神疾病，35%被认为患有严重或极严重的精神疾病。因此，三分之二以上的囚犯表现出严重程度不同的精神失常症状。最常见的是焦虑症，比例为29%，包括创伤症状和社交恐惧症，在28%病例中观察到的情绪障碍主要为深度抑郁和精神科疾病，17%的病例被诊断为精神分裂症和谵妄症。同时伴有上述几种病症的情况也较为常见。除却纯精神障碍之外，几乎五分之一的囚犯会对酒精或麻醉品上瘾。

然而，正如上述论文作者所承认的那样，他们在研究中未把人

---

[1] 该调查汇集了法国国家健康与医学研究院（Inserm）、医院—医学院的医生和监狱中的医生，见 FALISSARD B., LOZE J.-Y., GASQUET I. et al., «Prevalence of mental disorders in French prisons for men», *BMC Psychiatry*, 2006, 6, 33。

格障碍考虑在内。但一个在 12 个西方国家监狱进行 62 项调查的国际研究显示，人格障碍恰好是最常见的[①]。在 42% 的病例中，其中一半的症状是列于反社会人格的症状名下，包括冲动行为、易怒倾向、无法遵守规则、蔑视他人权利等。这些障碍往往与家庭破裂和社会困难的经历有关。在囚犯中，患有上述症状的概率是一般人的十倍。

因此，可以说，法国和其他类似国家一样，大多数囚犯都存在精神障碍，专家往往认为症状严重，并伴有人格障碍问题。所涉及的不一定是已经定型的病态，而是在指定的不同类别中表现出来的心理苦痛症状，如情绪起伏、焦虑不安、精神病和成瘾等症状。然而，以下两点是这项调查无从查知的。

其一，由于缺乏可比性流行病学研究，无从了解精神障碍频率的长期变化趋势。我们最多只能是提出情况有恶化趋势的论点，而且这也是监狱中所有工作人员的印象。一方面，很大一部分囚犯被转移到流动性机构中，导致一些心理脆弱的人更容易做出违法行为。另一方面，免责的法律定义更趋严格，导致有犯罪行为的肇事者更难以在这种情况下进行自我辩护，从而更多的是被关押在监狱里，而非送往精神病院。

其二，根据所使用的方法，一般不可能区分监禁前和监禁期间出现的精神障碍。然而从解释的角度来看，二者的区别相当重要，因为在前一种情况下，是因执行相关刑事政策而将有严重精神问题的人监禁起来；而在后一种情况下，则是因监狱条件不良而使监狱政策受到质疑。因此，由于缺乏实际经验要素，我们仍然必须借助逻辑推理来进行分析。针对情绪起伏和焦虑症，很可能是监禁触发了疾病的发作。至于精神障碍和人格障碍问题，则很可能是在入狱前这些症状就已经存在，入狱后才出现恶化。关于成瘾问题，酗酒者在监禁期间会被禁止喝酒，而吸毒成瘾者一般在监狱已接受替代

[①] 这是在验证方法后从一系列调查中收集数据的"元分析"，见 FAZEL S., DANESH J., «Serious mental disorder in 23000 prisoners : a systematic review of 62 surveys», *Lancet*, 2002, 359, p. 545-550。

性治疗。最后，还有在监狱中无处不在的大麻服用问题，这是管理监狱内部冲突、沮丧失落和暴力现象的焦点所在。

然而，无论精神障碍的流行病学如何演变，无论其症状是否在监禁前就存在，各种形式的心理苦痛都是监禁生活的组成部分。囚犯可以通过要求治疗、挑衅他人或焦虑症发作来公开表现出来。但也可能了无声息，无人知晓，当事人不向他人求助，而是企图自杀。从前，监狱健康问题一直由一个被称为"监狱医学"的特定系统负责管理，但自实施1994年1月18日法律之后，监狱健康问题已纳入普通法的管辖范畴。流动诊疗单位（UCSA）隶属于当地综合医院，大多数医生、护士和技术人员都属于这个机构。监狱安置和缓刑部门（SPIP）直接或通过外部社会服务部门促使受监禁者可享受初级健康保险权利。被监禁者因此可与任何公民和病人一样，有机会获得医疗社会保障，唯一的区别是，受监禁者必须遵守监狱相关规则才能享受上述权利。为此，患患必须安置在专门针对这项服务设置的监狱中并向缓刑部门信箱提交申请，待申请收阅后才能获得预约。根据疾病类型及紧迫程度，从申请到预约的时间一般需要24小时到6个月，有时还会更长。

精神病治疗护理尤其是心理方面的治疗护理，被纳入社区共同精神卫生系统中，由于缺乏工作人员，需等待的时间最长。在我们调研的短刑监狱中，一名囚犯抱怨说，他8个月前曾申请去看心理医生，但尽管他多次催促，却从未见到过任何人。他情绪低落，睡眠很差，有明显的自卑感，由于监禁地点离家很远，很少人来探视。正如护理科协调员所解释的那样，这种情况并非例外，而是十分常见。精神病和心理咨询的等候时间总是很漫长，监狱外的情况也一样。但被监禁者由于整天24小时被囚禁在囚室中，其间会经历非常严重的痛苦时刻，他们别无他法，不像监狱外的病人，可以去医院急诊。因此，他们唯一可以做的，是在放风后，拒绝返回囚室，以引起监狱行政部门的注意。但其代价是很可怕的，他们会被惩罚留在纪律惩戒区。在这种情况下，犯人会被迫与另外一位囚犯待在狭窄的 9 平方米的牢房里。犯人会感到被遗弃，孤独无援，无从倾诉，甚者可能会导致自杀行为。

自 杀

法国是欧洲监狱自杀率最高的国家之一[①]。20 世纪 90 年代，自杀率最高，10000 名囚犯中有 26 人自杀，创下历史纪录，相比 60 年代增加了 6 倍，甚至相比 1946 年增加了 18 倍。与邻国相比，法国的监狱自杀率排名第一，比例大约是英国、德国、意大利、瑞士和瑞典的两倍，是奥地利、西班牙和希腊的三倍。若要解释法国监狱这种戏剧性演变和自杀率排名第一的现象，其原因是，整体而言，在法国，自杀现象比其他国家更普遍。这个解释倒是很符合事实，但即使考虑到这一点，近几十年来，监狱自杀率的上升速度也快于一般自杀率，而且法国的监狱自杀率高于欧洲邻国[②]。因受媒体不断曝光，我们调研的那所监狱领导十分恼怒，不断地重复说，监狱里的自杀率并不比监狱外的多。他错了：事实上，半个多世纪前，监狱自杀率与普通民众的自杀率不相上下，而现在两者之差距已经升至 7 倍。因此，监狱里确实存在问题，而这个问题是法国特有的。监狱管理部门也承认这一现象的严重性，并制定了一项重要的预防方案，其中包括对有自杀风险的囚犯进行筛查、施行心理医疗跟踪、每两小时在牢房前巡逻一次等措施。这些措施取得了一定的成果，

[①] 关于这一点，可参阅 DUTHE G.、HAZARD A.、KENSEY A.、PAN KE SHON J.-L. 文章中的历史和比较分析：«Suicide en prison: la France comparée à ses voisins», *Populations et Société*, 2009，n°462。

[②] DE CAVARLAY B. 针对这一情况进行了有益的方法论探讨，参见 «Notes sur la sursuicidité carcérale en Europe: du choix des indicateurs», *Champ pénal*, 2009, 10, http://champpenal.revues.org/7558。然而，即使提出其他指标，例如不是按被监禁人数计算，而是按入狱人数计算，换言之，是按流量而非储量计算，此时法国仍位居欧洲首位（不算卢森堡，因其人数太少，数字不具有可比性）。

自杀率显著下降，每10000名囚犯中的自杀人数降至15名[①]。然而，这一比例仍然使法国的自杀率明显高于其他欧洲国家。

在监狱中，自杀主要有三种情况：监禁开始时、出狱前和被惩罚至纪律惩戒区时。这三个时刻反映了不同类型的问题，在不同程度上涉及刑事和监狱政策，对其的分析有助于更好地了解为何法国监狱的自杀率相比其他国家如此之高。

在四分之一的案例中，自杀一般发生在监禁的头两个月，十分之一发生在第一周。2000年以来，这一趋势更为显著，判刑初期，死亡人数增加得较快。然而，这一时期的特点是，对刑事案件的刑惩更为严厉，造成了下列至少三种现象：轻罪重判，如在失去驾照分数后仍然驾车或不向前配偶支付赡养费；在引入最低刑期之后的几年里，被判处的刑期要长得多，平均期限为原来的两倍；重新追究五年多前未执行的判决，或追究已经融入社会、家庭和工作的人的罪行。根据监狱管理部门通常给出的解释，判决初期自杀较多，原因是被监禁者开始意识到自己行为的严重性。这一点对于犯罪案件，无疑是真实可信的。在杀人犯和强奸犯中，自杀风险确实较高。但这类囚犯人数较少，因此并不能反映大多数早期自杀的情况。真正促使被监禁者走上绝路的原因，是犯法行为与判刑之间的不成比例，监禁对自身就业和亲属所带来的意外后果，以及锒铛入狱后感到无地自容。

但矛盾的是，相当一部分自杀事件是在刑满释放前发生的。在此情况下，心理因素也占主导地位。有人认为这是因为囚犯无法直面重返社会的事实，无力应对等待他的挑战。这种解释针对服长期徒刑者倒是说得过去。但情况往往更取决于司法系统的运作。由于对判决执行的后续行动和向监狱登记处转交法院信息的时间延误，一名期待出狱已久的囚犯只是在他获释前不久，才收到宣布他被缓

[①] 这一变化部分是得益于预防计划，因为死亡率，即自杀死亡与自杀总数的比例在21世纪初略有下降，从原来的14.7%降至11.8%，参见 HAZARD A., «Baisse des suicides en prison depuis 2002», *Cahiers d'études pénitentiaires et criminologiques,* 2008, n°22。

刑的消息，监禁时间被拉长了数月乃至数年。这类消息，对一个已经做出其他打算的人来说，往往是一种相当痛苦的折磨。一名男子因从前的违法行为被三次判刑，每次都是在他预定获释离狱前几天，每次都引起深深的沮丧。另一个被羁押者在他计划返家前夕被发现在牢房里上吊自尽，调查显示，他刚刚得知一个意想不到的执行判决，判处他再羁押几个月。

然而，一般是转到纪律惩戒牢房期间，自杀率的上升最为明显[1]。虽然这类牢房只占整个监狱的 2%，但监狱中在此类牢房的自杀死亡人数却占总数的 16%，风险增加了 7 倍。然而，这一数字仍属于非常保守的估计，因为在大多数情况下，纪律惩戒牢房中只有少数牢房被占用，这意味着与这一制裁有关的实际风险增幅远远超过 7 倍。将犯人安置在纪律惩戒牢房，是监狱里最普通的制裁，主要采取下列两种措施：一是犯错后立即转到纪律惩戒牢房，等待纪律委员会几天后开会宣布制裁决定；二是在纪律委员会开会宣布制裁结果之后再转至纪律惩戒牢房。第一种情况通常是因犯拒绝回牢房、谩骂或动手打狱警或与另一名囚犯争吵。第二种情况通常涉及持有电话或大麻等非法物品。审前羁押期间自杀几乎占纪律惩戒牢房自杀人数的一半。这是因为囚犯往往认为被关押在纪律惩戒牢房，是一种额外的不公正。

因此，拒绝回牢房通常是对请求未果而提出抗议的表现：一位等待减刑等了整整一年的囚犯，无法与他的融入缓刑咨询员预约，他在得知父亲在医院因患癌症而奄奄一息时，痛苦万分，因此拒绝在除夕回牢房，以期引起监狱主管部门关注其个案。同样，当两名囚犯之间发生打斗或一名囚犯对狱警出言不逊时，出于预防之需，会将其关押在纪律惩戒牢房里。此时当事人或许会将之视作一种不

---

[1] 隔离监禁对心理的有害影响在美国获得了深入的研究，在美国，这种惩罚性做法十分常见而且有极端化的倾向，成千上万的人被多年隔离监禁，参见 GRASSIAN S., «Psychiatric effects of solitary confinement», *Washington University Journal of Law and Policy*, 2006, 22, 325.

公平的惩罚，因为他一时无法解释自己的行为，可能是由于与另一名囚犯口角时，对方更善于逃避制裁，或者是狱警在搜身过程中有污辱其人格的行为。例如，一名男子在洗澡时推了另一个人，却说是对方先动手。受惩罚时，当事人就会万分绝望，因为一旦被罚至纪律惩戒牢房，他的整个计划都泡汤了，这些劣迹会跟随他的档案，推迟他的判决处理，而在这之前，他已经竭尽全力表现良好。此时，他们会痛苦之极，进而将愤怒转向自己，做出极端暴力行为，如用头部撞墙或轻生自杀。

因此，在上述自杀频繁发生的三种情况中，第一种情况涉及的是刑事程序，第二种情况涉及的是司法运作失调，第三种情况涉及的是刑事惩戒。其所涉及的不仅是囚犯的心理问题，也关乎国家的政策。而且我们也很难想象法国囚犯的心理会与邻国有何不同。然而，应当指出，在监狱自杀的人当中，几乎有一半正在经受精神科医治，这表明在这种情况下已发现囚犯的心理痛苦，患有精神障碍的囚犯的自杀风险甚高。因此，监狱工作人员对犯轻罪者在监狱中的地位问题通常提出疑问，这看来不无道理。至于其所建议的解决办法，即密切跟踪和监控有自杀倾向的囚犯，或许是一种有效的措施，但代价是可能会增加囚犯的心理脆弱性，因为它意味着每两个小时就要唤醒他们一次，以确保他们还活着，而他们本来就存在入睡困难的问题。正如我们调查的监狱的自杀风险委员会主席在其跟踪日记中所指出的那样："本来已经焦虑的囚犯，因增加巡逻次数更加焦虑。"

终　局

当代社会对精神疾病更加宽容，并更有能力在精神病院空间之外收治精神病患者，但对轻罪犯者和犯罪人员的态度却更为严厉，被关押的人数越来越多，时间越来越长，对受处罚者的心理健康以及制裁所造成的心理后果的关注越来越少。上述情况导致了以下结果：往往是最脆弱的人被关在监狱里，并遭受最残酷的后果，因为在被剥夺自由和极度沮丧的情况下，他们根本无法自我控制。

调查结束几周后，一名非洲裔青年因轻罪被监禁，被判以几个月的刑期。他有精神障碍，心理也比较脆弱。入狱后不久便与另一名囚犯发生争执，尽管他竭尽全力申诉自己的清白，但出于预防之需，他还是被安置在纪律惩戒牢房中。一天傍晚，面对这种痛苦和不公正的生活，他可能是为了求救，放火烧了自己的床垫，并呼叫狱警。牢房一共有两道门。狱警到达时，因为手中只有牢房第一道门的钥匙，只好赶紧去找上级，因为只有他持有第二道门的钥匙。等到两扇门终于打开时，年轻囚犯已躺在地上不省人事，身上 80% 皮肤被烧伤。几周后，他在重症监护室内去世。法官在他去世前不久刚下令释放他。

有助于社会整合的医学？

——浅议精神药物的消费

菲利普·勒·莫涅（Philippe Le Moigne）

引子：定义和标准问题

广义上，精神药物可定义如下：出于治疗目的而创制的天然物或合成物，其目的是作用于大脑中枢神经系统——以便改变其运作模式。归于此标签下的药品并不构成纯粹的药品类别，因为一些作用于机体的产品往往也含有精神药物成分。尽管争议不断，但仍有可能将这些物质分为以下六大类：抗焦虑药、催眠药、抗抑郁药、胸腺调节药、抗精神病药物和精神兴奋剂[1]。各个类别都分别覆盖一个治疗领域，虽然诊断和处方实践非常多样化，但其用途仍可归纳如下：抗焦虑药用于焦虑症患者，催眠药用于睡眠障碍患者，抗抑郁药用于抑郁症患者，胸腺调节药用于调节情绪，抗精神病药物用于治疗精神病，精神兴奋剂用于治疗多动症（见下文"不同类别的精神药物"表）。

药品一旦被定义，应如何衡量其用途？如何为一般民众，即不属于专业机构或在非法转售网络以外的普通医疗受众，建立相关数据？这项任务看似十分简单，因为与专业机构开具的普通处方或滥用情况不同，医疗系统对这一人口群的医疗实践进行了正

---

[1] INSERM, *Médicaments psychotropes, Consommations et pharmacodépendance*, Inserm, Paris, 2012.

式登记，然而事实上并非如此。严格而言，所谓药品消费，意味着要开具处方、发放药品、喂服药品和摄入药品[①]。因此，根据这一定义，药品消费意味着要对处方有起码的遵循。然而，医嘱剂量与患者服用剂量相距甚远，患者往往会过早停止用药甚至不用药、过量服药、偶尔恢复用药、将发放的药品交给第三方服用等。由于销售数据和实际消费情况不相符，根据医疗系统数据得出的估计数据与实际情况势必也存在差距[②]。

不同类别的精神药物*
—抗焦虑药（或镇静剂）：旨在减少焦虑的药物。包括具有镇静和放松作用的苯二氮卓类药物。
—催眠药（或安眠药）：用于治疗睡眠障碍的药物。包括具有抗焦虑作用的苯二氮卓类药物。
—抗抑郁药：旨在减少抑郁发作的药物。其中一些药还可能降低抑郁症的强度。
—胸腺调节药：旨在调节情绪的药物，主要用于治疗躁郁症或双相情感障碍等疾病。主要成分为锂和锂盐。
—抗精神病药物（或安定药）：用于减少或减轻精神病尤其是精神分裂症的药物。具有抗妄想、抗迷幻、抗混淆、抑制、镇静等多重功效。
—精神兴奋剂。这种药物就像哌甲酯一样，能刺激大脑的某些区域，避免人昏昏欲睡，主要用以治疗导致无法控制睡眠的嗜睡症。但如今最常见的用途是解决与多动症有关的注意力缺陷问题。

*BECK F., GUIGNARD R., HAXAIRE C, LE Moigne P.,«Les consommations de médicaments psychotropes en France», *La Santé en action*, n° 427, 2014, p. 47-49.

鉴于这一困难，可通过采访民众直接收集信息，类似于在国家卫生预防和教育研究所（INPES）卫生晴雨表框架内进行的声明性调查。但此类调查却会面临另外一些困难，如遗漏、遗忘、虚假声明等。因此应记住，研究结果无一例外地受到此一不确定性的影响[③]。

---

① LE MOIGNE P., «Anxiolytiques, hypnotiques: les données sociales du recours», *Revue suisse de sociologie*, Vol. 26, 2000, p. 71-109.

② *Ibid.*

③ INSERM, *Médicaments psychotropes. Consommations et pharmacodépendances, op. cip.*; BECK F., GUIGNARD R., HAXAIRE C, LE MOIGNE P., «Les consommations de médicaments psychotropes en France », *art. cit*。

同样重要的是，必须提防这样一种观点，即精神药物的配给是针对明确界定的适应证的[1]。精神药物除了用以缓解抑郁、悲痛、焦虑、失眠等症状之外，还用以伴随和缓解致残的疾病或生命风险，以及用以治疗肥胖症、月经疼痛症和预防心血管病及缓解一些药物的副作用[2]，此外尚有用于舒解种种界限不明、种类繁多、数不胜数的困苦不安症状的处方药[3]。上述事实促使我们提出以下问题：精神药物究竟能治疗什么病？

最后，除了相关措施和内容问题之外，对其消费的研究也遭遇了确定其特征的困难，我们可以通过以下方式来表述：精神药物的使用是否描述了特定的行为类别，每个类别可否匹配相应特定的人群？在法国，有35%~50%的受访者称他们一生中至少服用过一次精神药物。在法国，每年共计有1000多万精神药物消费者；换言之，近25%享有社会保险的人属于此类消费者。由于精神药物用途广泛，仅靠评价其服用频率等级难以真正选择目标人口。因此，鉴于其用途广泛、使用理由多种多样以及消费时间较长，在消费和禁用之间的辩论便显得毫无意义。正如上文所言，这些产品的最初用途（其治疗适应证）与事实上为其开出的病理范畴并不一致。这意味着在药物和特定的消费者受众之间，并没有精神药理学可以事先赖以建立的关系。

---

[1] OLIÉ J.-P., EL OMARI F., SPADONE C., LEPINE J.-P., «Résultats d'une enquête sur l'usage des antidépresseurs en population générale française», *L'Encéphale*, 28 (5), 2002, p. 411-417.

[2] FACY F., CASADEBAIG F., THURIN J.-M., *Consommation de psychotropes et morbidité en population générale: Indicateurs de santé mentale. Analyse seconde des données de l'enquête INSEE-CREDES sur la santé et les soins médicaux 1991-1992*），Paris, Mission de Recherche-ministère du Travail et des Affaires sociales, 1998.

[3] LE MOIGNE P., «Entre maladie et mal-être : la prescription des médicaments psychotropes en médecine générale», *Sociologie santé*, 30, 2009, p. 243-263; HAXAIRE C., «"Calmer les nerfs" automédication, observance et dépendance à l'égard des médicaments psychotropes», *Sociologie santé*, 20 (1), 2002, p. 63-88.

一般数据：法国过度消费精神药物吗？

法国经常被认为是服用精神药物最多的西方国家之一[1]。在2002年至2003年期间，在六个欧洲国家进行的"欧洲精神障碍流行病学研究"人口调查中，法国在精神药物消费方面遥遥领先，消费精神药物的民众比例高达21%，领先于西班牙（15%）、意大利（14%）、比利时（13%），远远高于荷兰（7%）和德国（6%）[2]。这些差异取决于每个国家现行的药物报销水平，也取决于往往差异甚大的各国医疗文化，在德国，民众大规模使用植物疗法便可作为例证。

然而，最近的数据却促使我们另眼看待这一观点。根据相关消息，2002年至2009年，比利时的精神药物消费在欧洲国家中名列第一，而法国则位居第四。根据相关药物的类别，葡萄牙是抗焦虑药物头号消费国；而冰岛则是催眠药的头号消费国，这一情况在该国进入经济衰退阶段之后尤甚[3]。但是，无论各国的消费量如何，根据治疗类别分列的消费分布差别不大。

根据不同治疗级别的消费情况抗抑郁药物异军突起？

事实上，与大多数西方国家一样，法国消费最多的精神药物是抗焦虑药（10.0%），其次是催眠药（6.1%）和抗抑郁药（6.0%）。胸腺调节药的消费量为0.7%，抗精神病药物的消费量则为0.8%。换

---

[1] LEGRAIN M., *Rapport du groupe de réflexion sur l'utilisation des hypnotiques et tranquillisants en France, mintere des Affaires Socdes et de la Solidarté,* Paris，1990；ZARIFIAN E., *Le prix du bien-être. Psychotropes et societies*，Paris，Odile Jacob, 1996.

[2] ALONSO J., «Psychotropic drug utilization in Europe: Results from the European study of the epidemiology of mental disorders (Esemed) project», *Acta psychiatrica scandinivica,* 420, 2004, p. 55-64.

[3] INSERM, *Médicaments psychotropes. Consommations et pharmacodé- pendances, op. cit.*

言之，这些药物的用途范围仍较小。继 20 世纪 90 年代末急剧增加之后，抗抑郁药物的消费水平在 2005 年至 2010 年期间保持稳定。相比之下，苯并二氮杂䓬等抗焦虑药和催眠药的消费量明显增高，2005 年比例为 11.9%，至 2010 年则升至 14.2%。但在此期间，精神药物的消费总体上保持稳定[①]。

这些数据表明，新一代抗抑郁药，如选择性血清素再摄取抑制剂（ISRS），其中最常见的仍是"百忧解"（Prozac），已部分取代了抗焦虑药和催眠药。究其原因，是因为此类新一代分子的药物副作用较少。尽管如此，上述趋势并不像人们想象的那么显著，因为这些药物的效果并不比安慰剂高多少，而且它们所治疗的疾病范围并不能完全延伸到抗焦虑药和催眠药物的适应证上，特别是在睡眠治疗中[②]。虽然有卫生健康机构的建议和治疗营销宣传，但消费者使用时继续显示了其独有特征和自主权。

总体而言，所有类别药物的消费量随年龄增长而增加，随后在 55 岁至 64 岁之间减少或趋于稳定。在此，我们主要按年龄组去考察这些药物使用者的比例。然而，考虑到治疗的频率和持续时间，65 岁以上的持续性消费要明显得多，尽管从整体来看，老年人口的消费程度并不比其他人口高。换言之，虽然只有一部分老年人服用精神药物，但其长期消费趋势却明显得多。其中，抗焦虑药和催眠药的情况尤为显著[③]。相反，只有较少的青少年（尤其是男孩）服用精神兴奋剂，如"利他能"（Ritaline®）[④]。然而，这一情况在法国仍然比例较小，只涉及 1% 的男孩，而在美国，这一比例几乎高达 10%，这主要是由于法国采取一些预防措施，避免对年轻人行为进行过多的药物干预。

[①] BECK F., GUIGNARD R., HAXAIRE C., LE MOIGNE P., «Les consommations de médicaments psychotropes en France», art. cit.

[②] INSERM, Médicaments psychotropes. Consommations et pharmaco- dépendances, op. cit.

[③] LE MOIGNE P., «Anxiolytiques, hypnotiques : les données sociales du recours», art. cit.

[④] SPILKA S., LE NEZET O., «Les substances psychoactives chez les collégiens et lycéens: consommations en 2011», Tendances, n° 89, 2013, p. 1-8.

性别的影响：妇女与医学的关系

无论研究结果是基于定性调查还是对药疗数据的二次分析，在所有西方国家，都可以得出同样的结论：女性的精神药物消费高于男性。在法国，42.4% 的妇女在一生当中会服用精神药物，当调查年服用的比例为 22.1%，而男性的比例则分别为 27.1% 和 13.1%。这一趋势在所有年龄都得到了证实。女性消费者一般从青春期[1]就开始服用精神药物，此后便会长期服用，特别是在四十岁之后[2]。

女性的精神药物消费推高了这一趋势。因为女性服用精神药物的现象更常见，且往往与所谓的精神苦痛问题有关，这些精神苦痛是真实存在的或是被患者或医生所确定的。事实上，心理问题的归化，或与生活条件（婚姻、家庭或职业）有关的心理问题的重新定性，在女性当中比在男性中更为常见[3]。因此，我们不能说妇女客观上更容易有精神障碍问题，尽管她们相比男性会更多地服用精神药物。在此，我们认为其原因是女性会更主动求助于医学，而医疗人员也会更愿意聆听、关注女病人的倾诉[4]。

男性最经常提到的问题（工作困难、退职、生病等）则倾向于将其归结为集体原因（职场关系、退休综合征）或器质原因（身体功能障碍）。因此，医生开具处方时会为男性病人解围，但会有助于

---

[1] SPILKA S., LE NEZET O., «Les substances psychoactives chez les collégiens et lycéens», art. cit.

[2] PATERNITI S., BISSERBE J.-C., ALPEROVITCH A., «Psychotropic drugs, anxiety and depression in the elderly population. The Eva study», Revue d'épidémiologie et de santé publique, 46 (4), 1998, p. 253-262; LECHEVAL- LIER-MICHEL N., BERR C., FOURRIER-RÉGLAT A., «Incidence and characteristics of benzodiazepine use in an elderly cohort : The Eva study», Therapie, 60 (6), 2005, p.H 561-566.

[3] LE MOIGNE P., «De la médiation médicale : les conventions d'usage desmédicaments psychotropes», Sciences sociales et santé, 20/1, 2002, p. 13-33.

[4] LE MOIGNE P., «La prescription des médicaments psychotropes: une médecine de l'inaptitude?», Déviance et société, 27 (3), 2003, p. 285-296.

将女性病人的命运个性化，有时会责怪她们：无法单独应对困难[1]，难以承担在家庭中应担当的角色[2]，出现女性特有的疑病症[3]，等等。精神药物的女消费者多见于贫民阶层的妇女，有人曾提出以下假设以解释性别影响——精神药物"过度消费"的现象，一般发生在40岁至60年岁之间，其原因可归结为以下两点。一是此阶段的妇女心理有挫败感，觉得自己变得毫无用处。由于不外出工作，更无法找到融入的替代空间，只好继续待在家中，进而滋生了一些紧张情绪。二是从普通医学的角度，一般都认为女性无力应对这些情绪。另外，主要是从她们无力应付自行应对这些精神苦痛[4]。

年龄的影响：衰老管理

相关数据显示，生活在养老院的老人精神药物消费量高于生活在家中的老人。同样，在这些精神药物中，有精神病史或身体状态恶化的老年人会经常使用苯并二氮卓类[5]。换言之，这类药物的消费随着年龄的增长而增加，因为随着年龄的增长，还会引发一种或多种机体器质疾病，并会伴随出现心理障碍。

然而，对衰老的照护管理并不限于严格意义上的疾病医治，还

---

[1] BAUMANN M., POMMIER J., DESCHAMPS J.-P., «Prescription médicale et consommation de psychotropes : quelques interrogations sur les diffé-rences entre hommes et femmes», *Cahiers de sociologie et de démographie médicale*, 36, 1996, p. 63–78.

[2] COOPERSTOCK R., LENNARD H., Some social meanings of tranquiliser use», *Sociology of Health and Illness*, 1, 1979, p. 331-347.

[3] ASHTON H., «Psychotropic-drug prescribing for women», *British Journal of Psychiatry*, 158, 1991, p. 30-35.

[4] LE MOIGNE P., «Anxiolytiques, hypnotiques: les données sociales du recours», art. cit.; LE MOIGNE, P., «La prescription des médicaments psychotropes: une médecine de l'inaptitude?», *art. cit.*

[5] FOURRIER A., LETENNEUR L., DARTIGUES J.-F., MOORE N., BEGAUD B., «Benzodiazepine use in an elderly community-dwelling population. Characteristics of users and factors associated with subsequent use», *European Journal of Clinical Pharmacology*, 57 (5), 2001, p.419-425.

包括对其孩子离开家后或自己退休后的离群索居的老人的照护。一旦能全方位考虑老龄化问题，便可更好地理解其与精神药物消费之间的联系，以及老龄群体中使用精神药物的特殊性。使用精神药物有助于老年人应对因退休、孤独和丧失自主能力而带来的困难。因此，精神药物的消费不一定与疾病出现有关，尽管这一因素不容小觑。更广泛而言，服用精神药物表明老年人进入了新的生命周期，生活随之产生了变化，对其中一些人来说，则面临着完全进入社会边缘化的威胁[1]。

社会职业地位和消费者身份：健康不平等指数

与一般人的想法相反，白领高管服用精神药物的概率低于其他职业，而工人、雇员和中层职业人士则消费较多。同样，近年来发现，就业人口中使用精神药物的比例显著增加（2010年为16.7%，2005年为13.8%），而在失业人口中的精神药物消费比例则保持稳定（2010年为17.4%）[2]。根据申报数据，这一变化可能是由于工作条件恶化：在这期间服用精神药物的25%就业人员称其职业工作条件有所恶化[3]。

事实上，精神药物的消费与一般药物消费的特点大致相同。在慢性病方面，精神药物接近于生命出现危险时服用的常规药物。换言之，与慢性疾病的长期用药一样，是否长期服用精神活性药物由社会群体面对疾病时的心理脆弱程度决定，而非出于失业或资源匮

---

[1] Dupré-Lévêque D., «Les "effets tertiaires" du médicament psycho-trope. Bilan d'une recherche anthropologique menée dans le Sud-Ouest de la France auprès de consommateurs âgés», in Cohen D., Pérodeau G., *Drogues et médicaments mis en contexte*, Santé mentale au Québec, 22, 1996, p. 183-199; Le Moigne P., «Anxiolytiques, hypnotiques: les données sociales du recours», *art. cit*.

[2] Beck F., Guignard R., Richard J.-B., Tovar M., Spilka S., «Les niveaux d'usage des drogues en France en 2010», Tendances, n° 76, 2011, p.6.

[3] Beck F., Guignard R., Haxaire C., Le Moigne P., «Les consommations de médicaments psychotropes en France», *art. cit*.

乏的原因。工作条件、医疗弃权和使用其他精神"药物"（烟草、酒精）是社会阶层之间发病率差异的决定性因素。这些情况反映出慢性病患者中退休工人和雇员比例过高，也解释了这类人士50岁之后便会经常服用精神药物，而且其比例甚高的原因。他们当中有些是属于收入微薄、没有文凭的人，但基本上是曾经工作过或仍然活跃在就业市场上的人，并且还拥有财产，特别是房地产。从这个意义上说，不能单凭这些数据，就轻易得出因贫困而服用药物和因就业危机而大规模求助药物治疗的结论[1]。

长久消费与社会整合：小范围而典型的使用

定性调查有助于更好地了解长久消费特别是女性长久消费的形成过程。通常，长期服用精神药物意味着不再积极参加社会活动，离群索居。在许多情况下，这种离群索居是在受到诋毁的情况下形成的：是被定性为无资格或无能力过程的结果，而且常常是因为配偶引起的[2]。这种情况使全科医生的处方合法化，但往往会将女性患者困禁在对其不利的环境中，她们的品质能力会受到贬低，因为患者本人也常常确信自身的欠缺与不足[3]。然而，在现实中，这种无能或不足大多与客观原因有关。英国学者加布（Gabe）和索罗古德（Thorogood）[4]关于英国贫民阶层家庭主妇生活的研究，清楚地证明了这一点。这些妇女

---

[1] GABE J., LIPSHITZ-PHILIPPS S., «Tranquilisers as social control?», *Sociological Review*, 36, 1984, p. 320-352; LE MOIGNE P., «Anxiolytiques, hypnotiques : les données sociales du recours», *art. cit.*

[2] LE MOIGNE, P.,« La prescription des médicaments psychotropes: une médecine de l'inaptitude?», *art. cit.*

[3] BAUMANN M., POMMIER J., DESCHAMPS J.-P., «Prescription médicale et consommation de psychotropes: quelques interrogations sur les diffé-rences entre hommes et femmes», *art. cit.*

[4] GABE J., THOROGOOD M., «Prescribed drug use and the management of everyday life: the experiences of black and white working class women», *Sociological Review*, 34, 1986, p. 737-772.

的生活在很大程度上取决于配偶的工作，她们的工作无非是操持家务和抚养子女：她们之中很少是主动选择的，但又无法放弃，因而别无他路[①]。

哈夫肯斯（Haafkens）在其最近的一项研究中，也以几乎同样的方式表明，女性经常悄悄地服用精神药物[②]，以远离来自家庭或配偶的恶意或麻烦。随着与家庭拉开距离，药品成分还为其提供了一个暂时的过渡：这些妇女通过向家人隐瞒服药情况，获得了自我控制、应对、掌控局面的能力，从而有办法疏远和拉开距离，避免受到配偶和家人的追问，在被边缘化和遭到诋毁的前提下，在某种程度上为自己"恢复了权威"。

针对那些被家人孤立，有时甚至被遗弃的老年人而言，这种现象被称为"精神药物的第三效应"[③]。根据此处设想的程序，由医生积极配合开具处方，有时家人也主动配合，从而在女性患者的关系博弈中赋予其独特的位置。面对生活环境的制约因素，便可产生一种"阀门"或保护的效果，其独有的医疗性质起到了社会整合的作用。事实上，处方、治疗，都为女性患者的抱怨提供了一定的有效性，但同时也会在其身上引发意识的强烈改变或行为过激的问题。

因此，这是一个无"偏离"行为的自我疏远的问题，即试图保持从普通标准本身建立起来的社会融入[④]。在这方面，使用精神药物确实是男女有别。面对同样的自我诋毁或自我否定的情况，当今社会的男性往往使用更直截了当的表达方式（暴力、酗酒、自杀等）。

[①] *Ibid.*

[②] HAAFKENS J., *Ritual of Silence. Long-term Tranquilizer Use by Women in the Netherlands. A Social Case Study*, Amsterdam, Het Spinhuis, 1997.

[③] DUPRÉ-LÉVÊQUE D., «Les "effets tertiaires" du médicament psycho-trope. Bilan d'une recherche anthropologique menée dans le Sud-Ouest de la France auprès de consommateurs âgés», *art. cit.*

[④] LE MOIGNE P., PISU F., *Des suicidantes à l'hôpital. Sociologie des intoxications médicamenteuses volontaires et de leurs prises en charge*, Paris, CERMES-PICRI, 2014.

结语：几个思路建议

与常人的想法相反，使用精神药物不能与穷人的"借酒浇愁现代利器"相提并论，它也不是借以逃避现实生活走向边缘化的工具，尽管如"幸福药丸"名字所暗示的那样，它以享乐主义的实践为指导，可以帮助人们逃避现实。更简单而言，精神药物最常见的用途是面临疾病、痛苦或冲突时，帮助人们保持应对困难的能力。但由于精神药物的使用，无论是从手段还是从目的而言，都仍然囿于规范的局限，首先是医学规范的局限，因而在许多方面都类似于维持社会整合的技术。

然而，一些研究路径仍有待开发。我们在此仅想谈谈其中一些研究思路，以更好地界定精神药物消费与维持社会整合之间的联系，特别是在面临由工作环境引起的边缘化风险时，二者之间的联系。

首先，鸦片剂注射者中使用精神药物的问题得到了广泛的研究：使用该药物时，可能存在以精神药物作为麻醉药品替代品的问题，也可能是根据药效用途，以自主用药的方式应对焦虑症[1]。但对所谓"融入社会"的人群中挪用精神药物的动态情况，尤其是在职场领域中的情况，我们知之甚少。但目前似乎出现了一种新趋势，即将安非他命替代品，如"利他能"（Ritaline®）用以应对超负荷工作带来的问题[2]。在此我们着重考察药品的挪用或"滥用"问题，人们之所以挪用或"滥用"药品，往往是因为必须在职场中表现出卓越的工作效率，或为了避免自己因无法应对快节奏的工作而被边缘化、被解雇或遭到同事排斥的风险。

其次，研究长期消费精神药物对已融入社会的人群所造成的边缘化风险。这与先前提出的认为药物具有帮助融入社会作用的

---

[1] INSERM, *Médicaments psychotropes. Consommations et pharmacodépendances*, op. cit.

[2] GOFFETTE J., «Psychostimulants : au-delà de l'usage médical, l'usage anthropotechnique», *Drogues, santé et société*, 7, 2008, p. 96–126.

分析唱反调。在这一领域中,最难以定性的问题之一是服用精神药物会诱导产生依赖性。社会科学研究者面向普通消费者进行的定性研究显示,转向药物依赖的情况仍然极为罕见[1]。然而,服用精神药物还是可能会导致产生依赖性,特别是当服药者把药物当成解决其生活难题的唯一良方时。此类消费者往往是个人自主信奉者,认为自己能借助精神药物超越自身的失败,但他们同时认为,这是标志着自己能力已到达极限的补救办法,意味着承认自己的无奈。因此,他们将自身的安康诉诸药物,而心中却充满内疚[2]。这种张力导致他们无休止地寻找适当的药物分子,而他们的药物投资随之变得越来越难以容忍。由此便会出现"上瘾"现象,让人想起对其他产品的依赖[3]。

此外,精神药物的消费与维持社会整合之间的关系也值得研究,它往往是通过最重要的突破口之一,即试图自杀而呈现出来。在75%的个案中,试图自杀是因服用精神药物而引致的自愿药物中毒所致。与服用精神药物情况一样,自愿服毒在很大程度上也是因性别而异:其中三分之二是妇女或少女所为。这与以男性为主的自杀情形相反,男性更倾向于使用更致命的手段,但中国情况除外。中国是世界女性自杀人数超过男性的国家之一[4]。然而,在此我们需要了解,具有社会整合作用的精神药物,是通过何种程序出现了断裂,演变成"退出游戏"的运作模式,变为对他人造成威胁的行动[5]。

---

[1]　Le Moigne P., «La dépendance aux médicaments psychotropes : de la psychopharmacologie aux usages», *Drogues, santé et société*, Vol. 7, 2008, p. 55–88.

[2]　North D., Davis P., Powell A., «Patients responses to benzodiazepines medication: a typology of adaptive repertoires developed by Long-term users», *Sociology of Health and Illness*, 17, 1995, p. 632-650.

[3]　Le Moigne P., « La pharmacodépendance en population générale : une lecture sociologique», *Sociograph. Sociological Research Studies*, 25, 2016, p. 69–88.

[4]　Canetto S., «Women and suicidal behavior: a cultural analysis», *American Journal of Orthopsychiatry*, 78/2, 2008, p. 259-266.

[5]　Le Moigne P., *La prévention du suicide*, Paris, CERMES3 – conseil régional d'Ile de France, 2015.

职场精神痛苦与健康

米歇尔·高拉克（Michel Gollac）[*]

人类的行动会招致世界的抵抗，这种抵抗会带来痛苦。克服这种与行动努力相关的痛苦，可以成为工作中某种幸福的源泉。但有些人认为，工作条件造成了越来越多无法克服的精神痛苦。目前在公众辩论中，精神痛苦已成为"座上客"。但政府决策者只是在极少数情况下会关注精神健康。精神痛苦更多是媒体关注的主题，但它几乎总是出现在每天感受到这种痛苦的普通公民的私人或公共话语中[①]。

词语之争

"痛苦"只是描述与工作的关系时使用的词语之一。它与"疲劳""压力""心理社会风险"等词语形成竞争关系。不同词语的选择可以指向完全对立的社会状况和政治立场。2010 年前后，法国雇主协会选择使用了职场"心理社会风险"（risuqes psychosociaux）的字眼，而雇员工会组织则使用了"痛苦"一词。巴斯卡尔·马里萨拉（Pascal Marichalar）和埃马努埃尔·马丁（Emmanuel Martin）[②]认

---

[*] Baudelot 和 Serge Volkoff 对本文提出了宝贵建议；Wolff 允许笔者借用他的一篇研究文章；Marceline Bodier 及职场心理社会风险跟踪和测量专业中心成员的研究为本文提供了灵感思路。笔者在此向他们致以诚挚的谢意。

① 可查看由 El Khomri 法案反对者创建的网站，http://www.onvautmieux.fr/。

② MARICHALAR P., & MARTIN E., «Les syndicats et la souffrance» in Marry C. et al., Maux du travail: dégradation, recomposition ou illusion, Sociologie du travail, n° 53., 2011.

为，雇员工会组织之所以选择使用"痛苦"一词，是因为他们使用了来自心理学，即职场心理动力学的理论概念：职场心理动力学将心理痛苦与职场的组织形式相联系，职场痛苦的存在，使得工会有理由质疑对此组织形式负有责任的公司领导。而"心理社会风险"一词则指涉工作环境的多重特性，有淡化责任之嫌。

在工会和雇主之间的词语之争中，富有意义的是斗争本身，而非词语。马里萨拉（Marichalar）[1]指出，在瑞典，"心理社会"一词的使用者有别于法国的政治和社会先锋。在法国，使用这一词语的一般是专门研究职场对健康产生不平等影响的研究人员，雇主对他们的研究不甚看好。但瑞典的背景与法国不同。瑞典工会在公司中的势力十分强大，有能力干预公司的组织选择。了解这些选择对心理社会因素风险的影响，对他们而言十分有用。而法国工会则往往被迫依从公司上层制定的政策或将问题诉诸法律。法国雇主担心工会通过扩大职业病范围、要求补偿职场心理痛苦所造成的损失，因而更愿意推出一些有限的预防性行动[2]。

学者们在词语和概念的使用上也存在差异——上文已提到，劳资双方利用了这些差异。当我们对职场痛苦感兴趣时，定义其研究对象并非易事。

我们可以选择关注职场健康，而非关注职场痛苦。但健康也可以用不同方式来定义。如可以说所谓健康就是没有疾病——但又必须定义何为疾病，这并不简单。另外也可以像世界卫生组织那样，将健康定义为"一种在身体上、精神上的完满状态，以及良好的适应力，而不仅仅是没有疾病或衰弱的状态"。也可以是采纳一个动态的健康概念，将其视为一个过程，意味着不仅能够适应周边环境，同时还能够改变环境。选择上述其中一种或另一种概念，都会导致

---

[1] MARICHALAR P., «Un pas de côté vers le psychique. La recherche sur les facteurs psychosociaux de risque liés au travail en Suède», Approche inter-disciplinaire des risques psychosociaux au travail, hal-01088546., 2014.

[2] 这是在特定情形下采用的立场。在工作条件方面，工会通常要求采取预防措施。

截然不同的研究方法。

职场痛苦已成为多个学科的研究对象：人体工程学、医学（特别是精神病学）、流行病学、心理学、社会学、管理学，以及经济、历史和法律等学科。在若干学科内，所开展的研究因研究者与特定思想流派的隶属关系及其方法选择（特别是临床方法或统计方法）的不同而差异甚大。有时不同学科之间会彼此漠视，学科之间的差异更无人考察。有时则相反，会引发争议，从而可以促进知识的进步。但知识领域固有的逻辑往往会使其僵化：有些立场被视为互不兼容，其实只是因为它们探索不同的对象或同一个对象的不同面貌。

在过去几十年间，学科之间以及不同国家研究人员之间的思想交流和辩论取得了很大进展。许多思想辩论十分活跃，但如今一些知识似乎已经定型。2010年初，应法国劳动部的要求，一个跨学科的国际专家委员会[1]撰写了一份报告，概括了这方面的情况，阐述了各学科历年的贡献，并对当前的演变趋势及其原因进行了探讨。

诸多风险因素

上文提到的专家委员会主张透过"职场心理社会风险因素"来考察这一问题，并将心理社会风险定义为"职场条件以及可能与心理活动相互作用的组织和人际因素对精神、身体和社会健康造成的风险"。其出发点不是痛苦，而是其原因。痛苦确实很难定义，尤其是那些被贴上病态标签的因工作而产生的精神痛苦，它们几乎无任何特殊性[2]。

---

[1] Collège d'expertise, *Mesurer les facteurs psychosociaux de risque au travail pour les maîtriser*, http://travail-emploi.gouv.fr/IMG/pdf/rapport_SRPST_definitif_rectifie_11_05_10.pdf, 2011.

[2] 有些身体疾病是出于职业原因，恶性胸膜间皮瘤便属此例，这是一种因在工作过程中经常接触石棉而罹患的原发性癌症。然而，部分或全部归因于职业工作的大多数癌症、心血管疾病、过敏等与其他原因造成的类似病症并无区别。在精神病领域，职业倦怠（burn out）综合征的特异性值得讨论：虽然其特点是对工作失去热情，并为自己无能而感到痛苦，但通常伴有其他抑郁症状。

因过劳而造成的抑郁症与其他抑郁症并无区别。而且，根据当事人的心理特性，同样的工作条件会引发不同的心理疾病。在某些人身上，也可能表现为躯体病症，其原因或是压力的直接作用，或是精神障碍转化为心理躯体障碍。

专家委员会在科学文献中辨识出大量的危险因素，并将其分为六组——工作负荷、情感需求或情绪劳动、缺乏自主性、职场社会关系质量差、价值冲突、职场工作的不安全感，但同时也承认这样分组具有一定的任意性。

第一类风险因素：工作负荷，包括工作时间和工作强度两个方面的因素。工作时间长短对健康的影响鲜为人知；然而，工作时间过长似乎是有害的。许多流行病学研究均证明了夜间工作和站立工作对身体的危害。各学科的研究都阐述了周末工作的危害性。所谓的工作强度是指其数量及其复杂性。期限紧迫、苛刻的生产标准、快速回应需求等均属于强度因素。矛盾的是，其目标也较为模糊。复杂性可以是专业素质的同义词，但也可以是相互矛盾的指令造成的后果。大量的流行病学文献显示出工作强度过大对心血管、骨关节和精神健康的影响。人体工程学有助于理解为何工作强度过高会对身体有害。员工根据自身的身体和心理特点，试图采取适合自己的方式去协调工作任务要求与维护自身健康之间的关系。若将工作方式限制在速度最快、强度过高的范围内，员工无法实现这种适应，便会处于受威胁的状态，从而引发应激反应。职场心理动力学和职场临床学凸显了另一种工作强度过高的作用模式：当工作强度超过一定水平，员工便无法完成高质量的工作，从而引发心理不适，亦会导致员工处于受威胁的境地。

第二类风险因素：情感要求或情绪劳动，是指必须把控和塑造自己的情感，进而把控和塑造自身工作的受益者的情绪。例如，空姐必须保持宁静安详，以安抚乘客。尽管这个概念看似来自心理学，但其实要归功于社会学家阿莉·霍奇柴尔德（Arlie R. Hochschild）。情绪劳动似乎与抑郁的风险增加有关。

第三类风险因素：缺乏自主性，是指在工作、生产、职业生活行为上难以成为积极的参与者。在工作中缺乏周旋能力，也是缺乏自主性的表现。但自主的概念也包括了在工作中"自我发展"并从中找到乐趣的意思：富有自主精神的员工会积极参与决策，提高自身技能水平，而不会百无聊赖。从前已有哲学家关注自主性缺乏的问题，如19世纪的马克思（异化理论）和20世纪的韦依（Veil）均对该问题进行过研究。在20世纪40年代至70年代，弗里德曼（Friedmann）和纳维尔（Naville）等社会学家描述了泰勒制和福特制的组织形式缺乏自主权及其对生活方式的影响。1979年，社会学家罗伯特·卡拉塞克（Robert Karasek）在一份管理杂志上发表了一篇文章[①]，阐释了将职场精神负担（"心理需求"）与自主程度（"决策机动性"）结合起来的意义，他的研究构成了许多流行病学研究的基础。流行病学研究证明，缺乏自主权和工作量过大对身心健康确实有影响。

专家委员会强调的第四类风险因素是：许多职场社会关系差都可能造成痛苦，其中包括与同事或上级关系不良、薪酬不公、职业生涯进展或工作评估方式不尽如人意，甚者会引发暴力或精神骚扰等社会关系的"病态"表现。马克思借助剥削概念，指出了在工作中存在社会关系的不公正观念。然而，社会学家约翰内斯·西格瑞斯特（Johannes Siegrist）在20世纪90年代认为，正是因为缺乏自主权，才会导致员工无法把控其社会地位（报酬和职业），提出了由于付出与回馈（包括金钱和象征性两方面的回馈）失衡而造成痛苦的假设。基于此一模型的众多流行病学研究表明，这一失衡对员工的身心健康产生了负面影响。其他相近的模式除了研究对个人造成的伤害之外，也对不公正现象在组织中的影响进行了研究。反之，人体工程学专家和临床医生则证明，工作单位对员工的实际认可，对保障员工心理健康十分重要：通过提供做好工作的手段，表明工

---

① KARASEK R. A., «Job demands, job decision latitude, and mental strain: Implications for job redesign», *Administrative science quarterly*, 1979, p. 285-308.

作单位理解员工所做的工作。诸多哲学家及心理学家均对这种认可进行了研究。长期以来，社会学家一直强调集体工作的重要性。托雷斯·特奥雷尔（Töres Theorell）教授与罗伯特·卡拉塞克（Robert Karasek）则一起提出了一个流行病学模型，用以研究当缺乏社会、实践和情感的支持时，工作量超负荷以及自主性缺乏对身心健康的影响[1]，该模型目前已得到广泛验证。职场心理动力学和业务临床分析（clinique de l'activité）则侧重研究集体意义的其他方面：它是否促进了职场中个人的表达，工作场所是否能催生具有创造性的辩论？其他更传统的心理学研究则聚焦于如今被视为不法行为的精神骚扰[2]（根据劳动法，精神骚扰指反复骚扰他人的行为，其目的或结果是导致工作条件恶化，损害他人的权利和尊严、危害其身心健康或危及其职业前途；最近的一项判例承认，骚扰者可以是单一的个人，也可以是一个组织部门，通过其管理方法对当事人造成骚扰）。

第五类风险因素：价值冲突。当员工不得不违背其职业、社会或道德标准时，就会发生价值冲突。职业健康医生和心理动力学与业务临床分析（clinique de l'activité）专家针对价值冲突对心理健康的影响进行了较多的分析。在极端情况下，特别是在当事人孤独无援的情况下，这些冲突可能会导致自杀。深陷价值冲突的人可能会采取防御策略，但这往往如多动症或玩世不恭一样会带来严重的逆反效果。

第六类风险因素：职场工作的不安全感，这既包括对工作能否长久的担心，也包括对工资保障或未来职业生涯的担心。职场工作条件无以维系也会滋生不安全感。社会学家针对多种形式的不安全

---

[1] KARASEK R. A. et THEORELL T., *Healthy work: stress, productivity, and the reconstruction of working life*, New York, Basic books, 1992.

[2] LEYMANN H., « Mobbing and psychological terror at work-places », *Violence Victims*, Vol. 5, 1990, p. 119-126; HIRIGOYEN M.F., *Le harcèlement moral. La violence perverse au quotidien, Le harcèlement moral*, Syros, 1998.

感[1]进行了深入研究。流行病学表明，感受到就业受到威胁与失业一样，都会危害健康：它可能会导致高血压、腰痛、服用镇静剂。对职业前途或未来工作条件演变趋势心怀恐惧，可能是因为不断的或不可理解的变化所致；社会学家、心理学家和管理专家都为此提供了佐证。

依然存在的风险因素

20世纪80年代中期新的企业组织形式在法国纷纷建立，导致员工的工作负荷急剧增加。法国劳工部研究统计局（DARES）的调查就说明了这一点，这是关于心理社会风险因素演变的主要信息来源[2]。目前，官僚制度化的企业正在努力适应市场的变化，但仍然保持生产的规律性。商业公司试图调整其业务，但仍与市场保持联系。这些目标的协调管理往往不尽如人意。其结果是技术、官僚、市场或等级限制加剧，工作量增加，不仅受特定工作节奏限制影响的人的比例提高，需要应对多种不同性质的制约因素的员工比例也有所提高。相互矛盾的指令和不合时宜的工作中断也成倍增加。工作强度提高早在奥布里35小时工作制法律出台之前就存在。工作时间减少甚至部分抵消了这一影响，但工作时间"灵活性"的增加却引发了新的问题，如社会学家劳伦特·莱斯纳德（Laurent Lesnard）所指出的夫妻双方时间表的非同步化[3]。

---

[1] SENNETT R., *Corrosion of Character: The Personal Consequences of Work in the New Capitalism*, New York, Norton, 1998; CHAUVIN S., *Les agences de la précarité : journaliers à Chicago*, Paris, Le Seuil, 2010; BAUDELOT C., GOLLAC M., BESSIÈRE C., COUTANT I., GODECHOT O., SERRE D. et VIGUIER F., *Travailler pour être heureux ? Le bonheur et le travail en France*, Paris, Fayard, 2003.

[2] 我在本部分以及下部分文字中引用了沃尔夫（Loup Wolff）未发表的文章，他在文章中使用了这些调查数据。欧洲职场条件调查（enquêtes européennes sur les conditions de travail）也构成了丰富的信息来源。

[3] LESNARD L., «Off-scheduling within dual-earner couples: An unequal and negative externality for family time», *American Journal of Sociology*, Vol. 114, n° 2, 2008, p. 447-490.

情绪劳动也越来越普遍，服务关系的扩大，尤其是具有社会不平等关系的人之间的服务关系的扩大，或许是主要的原因。1991年，人际关系紧张的情况涉及22%的员工，到2013年则涉及31%的员工。自2005年以来，还推出了涉及情绪劳动（与处于困境中的人接触、需要安抚他人、需要隐藏自己的情绪）的其他指标，类似的指标也在增加。相关统计调查显示，情绪劳动比预先想象的要普遍得多：超过半数的员工在职场中需要安抚他人，44%的员工说他们在工作中会接触到处于困境中的人。

就程序性自主而言，虽然20世纪90年代在这方面取得了进展，但由于近期职场官僚制度死灰复燃，自主性又回落至1991年的水平。此外，声称工作单调、一成不变的员工比例从2005年的15%增加到2013年的21%。可惜目前尚缺乏有关自主性的其他方面的演变数据，如参与决策、发展技能、不感到无聊等方面的数据。定性工作似乎并未表现出与之相关的明显趋势，也许是因为这些变化尚微不足道，或是因为在20世纪最后几十年间研究人员对这些问题有特别的关注，而今却置若罔闻。

自1998年调查以来，社会支持在技术层面取得了一定进展：声称无法指望其主管、同事或机构其他人员协助的雇员人数越来越少。然而，虽然1998年至2005年职场关系紧张局面有所缓和，但2005年至2013年却有所加剧。目前尚缺乏获得承认和受到公平对待程度的变化数据，因为相关问题只是在最近的调查中才被引入职场条件问答卷。但透过最近的调查，仍可衡量问题的严重性：45%的员工认为，相对自己做出的努力，他们并无令人满意的晋升前景；1/4以上的人抱怨受到上级的不公平对待，或他们的工作得不到承认和尊重；23%的人称评估他们的人其实并不了解他们的工作。我们目前尚无关于无视雇员实际工作的评估实践的统计数据，但透过各学科和不同理论框架所进行的实地观察，发现情况有严重恶化的趋势。经济的金融化、管理人员的快速更替、管理方法的标准化，均导致管理者对实际工作一无所知。

价值冲突状况的量化演变情况尚无实际数据，但在 2013 年，近 1/10 的员工表示，他们往往被迫做自己不认同的事情。在涉及工作质量的价值冲突方面，越来越多的员工称他们缺乏适当的时间、人力或工具去做好本职工作。这与在经济金融化和企业管理不当的背景下领导层对员工的实际工作日渐生疏不无关联。

此外，根据 2005 年到 2013 年的调查结果，人们对就业的担忧显著增加，由此产生的不安全感亦随之增强，因为近 1/2 的员工预计如果失业，将很难找到另一份至少报酬同等的工作。但觉得无法坚持到退休的想法有所减弱。

风险的社会变化

根据社会职业类别的不同，其风险的性质各不相同，但所有社会职业类别都面临一定的风险。沃尔夫（Loup Wolff）[1]研究了社会经济状况（通过一些大变量确定）与职场中面临心理社会风险因素之间的联系，通过使用逻辑倒退（régression logistiques)来控制结构性影响[2]。

这种分析"假定其他一切条件都等同"，给"过劳"白领高管形象提供了一定措辞：高管尽管并没有太多地受到工作节奏的客观限制，但他们常常抱怨工作强度过高，觉得所设置的具体目标对他们施加的限制过多，并称自己的情绪劳动越来越繁重。他们抱怨缺乏某些技能、时间、清晰的信息和恰当电脑工具来妥善完成自己的工作。他们经常处于紧张的环境中，但相对而言不会受到有辱人格的行为的影响。他们面对变化会更经常地表达自己的负面体验。受各种压力的影

---

[1] WOLFF L., *Les facteurs psychosociaux de risque : niveaux et évolutions*, document non publié, Groupe d'Études Sur le Travail et la Souffrance au Travail, 2016.

[2] 这些倒退旨在测量根据每个变量而定应的风险因素的变化，在此研究中，各个变量均独立于其他变量，用于描述社会经济状况。例如，根据既定年龄、社会职业群体等，研究男女之间面临风险的差异。人们常常说"在所有条件都等同的情况下"，会发现男女有别。这是一种传统表达方式，却有滥用之嫌，因为只考虑了数量有限的控制变量，而且是在既定的名录内操作。

响，他们担心自己无法"坚持"到退休。中端职业的成员面临相似的条件，但他们更多地表达了一种不公正和得不到承认的感觉，并抱怨在单位中没有人征求他们的意见，在单位中没影响力。

缺乏自主性（包括缺乏程序性自主），是专业技能最低的职员和工人的独有特点。职员和工人经常表示担忧自己的工作前途，或担心没有能力再找到工作，这两点都不令我们意外。但令人意想不到的是，价值冲突首先影响到的是职员，然后才是工人。后者也更容易受到缺乏合作和培训的影响，更容易感到自己的工作没有用处。

心理社会风险因素与性别的关系大于其与社会类别的关系：根据沃尔夫的分析，假定年龄、社会群体等因素等同的条件下，女性比男性受心理社会风险因素的影响更大。她们更容易感受到工作负荷过高，更容易频繁中断工作。此外，女性也承受了大部分的情绪劳动。虽说具体目标在"一切条件等同的情况下"，对男性来说更为常见，但女性更容易受到其他形式的工作限制。她们的工作往往更为单调，无法更多地开发自己的技能；而男性则常会指责他们的专业或技能没有获得恰当利用，以及工作的不可预测性。女性比男性更容易感到不公平和得不到认可。男性更容易面临紧张的局面；而女性则更容易受到蔑视、工作质量否认或有辱人格的攻击，她们也更经常会面临价值冲突。

中年员工（在沃尔夫的研究中指年龄在 35~49 岁的雇员）也极易受到心理社会风险因素的影响。他们承受着高负荷的工作和情绪劳动，觉得受到不公正对待，工作没有获得应有的认可，比其他人更容易陷入价值冲突局面。他们也得不到社会支持（虽然在这一点上，50 岁以上员工的情况更糟糕）。

同样，大中型机构的员工往往更容易受到大多数风险因素的影响：工作负荷过高、情绪劳动、缺乏程序性自主、感觉无法发挥自己的专业技能、受到不公正待遇和无法获得认可、经历暴力和紧张局面、有辱人格的行为、价值冲突、害怕失业后找不到同等的工作、害怕无法坚持到退休，甚至感到缺乏社会支持。唯一明显的例外是对就业前景担忧的情况在小型企业的雇员中更为常见。

职场心理社会风险因素的影响差异的直接原因是不是因为女性更容易处于受支配地位？现实往往更为复杂：工人和职员所面临的风险并不高于也不低于高管；而在劳动力市场处于优势的中年职员以及代表一级就业市场[①]的大型企业雇员却受到影响。

痛苦的表达形式

对职场心理动力学而言，职场健康意味着要将痛苦转化为快乐（通过发挥自身的才干获得认可……），这就意味着需要拥有允许这种转化的组织和工作条件。如果组织禁止这种转化或不提供相应手段（知识、设备、帮助等），员工将开发出防御措施（从精神分析术语的意义上而言）、否认工作条件艰辛和危险的存在，而这种否认若要有效，则必须是集体性的否认。防御一旦失败，心理就会受到影响，引发精神或身心疾患。但防御也会产生不利影响。集体否认现实可能会走得太远，从而成为一种"集体意识形态"，使员工无法理解环境的变化，对职场的看法完全错误，最终会影响他们的精神运作功能，这种影响甚至会超越职场范围。例如，当一个认真严格的劳动者被迫生产或销售劣质商品时，他可以说服自己这不是很严重，但如此自欺欺人，势必会影响到他的家庭和感情生活。

社会学研究为心理学的研究提供了佐证、修正和补充。例如，马特·德斯蒙德（Matt Desmond）[②]阐明了上下等级和领导层对否认风险做法的模棱两可作用的重要性。比如，安全政策在实践中可能

[①] 法国的就业市场分为一级市场和二级市场两部分。一级市场（marché primaire ou segment primaire）是工作稳定（全职长期合同）、薪酬和工作条件良好的市场。其雇员拥有专业技能，并受到工会的保护。二级市场（marché secondaire ou segment secondaire）是工作不稳定的市场（定期合同、临时工、学徒），有时是兼职，往往工资较低，工作条件艰苦。其雇员一般专业技能较低，大多为移民或年轻人。

[②] DESMOND M., «Des morts incompétents», *Actes de la recherche en sciences sociales*, n° 165, 2006. p. 8–27.

难以遵守，但可作为构建意识形态防御的基础。

　　社会学家拓展了职场心理动力学的发现，将之延伸至相比其平常研究的对象程度更低的风险或痛苦状况中[1]。他们根据1997年同法国国家统计与经济研究所（INSEE）合作进行的一项统计调查，指出处于受支配地位的员工很少能在工作中找到幸福，但他们却往往会在一些集体构建的形式（如退隐二线或减少职场个人心理投入等）中寻求庇护。在退隐二线的集体构建从未发生的情况下，便会出现痛苦，这在中间性类别及主导类别中较为常见，或者当组织发生变革不再允许此类退隐时，强迫其做出重要的心理投资，也会使其感受到痛苦，如今即便在低技能工作上也会出现这种情况。

　　马克·洛里奥（Marc Loriol）[2]指出不同的职业根据其历史和成员的不同特点，对待精神痛苦的方式会各有不同。警察往往会通过自我组织形式去压抑和遏制痛苦[3]。巴黎大众运输公司（RATP）的公交司机的痛苦表现形式是集体申诉。护士的痛苦表达则通过个人情感管理来进行。几十年前，护士专业的特点是这一职业源自宗教传统，需要大公无私的奉献精神，从性别意识形态来看，人们会认为这种奉献对妇女来说是很正常的。由于护士职业日益全面世俗化并逐渐摆脱医疗支配和男性统治，护士们对自身职业的看法随之发生了变化（"既非女仆，又非修女，更非白痴"），对护士工作的艰苦和风险也有了更清楚的认识。医疗机构管理的变革也顺应这一方向的发展，阐明了应对这些艰苦和风险所需的技能，但同时也指出护士有责任克服机构。

　　同一性质的变革程序（从否认到痛苦表达）在社会上也大部分获得推行。建立在男性特征（阳刚气概）和女性特征（温柔妩媚）的自我否认会让人觉得某些风险和痛苦是正常的（"我们不是懦弱的

---

[1] BAUDELOT C., GOLLAC M. *et al.*, *Travailler pour être heureux ? op. cit.*

[2] LORIOL M., «Pourquoi tout ce stress ? » in MARRY C. *et al.*, *Maux du travail: dégradation, recomposition ou illusion, Sociologie du travail*, n° 53, 2011.

[3] LORIOL M., BOUSSARD V., & CAROLY S., «La résistance à la psychologisation des difficultés au travail», *Actes de la recherche en sciences sociales*, (5), 2006, p. 106–113.

女人""这对于女人来说很正常")。两性关系的转变往往会扭转这种"性别"否认。此外，文化资本的普遍提高会促使人们在工作中投入更多的精力，因而会同时带来更多的精神痛苦，并令人对此有更清醒的认识。劳动力管理方式的转变与"资本主义新精神"[1]的出现，要求越来越多的劳动者保持从一个项目转移到另一个项目的能力，从中也使他们更清楚地意识到影响这种能力的职场危害因素。在特定的工作情况下（且在变化多端的世界中富有意义），人们对精神（也包括身体）痛苦的意识已经有所提高。例如，尼古拉斯·朱宁（Nicolas Jounin）阐明了两代建筑工人之间的风险关系转变，这一职业与护士职业完全不同[2]：青年工人批评老年工人冒险工作，因为这属于老一代集体自我否认态度的一部分。

从职场痛苦到职场健康

要减少心理社会风险，首先必须对其有清楚的认识。但这种认识往往会以个体化和心理化的方式出现，其表现是采取甄选做法，如在风险职位招聘时，将心理脆弱的人选排除在外。由于使用的标准效率较低，而心理社会风险又日趋普遍，这便会导致出现两种情况：或是导致一些人被排除在大部分劳动力市场之外（这是一个明显的风险），或是会使许多劳动者置于危险之中。

个体化的方法也会导致对"脆弱"或"有困难"的人提供心理支持。但不可能为许多人提供高质量的心理支持；这种大规模的精神病治疗也将引发伦理和政治问题。我们往往只满足于避免残酷的代偿失调，特别是自杀现象，但无保持效果。

其他办法旨在构建集体解决方案。减少工作时间并非毫无意义，

---

[1] BOLTANSKI L. et CHIAPELLO È., *Le nouvel esprit du capitalisme*, Paris, Gallimard, 1999.

[2] JOUNIN N., «La sécurité au travail accaparée par les directions », *Actes de la recherche en sciences sociales*, (5), 2006, p. 72-91; JOUNIN N., *Chantier interdit au public*, Paris, La Découverte, 2008.

但经济学、流行病学、人体工程学、管理学、社会学甚至许多心理学的研究成果均呼吁进行职场组织改革。这样的改革并非乌托邦式的空想。菲利普·阿肯纳齐（Philippe Askénazy）证明改革有助于提高经济效益[1]。改革初期的过渡往往代价高昂，需要公共机构采取激励性的或胁迫性的行动介入，以促进改革的推行。爱德华·洛伦兹（Edward Lorenz）和安托万·瓦莱雷（Antoine Valeyre）介绍了一种"学习型"组织，这种组织形式建立在相互合作和提高技能而非提高劳动强度的基础上，与其他类型的组织形式相比，更有利于健康[2]。这种模式在效率非常高的经济体中，如北欧国家的经济体中十分普遍。

一些管理专家，如彼得·多切蒂（Peter Docherty）及其瑞典同事正在考察这种"可持续"组织的构建情况[3]。其他管理专家，如法国的马蒂厄·德切萨哈（Mathieu Detchessahar）则强调管理层不能仅局限于制定财务目标，还需要与职场现实接轨[4]。以伊夫·柯洛（Yves Clot）为代表的业务临床分析（clinique de l'activité）研究者[5]进行的实验表明，职场集体内部在业务目标和手段上的冲突，与"做好工作"中的"职场争端"使这一集体成为活生生的环境，对其成员的精神生活起到了支持作用。与职场心理动力学、人体工程学、社会学等诸多学科一样，业务临床分析也认为一个好的组织架构不能由上而下强加于人。它强调企业民主化的优点，有助于处理而非抑制在职场中产生的冲突，如劳动者之间、劳动者和资本持有人之间、企业成员和客户之间、企业成员和环境代表之间等的冲突。然

---

[1] Askénazy P., «La santé et la sécurité dans les entreprises améri-caines», *Actes de la recherche en sciences sociales*, n° 163, 2006, p. 72–89.

[2] Lorenz E. et Valeyre A., «Organisational Innovation, Human Resource Management and Labour Market Structure : A Comparison of the EU 15», *The Journal of Industrial Relations*, n° 47, 2005, p. 424–442.

[3] Docherty P., Forslin J. Shani R., *Creating Sustainable Work Systems,* London, Routledge, 2002.

[4] Detchessahar M., «Faire face aux risques psychosociaux: quelques éléments d'un management par la discussion», *Négociations*, n° 19, 2013, p. 57–80.

[5] Clot Y., *Travail et pouvoir d'agir*, Paris, PUF, 2008.

而，这条路径虽然充满希望，却意味着社会在其他方面必须获得发展，否则就会产生不利影响。

罗兰芝（Lorenz）和瓦莱尔（Valeyr）发现，热衷于采纳学习型组织的社会制度具有如下特点：不平等程度低、劳动力市场安全程度高、社会对话深入。相反，吕克·博尔坦斯基（Luc Boltanski）和夏娃·奇帕佩罗（Eve Chiappello）则指出，在受支配人士处于失败地位的阶级斗争情境中，20世纪80年代的良好管理意图（提高自主性）被"利用"，导致工作量增加。若要在职场环境中促进健康发展，就意味着要在地方层面（企业甚至科室部门）和全球层面（世界经济的组织架构、各国的经济社会政策）进行深刻和谐的改革。

心理学中关于职场痛苦的几种研究方法

心理学中占主导地位的研究方法主要以来源于生理学的压力概念为基础[①]。应激反应是一种生物反应,机体借此对环境威胁做出回应。它并非人类所独有。在基本的生理模型中,任何个体面对威胁,其反应都是一样的;个体是被动的,因为反应是自动的。应激反应有助于借助搏斗或是逃跑,避免遭受攻击的不利影响。然而,久而久之,强烈、持久或频繁的压力影响会对健康不利,因为人体血压会升高、免疫防御系统会受到干扰,从而可能导致心血管疾病、癌症、过敏或自身免疫性疾病。

心理学家已经开发出了更复杂的模型。他们不再认为不论威胁和个人如何不同,应激反应都是一样的,而是认为应激反应会依特定情况和特定个人而异。拉扎勒斯(Lazarus)和福克曼(Folkman)[②]的交互作用模式将压力影响归因于个体对情境的评价及其为应对这种情境所拥有的资源的评价之间的比较:此一评价不仅取决于客观特征,也取决于人的主观性。此外,个人的心理特征将决定其应对压力的方式以及压力最终产生的影响。

这种心理学观点从认知或行为心理学中汲取灵感,证明借助动物实验可揭示如下情况:由于基本心理机制的作用,当员工对相关情境缺乏控制能力或行动能力时,便会引发应激反应,从而可能损害健康。拥护该思潮的一些学者正致力将压力模式与聚焦于组织作用的研究方法结合起来。

职场心理动力学[③]及业务临床分析[④]是诞生于法国的两种思潮,虽然在国际上已有一定的受众,但主要在法国比较流行,

[①] Selye H., *Le stress de la vie*, Paris, Gallimard, 1956.
[②] Lazarus S. et Folkman S., *Stress, Appraisal and Coping*, New York, Springer, 1984.
[③] Dejours C., *Travail, usure mentale. De la psychopathologie à la psychodynamique du travail*, Bayard, 2000.
[④] Clot Y., *Travail et pouvoir d'agir, op. cit.*

其思路比交互作用模式走得更远。这两种思潮认为,员工可全身投入到工作中,而不仅仅是应对情境。员工可改变自己的工作,而非仅仅承受工作并从中遭受或多或少的损害。这些思潮重新采纳了一些人体工程学专家的想法:职场健康问题不应单单从员工经受某一因素影响的角度来考虑,也应从员工是否有可能改善其工作状况的角度来考虑。

职场上的若干风险因素级别与演变 *

	%				
	1984 年	1991 年	1998 年	2005 年	2013 年
工作负荷					
自动移动产品,机器或工作节奏的其他技术约束	12.1	17.1	21.3	22.1	23.1
生产标准或期限	18.5	37.9	43.0	42.3	45.5
工作节奏取决于外部需求(公共)	39.3	57.1	64.5	64.8	68.9
由上级执行的长期监控	17.4	23.0	29.2	29.6	31.5
工作节奏由计算机控制或监控				24.7	35.2
收到相互矛盾的命令或指示			35.1	32.9	40.5
情绪劳动					
与公众关系紧张的情形		21.9	29.7	28.7	30.6
与困境中的人接触				37.9	44.4
需要让别人冷静下来				46.7	53.4
必须隐藏自身的情绪					29.0

---

* 表中变量的确切含义见沃尔夫(WOLFF L.),2016,《心理社会风险因素:水平和演变》(*Les facteurs psychosociaux de risque : niveaux et évolution*),文章尚未发表,职场和职场研究小组。若想获取此文章,可致函沃尔夫获取 (loup.wolff@gmail.com)。

续表

	%				
	1984 年	1991 年	1998 年	2005 年	2013 年
缺乏自主性					
精确的量化目标				30.1	30.6
严格执行命令和指令		41.8	37.2	35.1	33.6
任务内容由上级确定		17.5	14.2	18.1	19.2
工作任务单调乏味				15.1	20.8
很少有机会做自己喜欢的事情					43.2
学不到新的东西				24.3	23.2
社会关系质量低下					
得不到上级的帮助			31.2	30.8	27.7
得不到上级的关心					17.5
社会关系质量低下			14.1	14.5	11.5
得不到同事的帮助					
同事之间不友好					7.1
职业晋升前景不尽如人意					45.2
如与上级意见不一致，没有商量余地					9.9
由不了解自己工作的人进行工作评估					23.1
上级对下属的不公平待遇					27.1
与上级关系紧张			30.4	26.3	26.9
蔑视行为					25.0
价值冲突					
被迫做自己不赞同的事情					9.3
没有足够的时间去妥善完成工作		22.9	24.6	24.9	25.0
缺乏人手以妥善完成工作		20.7	23.5	27.4	27.2
缺乏适当的电脑工具以妥善完成工作		7.1	11.2	14.3	18.5
工作的不安全感					
对来年就业感到担忧				17.3	24.3
很难找到同样薪水的工作					46.0

续表

	%				
	1984 年	1991 年	1998 年	2005 年	2013 年
无法到退休前都做同样的工作				38.5	35.8
经历了不可预测／毫无准备的工作变动					19.2

资料来源：Dares, DGAFP, Drees, Insee, enquêtes Conditions de travail（1984，1991，1998，2005，2013）。

领域：法国本土工薪人员。

推荐书目

Actes de la recherche en sciences sociales, n°114, *Les nouvelles formes de domination dans le travail (1)*, 1996.

Actes de la recherche en sciences sociales, n°115, *Les nouvelles formes de domination dans le travail (2)*, 1996.

Actes de la recherche en sciences sociales, n°163, *Santé au travail: déni, visibilité, mesure*, 2006.

Actes de la recherche en sciences sociales, n°165, *Santé au travail: victimes et responsables*, 2006.

APPAY B., *La dictature du succès: Le paradoxe de l'autonomie contrôlée et de la précarisation*, L'Harmattan, 2005.

ASKENAZY Ph., *Les désordres du travail*, Seuil, 2004.

BAUDELOT C., GOLLAC M., BESSIÈRE C., COUTANT I., GODECHOT O., SERRE D. et VIGUIER F., *Travailler pour être heureux ? Le bonheur et le travail en France*, Fayard, 2003.

BOURDIEU P. dir., *La misère du monde*, Seuil, 1993.

BOLTANSKI L. et CHIAPELLO È., *Le nouvel esprit du capitalisme*, Gallimard, 1999.

CHAUVIN S., *Les agences de la précarité : journaliers à Chicago*, Le Seuil, 2010.

CLOT Y., *Travail et pouvoir d'agir*, PUF, 2008.

CLOT Y. et GOLLAC M., *Le travail peut-il devenir supportable?*, Armand Colin, 2014.

Collège d'expertise, *Mesurer les facteurs psychosociaux de risque au travail pour les maîtriser*, http://travail-emploi.gouv.fr/IMG/pdf/rapport_SRPST_definitif_rectifie_11_05_10.pdf, 2011.

COURTET C. et GOLLAC M. coord., *La santé négociée*, la Découverte, 2012.

DETCHESSAHAR M., «Faire face aux risques psycho-sociaux: quelques éléments d'un management par la discussion», *Négociations*, n° 19, 2013, p. 57-80.

DOCHERTY P., FORSLIN J. et SHANI R., *Creating Sustainable Work Systems*, Routledge, 2002.

FRIEDMANN G. et NAVILLE P., *Traité de sociologie du travail*, Armand Colin, 1961.

GALLIE D. dir., *Employment Regimes and the Quality of Work*, Oxford University Press, 2007.

GOLLAC M., VOLKOFF S. et WOLFF L., *Les conditions de travail*, la Découverte, 2014.

JOUNIN N., *Chantier interdit au public*, La Découverte, 2008.

KARASEK R. A. et THEORELL T., *Healthy work: stress, productivity, and the reconstruction of working life*, Basic books, 1992.

LALLEMENT M., MARRY C., LORIOL M., MOLINIER P., GOLLAC M., MARICHALAR P. et MARTIN E., «Maux du travail: dégradation, recomposition ou illusion?», *Sociologie du travail*, n°53, 2011, p. 3-36.

LESNARD L., *La famille désarticulée*, PUF, 2009.

LINHART D., *La modernisation des entreprises*, La Découverte, 2010.

LORIOL M., *Le temps de la fatigue*, Anthropos, 2000.

LORENZ E. et VALEYRE A., «Organisational Innovation, Human Resource Management and Labour Market Structure: A Comparison of the EU 15», *The Journal of Industrial Relations*, n°47, 2005, p. 424-442.

MÉDA D., *Le travail*, PUF, 2004.

MOLINIER P., *Le travail du care*, La Dispute, 2013.

PAUGAM S., *Le salarié de la précarité*, PUF, 2007.

SENNETT R., *The Corrosion of Character: The Personal Consequences of Work in the New Capitalism*, Norton, New York, 1998.

SIEGRIST J., « Adverse health effects of high-effort/low-reward conditions », *Journal of Occupational Health Psychology*, Vol. 1, 1996, p. 27-41.

后 记

理查德·雷希曼（Richard Rechtman）
法国社会科学高等研究院（EHESS）

  当今，为何要把精神病学与社会科学联系起来？这个问题乍看之下似乎显得不合时宜，因为精神病学、神经科学、神经影像学、认知科学，简而言之全部有关心理和精神的科学，在近三十年中，均在各自的历史上实现了惊人的进步。只需翻阅已发表的浩如烟海的科学文献，或考察不计其数的有关精神研究的科普著作，便可对此深信不疑。这些著述在数年内已成为理解当代世界的宝贵工具。普通媒体、广播电视、新闻杂志、脱口秀节目等，甚至在日常谈话中，人们都不失时机地援引"心理"知识来阐述这种或那种现象。仿佛从根本而言，心理和精神知识在今天已确凿无疑，它能超越唯一的病理世界，帮助我们捕捉世界的真谛。

  然而，这一成功并不能掩盖下列事实，即单靠心理、精神认识是不足以全面看问题的，这至少是出于以下两个主要原因。第一个原因来自心理事实和精神疾病自身的特性。心理事实虽然可以归结为大脑内部的联结活动，但仍需要通过悲伤、痛苦、抑制、失望、焦虑、恐惧等情感来表达，而且其主题总会带上社会背景的烙印。正是通过此一途径，相关情感才得以交流和理解。换言之，帮助我们认识他人的情感或痛苦表达的方式并非仅仅是神经元联结的问题，它也是，甚至可以说首先是社会共识的问题。如果没有可以预期和接受的语言、肢体语言作为媒介，心理状态就不可能表露出来。况且情感、苦痛甚至心理疾苦的身体症状的表现也因文化差异而各不相同。正是出于上述原因，民族精神病学、跨文化精神病学以及总体而言的心理学（即不限于病理学的心理学），均不约而同地运用人类学知识，透过文化差异来思考心理运作功能。但是这种变化不仅仅体现在"文化"层面，也并非仅限于西方与世界其他文化之间的简单对立。恰恰相反，这种变化也涉及当代世界的所有领域。在不同的历史时期和不同的社会群体中，人们会用不同的词语表达自己内心深处的感受，所使用的表达方式和身姿手势均迥然不同。尤其是，面向同样的痛苦，我们不会都报以同情。有些痛苦在某些文化中会获得同情，在其他文化中则会遭到蔑视。举例而言，有些青少年的冒险行为深受其所属群体的崇拜，却遭到成人的训斥。我们从心理上，将青少年的风险行为解释为在此年龄段无法控制的"作为"，而事实上它却是深得青少年赏识的行为，并且因此而获得同龄人的认可。因此，借助社会科学的成果，我们便可将心理事实置于其社会表达的宽阔背景下去考察。

第二个原因是有必要从历史和政治角度，考察与之相应的医疗系统，以及整体精神病学与公共政策的相互作用。目前，精神医学实践正转向更广泛且非仅局限于病理学的心理健康概念，若要深入分析此一转变，理解精神病学正面临的变革，则需要其他学科的介入。精神病学虽说已经开始融入精神卫生领域，但这并非得益于近期在大脑功能生物心理学方面的新发现。这主要是因为社会发生了变化，这些变化在很大程度上促使我们将个人的心理疾苦置于新的公共政策核心中考察。

诚然，这些话题并不新鲜，医学史学家、人类学家、社会学家乃至哲学家此前均已经常涉足。其中开先河的是哲学家，一如米歇尔·福柯在其名著《古典时代疯狂史》[①]中的论述，其为越来越多的研究铺平了道路，有助于探索研究精神病院在社会调节中的参与作

---

① FOUCAULT M., *Histoire de la folie à l'âge classique*, Paris, Gallimard, 1972.

用，欧文·戈夫曼在其《避难所》[①]，罗伯特·卡斯特在其《精神病学秩序》和《风险管理》[②]中均予以了阐述。上述专著不仅深刻影响了其所处的时代，而且在很大程度上使得精神病学成为人类学家和社会学家入情入理的研究对象，只需重读20世纪70年代以来在法国、美国、英国以及意大利发表的大量文献就会深信不疑。这些专著借助社会学和哲学的成果，试图重新思考精神健康的地位，尤其是精神病学的作用和政治功能。当时的精神科医生，如著名的反精神病学的英国精神科医生罗纳德·莱恩（Ronald Laing）和大卫·库珀（David Cooper）、美国医生托马斯·萨斯兹（Thomas Szasz），以及意大利的佛朗哥·巴萨利亚（Franco Basaglia）、法国的弗朗索瓦·托斯格勒（François Tosquelles）和热拉尔·欧利（Gérard Oury），均不约而同地借鉴社会科学的批判性论著，以彻底改造精神病机构，把精神病人的治疗护理作为精神科医生的首要任务。显然，社会科学对精神病学机构的批判性解读在很大程度上促进了该学科及其实践的更新，尤其是从根本上改变并大幅改善了护理人员对患者的认识，以及整个社会对所谓"疯子"的看法。因此，精神病学对社会科学怀有强烈的感恩之心，促使医者更为毫无偏见地借鉴其他学科研究人员的成果和批评，其中包括社会学家、人类学家、哲学家以及历史学家的研究成果。

目前，精神健康和精神病学与当今整体社会之间的关系发生了根本变化，其中部分归功于社会科学，正因为如此，社会科学也需要自行改变，重新思考从前与精神科医生、精神科机构所构建的关系以及精神病患者在人类社会中的地位。现在我们应该在社会科学和精神病学之间设想一种更加平和的伙伴关系，不再总是批评或者揭露问题，因为批评和揭露虽然仍然必要，但社会科学的贡献不应

[①] GOFFMAN E., *Asiles. Etudes sur la condition sociale des malades mentaux*, Paris, Minuit, 1968.

[②] CASTEL R., *L'ordre psychiatrique. L'âge d'or de l'aliénisme*, Paris, Minuit, 1976; *La gestion des risques. De l'anti-psychiatrie à l'après psychanalyse*, Paris, Minuit, 1981.

仅仅局限于此。我们需要更贴近实践去进行调查，尽可能贴近当今从事精神健康工作的男男女女，而不应总是聚焦于研究精神病学理论的政治影响及其对社会调控的贡献，因为我们对此已有所了解。换言之，应该扩大针对护理人员和患者以及其他所有参与者的研究，尤其是案例研究。所谓其他参与者，是指患者或患者家属协会、精神卫生领域决策者、政府当局、政策规划者、机构主管、监管机构以及媒体在我们当代人对精神痛苦以及精神疾苦治疗者的形象构建上所起的举足轻重的作用。同时也有必要深入调查所有新的精神卫生领域，探索那些先驱者尚未涉足的场域，尤其是职场上的精神痛苦。如今这些职场痛苦揭示了权力较量的严峻性，并同时表明其中可容忍的限度，迫使管理层致力于改善工作条件以减少有害影响。精神健康最近已成为企业界用于社会斗争的全新语言，被赋予了一定的政治资源的色彩，员工和工会已学会巧妙运用，雇主则想方设法加以掌控[①]。精神卫生政策的这种模式转变显然需要社会科学研究者的支持。情况已迫在眉睫，我们需要帮助所有目前在上述全新领域不断致力探索的人士，让他们更好地了解其所生活的世界。因为他们需要探索的场域，远远超出了其所熟悉的医院、保健所和城市私人诊所。

本书的构思、组织和出版正是为了回应上述当代世界的全新要求。我们并非要评判（批评或谴责）相关治疗实践，而是满怀着研究者对其研究对象的同情之心，去理解并尽可能透彻地分析研究者与精神健康相关的各种问题。为此，社会科学与精神病学之间的合作关系无疑具有十分光明的前景。

[①] 参见 Lovell A., «Santé mentale et société», *Problèmes politiques et sociaux*, n° 899, 2004, p. 5-10; Rechtman R., « Souffrances psychiques et évolutions de la psychiatrie», *Études*, n° 415, 2011, p. 329- 339。

作者简介

克里斯蒂安·鲍德洛（Christian Baudelot）：曾在法国南特大学、里尔大学、国家统计和经济管理学院教授社会学，随后在法国高等师范学院任教，创建并领导了该院的社会学系。与罗杰·埃斯塔布雷（Roger Establet）及其他同事一同出版了十本专著，主题包括学校中的社会不平等现象、自杀、青少年、女孩就学、工作中的幸福感等。

奥德·贝利雅（Aude Béliard）：社会学家，巴黎大学副教授，法国医学、科学、健康、心理健康与社会研究中心（CERMES3）研究员。她的研究主要关注"家庭"与"健康"之间的相互作用，以及心理健康领域中"外行"人与"专业人员"之间的关系。曾针对阿尔茨海默病患者的家庭经历以及被视为"躁动"儿童的轨迹进行了专题研究。

达夫妮·博尔兹（Daphné Bolz）：鲁昂诺曼底大学（CETAPS-EA3832）的体育与体育活动科学和技术（STAPS）的副教授。其研究主要涉及两次世界大战期间欧洲体育和体育教育的政治与文化问题。

布丽奇特·莎玛克（Brigitte Chamak）：社会学家和科学历史学家，2002年开始专注于自闭症的表现形式和自闭症家长协会、患者协会的长期历史动态研究。她于2019年发表了«Lobbying by association: the case of autism and the controversy over packing therapy in France»，载于 *Social Science & Medicine* 230，256-263。

伊莎贝尔·顾丹（Isabelle Coutant）：社会学家，法国国家科学研究中心（CNRS）主任研究员，法国社会问题、社会科学、政治与健康跨学科研究所（IRIS）成员。主要从事城市民族志研究，注重从社会学的角度探索心理痛苦的问题。发表了 *Troubles en psychiatrie. Enquête dans une unité pour adolescents*（La Dispute，2012）和 *Les migrants en bas de chez soi*（Seuil，2018）。

克劳德－奥利维埃·多隆（Claude-Olivier Doron）：巴黎狄德罗大学历史和科学哲学副教授。主要研究精神病学与司法之间关系的历史和当代情况，19世纪至20世纪精神病学历史以及种族和种族主义概念的历史。曾发表了 *L'homme altéré. Races et dégénérescence (XVIIe-XIX^{e}s.)*。米歇尔·福柯课程讲义的编辑之一。

让－塞巴斯蒂安·埃德利蔓（Jean-Sébastien Eideliman）：巴黎大学社会学副教授，CERLIS成员。曾对智障儿童、患有精神疾病的青少年和残障人士进行过专题研究，目前专注于研究行为"不符合标准"的儿童的轨迹。

罗杰·埃斯塔布雷（Roger Establet）：出生于1938年，1959年毕业于巴黎高等师范学院，曾先后担任巴斯蒂亚中学教师、普罗旺斯大学副教授和名誉教授。曾发表过多种专著，其中包括与克里斯蒂安·鲍德洛合著的 *Suicide. L'envers de notre monde*（Seuil，2006）。

贝诺·埃洛（Benoît Eyraud）：里昂第二大学社会学副教授，马克斯·韦伯中心（CNRS，Lyon 2 University-Lyon）成员。Capdroits计划的发起者，该计划荣获法国基金会/法国国家科学研究中心的Gis民主参与计划颁发的参与性研究奖。他的研究主要关注因健康、衰老或残疾原因而身心脆弱的人群的人权行使状况。曾发表著作 *Protéger et rendre capable，La considération civile et sociale des personnes très vulnérables* (Erès, 2013)，并主编了 *Choisir et agir pour autrui? Controverses autour de l'article 12 de la Convention Internationale des droits des personnes handicapées* (Doin, 2018)。

玛雅·梵斯坦（Maïa Fansten）：巴黎笛卡尔大学社会学副教授，法国医学、科学、健康、心理健康与社会研究中心（CERMES3）成员。

研究重点为精神健康社会学、痛苦的社会认可和表达模式以及针对痛苦的治疗护理形式。她的博士学位论文主要分析法国精神分析的教义和专业特点，著有 Le divan insoumis. La formation du psychanalyste: enjeux et idéologies (éditions Hermann, 2006)。

狄迪尔·法森（Didier Fassin）：法国高级研究院教授和法国社会科学高等研究院（EHESS）研究主任。他是医生、社会学家和人类学家，现任法兰西学院公共卫生教授。荣获瑞典皇家科学院人类学金奖和诺米斯杰出学者奖。近年发表了 La Vie. Mode d'emploi critique (Seuil, 2018) 和 Mort d'un voyageur. Une contre-enquête (Seuil, 2020) 两部新作。

娜迪亚·卡尔努斯（Nadia Garnoussi）：里尔第三大学社会学副教授，CeRIES 成员。目前的研究重点为公共精神卫生政策、健康和医疗服务的变化，以及精神障碍的重新定义、体验及其书写叙述。其研究侧重心理健康领域的各个方面，包括与精神病学理性化逻辑相关的新规范；从治疗范例和"心理"专业实践角度考察"心理疗法"领域的演变；探讨专业人士和非专业人士如何对精神病和/或心理"问题"及其因果关系进行重新定义。她目前还对"心理"领域涌现的新型思想意识和实践感兴趣，并对运用冥想等方法的心理学、个人修行和新灵性学混合性实践进行深入考察。

让-保罗·高迪里尔（Jean-Paul Gaudillière）：历史学家，法国国家健康与医学研究院（Inserm）和法国社会科学高等研究院（EHESS）研究主任。法国医学、科学、健康、心理健康与社会研究中心（CERMES3）成员。早期研究专注于 20 世纪下半叶的生物医学创新体制。目前的研究重点为公共卫生风险管理和全球化问题。

米歇尔·高拉克（Michel Gollac）：统计学家和社会学家，曾在法国国家统计与经济研究所（INSEE）、劳动部、就业研究中心、经济与统计研究中心工作，并于 2009 年起担任定量社会学研究实验室主任，直至 2013 年退休。他专注的研究专题为职场工作组织、工作条件及其与工作的关系。

作者简介

尼古拉·汉克斯（Nicolas Henckes）：法国国家科学研究中心（CNRS）研究员，法国医学、科学、健康、心理健康与社会研究中心（CERMES3）成员。15年来一直致力于法国精神卫生政策的研究，尤其是20世纪下半叶的精神病学领域演变的研究。

马克·若利（Marc Joly）：法国国家科学研究中心（Printemps/UVSQ）研究员。曾对人文科学和社会科学的历史和认识论进行了多项研究。目前的研究主题是作为临床类别、社会事实和人格结构的"自恋变态"现象。

贝尔纳·拉伊尔（Bernard Lahire）：里昂高等师范学院社会学教授，也是法国大学研究院（IUF）的资深成员。已发表的著作包括 *The Plural actor* (Polity Press, 2010)、*La Culture des individus*（La Découverte, 2004）、*Monde pluriel* (Seuil，2012) 和 *The Sociological Interpretation of Dreams* (Polity Press，2020)。2012年荣获法国国家科学研究中心银奖。

卡蜜尔·兰瑟勒维（Camille Lancelevée）：社会学家，斯特拉斯堡大学副教授，2016年10月通过《法国和德国监狱中的精神健康专业实践》博士学位论文答辩［法国社会问题、社会科学、政治、健康跨学科研究所（LRIS，法国社会科学高等研究院（EHESS），巴黎］。其研究主题为以人类学方法研究精神健康政策和护理实践，考察当代统治形式如何介入社会互动。

菲利普·勒·莫涅（Philippe Le Moigne）：社会学家，法国国家健康与医学研究院（INSERM）研究员，法国医学、科学、健康、心理健康与社会研究中心（CERMES3）研究员，巴黎大学教师。研究主题为是普通民众中精神药物服用以及精神病学量表和检查的历史、用途与认识论。近期他关注的研究主题为自愿性药物中毒，尤其是精神药物在自杀案例中的作用。

巴蒂斯特·穆窦（Baptiste Moutaud）：人类学家，法国国家科学研究中心（CNRS）研究员，隶属于民族学和比较社会学实验室（UMR 7186-巴黎南特大学）。研究重点为当代社会中神经科学知识和实践的社会与文化维度及其所包含的人的观念。

弗朗辛·米埃尔–德雷富斯（Francine Muel-Dreyfus）：法国社会科学高等研究院（EHESS）荣誉研究主任，1990年至2012年主持"身份构建的社会过程"研讨班。他在布尔迪厄领导的研究中心进行其历史社会学和临床社会学研究。其著作 *Vichy et l'éternel féminin* (Seuil，1996) 阐述了性别的政治建构。

斯蒂芬妮·巴师（Stéphanie Pache）：加拿大魁北克蒙特利尔大学（UQAM）社会学系教授。目前的研究主题为心理健康的社会和政治问题。在完成关于北美女权主义心理学史的博士学位论文之后，她曾在美国范德堡大学医学健康和社会研究中做博士后研究，研究主题为构成美国公共卫生问题的人际关系暴力。近期的研究主要聚焦于心理因素在女权运动中的作用及其要求的概念化。

贝尔特朗·拉翁（Bertrand Ravon）：里昂热内卢第二大学社会学教授，马克思·韦伯中心研究员。ANACIS（社会干预的分析和设计）硕士课程导师。目前着重研究弱势群体的救助问题。见 http://www.centre-max-weber.fr/Bertrand-Ravon。

理查德·雷希曼（Richard Rechtman）：医院精神科医生和人类学家，法国社会科学高等研究院（EHESS）研究主任，CESPRA（EHESS-CNRS UMR 8036）成员。发表著作 *Les Vivantes* (Editions Léo Scheer, 2013)、*L'Empire du traumatisme. Enquête sur la condition de victime* (与狄迪尔·法森合著，Champs / Flammarion 再版，2011)、*La vie ordinaire des génocidaires* (CNRS Editions, 2020)。

珂维亚·维尔皮（Livia Velpry）：巴黎圣德尼第八大学社会学副教授，法国医学、科学、健康、心理健康与社会研究中心（CERMES3）（巴黎笛卡尔大学 – 法国社会科学高等研究院 – 法国国家科学研究中心 – 法国国家健康与医学研究院）成员。她共同主持了 Collectif Contrast 计划。研究主题为严重精神障碍的社会经验以及精神健康和残疾领域中的治疗与护理演变。著有 *Le quotidien de la psychiatrie. Sociologie de la santé mentale* (Armand Colin, 2008)，并主编了 *Contrainte et consentement en santé mentale. Forcer, influencer, coopérer* (PUR, 2019)。

见 https://liviavelpry.wordpress.com/。

王思萌：社会学家，法国国家科学研究中心（CNRS）研究员，法国医学、科学、健康、心理健康与社会研究中心（CERMES3）成员，法国东亚和东南亚移民多学科研究网络（MAF）协调员。专注于国际移民、健康、精神健康，以及当代中国（中国大陆及其侨民）的研究。著有 *Illusions et souffrances. Les migrants chinois à Paris*（Éditions rue d'Ulm, 2017），并联合主编了 *Chinese immigrants in Europe: image, identity and social participation*（Walter de Gruyter GmbH，2020）。她的最新研究关注新冠肺炎疫情下在法华人及其后代的新动态 (Project MigraChiCovid)。

图书在版编目(CIP)数据

精神健康与心理苦痛：社会科学的研究对象／（法）伊莎贝尔·顾丹（Isabelle Coutant），王思萌主编；蒙田译．－－北京：社会科学文献出版社，2021.9
（玉润健康研究文库）
ISBN 978-7-5201-8613-1

Ⅰ.①精… Ⅱ.①伊… ②王… ③蒙… Ⅲ.①社会心理学-研究 Ⅳ.①C912.6-0

中国版本图书馆CIP数据核字（2021）第124978号

玉润健康研究文库
精神健康与心理苦痛：社会科学的研究对象

| 主　　编　／ | ［法］伊莎贝尔·顾丹（Isabelle Coutant）　王思萌 |
| 译　　者　／ | 蒙　田 |

出 版 人　／	王利民
责任编辑　／	赵　娜　张小菲　杨　阳
责任印制　／	王京美

出　　版　／	社会科学文献出版社·群学出版分社（010）59366453 地址：北京市北三环中路甲29号院华龙大厦　邮编：100029 网址：www.ssap.com.cn
发　　行　／	市场营销中心（010）59367081　59367083
印　　装　／	三河市尚艺印装有限公司
规　　格　／	开　本：787mm×1092mm　1/16 印　张：21　字　数：288千字
版　　次　／	2021年9月第1版　2021年9月第1次印刷
书　　号　／	ISBN 978-7-5201-8613-1
著作权合同 登 记 号　／	图字01-2019-0839号
定　　价　／	128.00元

本书如有印装质量问题，请与读者服务中心（010-59367028）联系

▲ 版权所有 翻印必究